사자성어, 중국어를 만나다

四字成語

사자성어

중국어를 만나다

선금례 宣今禮

지유문고

지루함이 없는 반복,
사자성어 카드에 관하어

이 책은 여러 고전에 나오는 사자성어 중 760개를 엄선하여 가나다순으로 배열한 후 뜻과 유래, 유의어, 반대어, 부수, 총획, 출전 등을 설명하였습니다.

일상생활에서 자주 사용하고, 수능시험, 한자공인시험 등에도 자주 출제되는 사자성어를 간추렸으며, 각종 시험을 준비하는 직장인이나 대학생은 물론이고 한자 문화권에서 생활하는 우리 모두에게 필수적인 사자성어로 구성했습니다.

특히 중국 현지에서 사용되는 간자체를 표기하고 그 발음기호를 추가함으로써 일상생활에서의 편리함도 고려했습니다.

중국과의 교류가 활발한 현실에서, 많은 분들이 한자를 익히기 위해 노력하지만 큰 효과를 보지 못한 경험을 가지고 계실 것입니다.

필자 또한 중문학을 전공했고, 두 아이에게 한자를 지도해 보았지만 어렵게 익힌 한자를 하루 이틀의 게으름으로 잊어버리는 경험을 수차례 반복하면서 공부 자체를 포기하고 싶은 경우도 많았습니다.

어떻게 하면 더 쉽게 습득하고, 더 오래 기억할 수 있을까?
다양한 실험과 고민 끝에 찾은 방법은, 어린아이가 처음 말과 단어를 익힐 때 엄마가 보여주는 글과 그림이 그려진 카드놀이를 하면서 자연스럽게 글과 말을 배워가는 방식을 한자 익힘에 적용해보자는 것이었습니다.

언어는 끊임없는 반복입니다!
언어 익힘에서 '반복학습'은 그 어떤 방법으로도 대체할 수 없습니다. 그러나 그 쉽지 않은 방식을 지속할 수 있도록 하는 것은 얼마든지 가능합니다.

앞면은 한자만 수록하여 완벽하게 직독 직해가 되도록 하였고, 뒷면은 글자마다 따로 한자를 찾지 않고도 누구나 학습이 가능하도록 엮었습니다. 지루함은 덜고 암기의 효율성이 높아지는 것을 체험할 수 있을 것입니다.

한꺼번에 많은 사자성어의 뜻을 외우기보다는 하루 한 편씩 꾸준히 보고 반복할 수 있도록 하였다는 점도 큰 도움이 될 것입니다.

특히, 책을 절단해 단어장처럼 사용할 수 있도록 한 것은, 휴대의 편의성을 도모해 출·퇴근이나 등·하교 같은 짧은 자투리 시간에도 수시로 반복학습이 가능토록 하기 위함입니다.

제 아이들에게 선물하는 어머니의 마음으로 만든 이 책이 한자를 공부하는 분들에게 조금이나마 도움이 되었으면 합니다.

『사자성어』가 책으로 엮어져 세상에 나오기까지 많은 분들의 정성이 있었다.
항상 옆에서 든든한 지원으로 버팀목이 되어준 남편과 처음에 공부 삼아 한 페이지 한 페이지 정리하던 것을 책으로 내보라고 격려해주신 시부모님과 친정어머니, 흔쾌히 표지 그림을 그려준 문학도를 꿈꾸는 아들, 그리고 멀리서 엄마와 공부 경쟁(?)하는 사랑하는 딸, 함께 서예를 공부하는 친구들 및 시를 공부하는 역시(不亦詩乎) 친구들, 그리고 자유문고 편집진 여러분들, 그들이 있어 내가 있을 수 있었고 이 책이 나왔다. 감사하고 감사할 뿐이다.

2017년 4월

명초明初 선금례宣今禮

책사용 설명서

〈앞면〉

街談巷說

街谈巷说[jiē tán xiàng shuō]

▶ 사자성어(四子成語) 표기

중국 간체자(簡體字) 표기
▶ (번체자와 간체자의 차이를 구별할 수 있도록 구성하였다.)

〈뒷면〉

街談巷說			
거리 가 行 12	말씀 담 言 15	거리 항 己 9	말씀 설 言 14

길거리나 세상 사람들 사이에 떠도는 소문.
㉮ 도청도설(道聽塗說) 유언비어(流言蜚語) 가담항어(街談巷語) 가담항의(街談巷議) 가설항담(街說巷談)
㉠ 사람이 사는 세상은 어디서나 가담항설이 있기 마련이니 쉽사리 현혹되어서는 안 된다.
[출전] 한서(漢書)

▶ 사자성어(四子成語) 표기
▶ 한자어 표기
▶ 부수와 총획수

사자성어에 대한 뜻풀이
유의어 ㉮
▶ 반의어 ㉠
예문 ㉠
출전수록 [출전]

*앞면과 뒷면을 점선대로 자르면 하나의 카드가 되어 휴대용으로 활용할 수 있습니다.
다음 진도를 나가기 전에 앞면만 가지고도 반복 학습을 할 수 있도록 구성하였습니다.

10

부수(部首)의 위치에 따른 명칭

① 변(邊) : 한자의 왼쪽부분을 위치한 부수

人(亻), 彳, 心(忄), 手(扌), 木, 水(氵), 犬(犭), 石, 示(礻), 禾, 糸, 肉(月), 衣(衤), 言, 金, 長(镸), 阜(阝), 食(飠), 馬

② 방(傍) : 한자의 오른쪽부분을 차지하는 부수

刀(刂), 戈, 攴(攵), 欠, 見, 邑(阝), 隹, 頁, 鳥

③ 머리(頭) : 한자의 윗부분에 위치한 부수

亠, 宀, 山, 爪(爫), 竹, 网(罒)(罓), 艸(艹), 雨, 羊, 老(耂)

④ 발 : 한자의 아랫부분에 위치한 부수

儿, 卩(㔾), 心(小), 火(灬), 皿, 貝

⑤ 받침 : 한자의 왼쪽에서 아래로 받쳐져서 위치한 부수

廴, 走, 辵(辶)

⑥ 엄호 : 한자의 위에서 왼쪽 아래로 위치한 부수

 厂, 尸, 广, 疒, 虍

⑦ 에운담 몸 : 부수가 글자를 둘러싸고 있는 경우

 凵, 匚,

⑧ 에운담 안 : 부수가 위, 왼쪽, 오른쪽을 둘러싸고 있는 경우

 門

⑨ 제부수 : 부수 자체가 글자인 경우

木, 金, 風, 龍, 黑, 靑

⑥ 엄호 : 한자의 위에서 왼쪽 아래로 위치한 부수

漢字部首表 214字

1획

一 한 일	고대 중국인들이 숫자를 헤아리기 위해 한 손가락을 옆으로 펴거나 나무젓가락 하나를 옆으로 뉘어 놓은 모양을 나타내어 '하나'를 뜻한다.
丨 뚫을 곤	어떤 모양이 한가운데 세워져 있는 모양, 위에서 아래로 내리그어 '뚫음'을 나타낸 글자. 관통하고 있는 모양으로 두루 통하여 나아감을 가리켜서 '뚫다'라는 뜻의 글자.
丶 점 주	구두점, 작은 물건 등을 가리키는 부호로 사용. 장작더미가 불에 탈 때 점 같은 물체가 튀어 떨어져 나간 '불똥' 같은 물체를 나타낸 글자.
丿 삐침 별	글자 상우(上右)에서 하좌(下左)로 굽게 삐친 획. 선을 그을 때 오른쪽에서 왼쪽으로 끌어당김을 가리켜서 옆으로 '삐치다' 뜻이다.
乙 새 을	한가운데가 쥐는 곳이며 양쪽이 굽고 뾰족한 작은 칼의 모양. 이른 봄에 초목(草木)이 싹터 나오거나 오리가 목을 구부리고 있는 모양을 본떠서 '새'를 뜻한 글자.
亅 갈고리 궐	아래쪽 끝을 위로 구부린 갈고리 모양을 본떠 만든 글자.

2획

二 두 이	2개의 손가락을 옆으로 펴거나 나무젓가락 2개를 옆으로 뉘어 놓은 모양을 나타내어 '둘'을 뜻한다.
亠 돼지해머리 두	亥(해)의 머리 부분과 모양이 같기 때문에 붙여진 이름. 가로로 그어진 선 위에 점이 찍힌 모양을 가리켜서 위의 '머리 부분'을 뜻한 글자.
人(亻) 사람 인(사람인변)	측면에서 팔을 약간 앞으로 내밀고 있는 사람의 모양을 본뜬 글자. 다리를 내딛고 걸어가는 사람의 두 다리 모양을 본떠서 '걷는 사람'을 뜻함.
儿 어진사람 인	사람 인(人)과 동일한 변형글자이지만 다리부분을 강조하여 다리를 내딛고 걸어가는 사람의 두 다리 모양을 본떠서 '걷는 사람'을 뜻함.

入 들 입	入(입)은 토담집 따위에 들어가는 것으로 사람이 문을 열고 일정한 구역 안으로 고개를 숙이고 들어가는 모습을 본뜬 글자.
八 여덟 팔	네 손가락씩 두 손을 아래로 편 모양을 나타내어 '여덟'을 뜻함.
冂 멀 경	ㅣ(곤)은 먼 곳까지 이어져 뻗은 모양이고, 一(일)은 그 경계를 나누는 표시로 성 주위에 둘러쌓은 성벽인 경계가 성에서는 상당히 '멀리' 떨어진 곳임을 나타낸다.
冖 덮을 멱(민갓머리)	물건(物件)을 보자기로 덮어씌워 사방(四方)으로 드리워 놓은 모양을 본뜬 글자. 따라서 '덮다'의 뜻으로 쓰인다.
冫 얼음 빙(이수변)	얼음이 언 모양을 본뜬 글자. '氷'의 본 글자로서 두꺼운 얼음이나 고드름 모양을 본떠서 '얼음'을 뜻함.
几 안석 궤	다리가 뻗어 있고 안정되어 있는 책상을 본뜸. 책상이나 밥상처럼 사람이 몸을 의지하고 앉은 '상'의 모양을 본떠서 '안석'을 뜻함.
凵 입벌릴 감(위터진입구)	입을 딱 벌린 모양을 본뜬 글자. 물건을 담을 수 있도록 위가 움푹 터진 그릇의 모양을 본떠서 '입벌리다'의 의미를 나타냄.
刀 (刂) 칼 도(선칼도방)	칼날이 굽은 칼 모양을 본뜬 글자. 왼쪽이 칼날이다. 위의 칼자루와 아래의 칼몸, 그리고 칼날의 모양을 본떠서 '칼'을 뜻함.
力 힘 력	팔에 힘을 주었을 때 근육이 불거진 모양을 본뜬 글자. 농구(農具) 쟁기의 모양을 본뜬 글자라는 이견이 있다. '힘'을 뜻하는 부수 글자.
勹 쌀 포	사람이 몸을 굽혀 물건(物件)을 안은 모습을 본뜬 글자로, '싸다'의 뜻임.
匕 비수 비	비수나, 끝이 뾰족한 숟가락의 모양을 본뜬 글자. 또한 사람(人)의 모습을 본뜬 글자. 물건을 베는 칼의 모양을 본떠서 '비수'를 뜻함.
匚 상자 방(터진입구)	물건을 넣어두는 네모난 상자를 옆에서 본 모양을 본뜬 글자로 네모진 '상자'를 뜻함.
匸 감출 혜(터진에운담)	물건을 덮어서(一) 깊이 숨겨두니 보이지 않게 '감추다'를 뜻함.
十 열 십	옛날 수를 나타낼 때 하나에서 넷까지 선을 하나씩 늘려 썼고 다섯은 너무 선이 많게 되므로 모양을 바꿔 ×, 열은 ㅣ과 같이 대나무 꼬챙이 1개를 수직으로 세워 눈에 띄는 기호를 사용하였음. 나중에 10을 표시하는 모양이 변형되어 十(십)이라 씀.

卜 점 복	옛날에는 거북의 등껍데기나 소뼈를 불에 구워 나타난 갈라진 금으로 '점'을 쳐 길흉(吉凶)을 판단했음. 갈라질 때 나는 소리를 따서 '복'이라고 했음.
卩 (巳) 병부 절	꿇어앉은 사람의 굽은 무릎마디 모양을 본뜬 글자. 또는 신표와 관계가 있다. 병부(兵符: 나무패)를 둘로 나눈 그 반쪽의 모양을 본뜬 글자.
厂 굴바위 엄(민엄호)	산기슭에 있는 비탈진 언덕이나 절벽의 형상을 본뜬 문자. 벼랑의 위쪽이 앞으로 튀어나와 그 밑에서 사람이 살만한 곳을 이룬 모양을 본떠서 '굴바위'를 뜻함.
厶 사사로울 사(마늘모)	팔을 굽혀 물건을 자기 쪽으로 감쌈을 나타내어 '나' 또는 '사사롭다'의 뜻을 나타냄.
又 또 우	우(又)로 잘 알려져 있는 이 글자는 오른손의 형상을 본떠 만든 글자로 손 수(手)와 같은 의미로 사용된다. 오른손을 구부리고 편 모양을 본떠서 '또' 혹은 손을 '자주' 쓰다의 뜻.

<h1 style="text-align:center">3획</h1>

口 입 구	입을 벌리고 있는 형상을 본떠 만든 글자. 갑골에 새겨진 글자는 'ㅂ'으로 보인다. 소리, 숨, 음식을 먹는 것 등 입의 동작과 관계 있음.
囗 에울 위(큰입구)	집을 둘러싸고 있는 담의 모양을 본뜬 글자. 입 구(口)와 모양은 같으나 나라 국(國)처럼 항상 바깥을 둘러싸는 데만 사용된다. 성벽 등으로 사방을 '에워싼 모양'을 나타낸 글자로 '에우다', '두르다' 뜻.
土 흙 토	땅(一) 위에 있는 흙덩어리(十)를 표시한 글자. 기름진 땅 위에 초목(草木)의 싹이 흙덩이를 뚫고 땅 위로 돋아나는 모양을 본뜬 글자로 '흙'을 뜻함.
士 선비 사	하나(一)를 배우면 열(十)을 깨우치는 사람이라는 데서 '선비'를 뜻함. 十과 一이 합하여 완전해지듯이 학문과 덕망이 뛰어난 '선비'를 뜻함.
夂 뒤져올 치	발이 움직이지 않고 잠시 머뭇거리니 앞서지 못하고 '뒤져오다'라는 뜻.
夊 천천히걸을 쇠	맨발로 걸어간 발자국의 모양을 본뜬 글자. 아픈 발 때문에 두 다리를 끌면서 '천천히 걸어감'을 나타냄.
夕 저녁 석	달 월(月)에서 일(一)을 하나 뺀 글자로 달을 형상화한 것. 초승달이 아직 덜 어두운 해질 녘에 구름에 가려져 있음을 가리켜서 '저녁'을 의미함.
大 큰 대	사람(人)이 팔을 좌우로 벌려 큰 사람을 의미하는 모습을 본떠 아주 '크다'는 뜻을 나타냄. 처음에는 옆에서 본 모양인 人(인)·匕(비) 따위와 같이 다만 인간을 나타내는 글자였으나 나중에 구분(區分)하여 훌륭한 사람 → 훌륭하다 → 크다의 뜻으로 쓰임.

女 계집 녀	여자가 손을 앞으로 모으고 무릎을 꿇고 다소곳이 앉아 있는 모양을 본뜬 글자.
子 아들 자	어린아이가 두 팔을 벌리고 아장아장 걷고 있는 모양을 본뜬 글자로 '아들'을 뜻함.
宀 집 면(갓머리)	고대 중국의 집은 움막형태로 땅에 구멍을 파고 그 위에 원뿔 모양의 나무나 짚으로 만든 지붕을 덮었는데, '움집'의 위를 '덮어씌운' 모양을 본뜬 사람이 사는 '집'을 뜻함.
寸 마디 촌	손을 의미하는 '우(又)'와 맥박의 의미인 '일(一)'이 합쳐진 글자. 十은 사람의 손을, ﹨은 맥이 뛰는 자리를 나타낸다. 규칙적으로 맥박이 뛰므로 이것으로 시간을 헤아린다고 해서 '헤아린다'를 뜻함.
小 작을 소	땅을 뚫고(八) 나오는 싹(丨)의 모양을 본뜬 글자. 한가운데의 갈고리궐(亅 갈고리)과 나눔을 나타내는 八(팔)을 합(合)하여 물건을 작게 나누다의 뜻을 가짐. 小(소)는 작다와 적다의 두 가지 뜻을 나타냈으나, 나중에 小(작다)와 少(적다)를 구별하여 씀.
尢(兀) 절름발이 왕	한쪽 다리가 굽어 자꾸 기우뚱거리며 걷는 사람의 모양을 본떠 '절름발이'를 나타낸 글자.
尸 주검 시	사람이 반듯이 누워 죽어 있는 시체의 형상을 본떠 만든 이 글자는 '주검'을 뜻하거나 집 호(戶)와 같은 의미로도 사용됨.
屮(艸) 왼손 좌(싹틀 철)	넓은 땅 위에서 초목의 떡잎이 '싹터 나온' 모양을 본떠 '싹트다' 뜻을 나타냄. 또는 왼손의 모양을 본뜬 글자.
山 뫼 산	산의 봉우리가 뾰족뾰족하게 이어지는 '산'의 모양을 본뜬 글자.
巛(川) 내 천(개미허리)	물이 흘러내리는 모양을 본떠 '내, 개울'의 뜻을 나타낸 글자.
工 장인 공	흙을 빚는 흙손의 모양을 본떠서 '장인'을 뜻함. 무언가의 도구(道具)의 모양. 도구(道具) → 일 → 관리(官吏)란 뜻으로도 되었음.
己 몸 기	사람이 무릎을 꿇고 허리 굽혀 인사하는 모양을 본떠서 '자기' 자신의 '몸'을 뜻함. 굽은 것을 바로잡는 모양 → 일으키는 일의 뜻으로 쓰임. '일으키다'의 뜻은 나중에 起(기)로 쓰게 되었음.
巾 수건 건	천이 나무에 걸려 있는 모양을 본뜬 '수건'을 뜻하는 글자. 하지만 수건이라기보다는 옷이나 깃발을 만드는 베나 천의 뜻으로 사용됨.
干 방패 간	Y자 모양으로 생긴 방패를 쥔 모양을 본뜬 글자.

幺 작을 요	태보에 싸여 있던 아기가 태어나는 모양을 본떠서 아주 '작다'는 뜻을 나타냄.
广 집 엄(엄호)	언덕이나 바위를 지붕삼아 지은 바위 집의 모양을 본떠서 '집'을 뜻함. 'ㆍ'은 언덕 위에 서있는 집을 의미함.
廴 길게걸을 인(민책받침)	뒷발을 끌어당기면서 발을 '길게 끌며 멀리 걸어감'을 나타냄.
廾 손맞잡을 공(스물입발)	두 손으로 공손히 받들어 올리는 모양을 본떠 '손을 맞잡다', '팔짱을 끼다', '들다'의 뜻을 나타낸 글자.
弋 주살 익	화살을 줄에 매어 힘껏 잡아당기는 모양을 본떠서 '주살'을 뜻하는 글자.
弓 활 궁	싸움터에서 무기로 썼던 기구로 가운데가 불룩하게 굽은 '활'의 모양을 본뜸. 弓(궁)이 부수(部首)가 되어 글자를 만들 때는 활 또는 화살을 쏘는 동작과 관계가 있음.
크(ㅋ)(彑) 돼지머리 계(터진가로왈)	주둥이가 불쑥 나온 돼지나 고슴도치의 모양을 본떠서 '돼지머리'를 뜻함.
彡 터럭 삼(삐친석삼)	부드럽고 곱게 자란 머리털 모양을 본떠서 '터럭'을 뜻함.
彳 자축거릴 척(두인변)	사람의 발, 종아리, 허벅지가 연결된 모양을 본뜬 글자, 다닐 행(行)자의 생략형이다. 종종걸음으로 조금씩 걸어가는 모양을 본떠서 자축거려 '조금씩 걷다'의 뜻을 나타냄.

4획

心(忄)(㣺) 마음 심	고대인은 마음이 머리에 있지 않고 심장에 있다고 믿었고 심장의 모양을 본떠 널리 '마음'이라는 뜻을 나타냄. 사람의 심장의 모양 → 마음 → 물건(物件)의 중심으로 쓰이게 되었음. (忄)심방변 (㣺)밑마음 심
戈 창 과	긴 나무로 된 자루 끝에 뾰족한 쇠붙이를 달고 여러 갈래의 창머리를 가진 창의 모양을 본뜬 글자.
戶 지게문 호	門(문)의 반쪽을 본뜬 글자. 지게 호(戶)라고 흔히들 부르는데, 이때 지게는 외짝문이란 순수한 우리말이다. 외짝문 모양을 본떠서 집의 '지게문'을 뜻함.
手(扌) 손 수(재방변)	다섯 손가락을 모두 편 손의 모양을 본뜬 글자로 '손'을 뜻함.

支 지탱할 지	손(又)에 나뭇가지(十)를 들고 있는 모양을 본뜬 글자. 대나무(十) 같은 나뭇가지를 손(又)으로 야무지게 잡으니 버티어 '지탱하다'의 뜻.
攴(攵) 칠 복(등글월문)	손(又)에 막대기(卜)를 들고 있는 모습을 본뜬 글자. 막대기를 들고 두드리거나 '친다'는 뜻으로 사용된다. 음(音)을 나타내는 卜(복)과 又(우)로 이루어짐.
文 글월 문	사람 몸에 ×모양이나 心(심)자 꼴의 文身(문신)을 한 모양. 入墨(입묵)을 문신이라 하고, 형벌(刑罰)로서 하는 경우도 있지만 祝賀(축하)하는 표로도 하였음. 나중에 무늬 → 글자 → 학문 → 文化(문화) 등의 뜻에 쓰임.
斗 말 두	곡식의 양을 헤아리기 위해 사용하는 긴 자루가 달린 국자의 모양을 본뜬 글자.
斤 도끼 근(날근)	나무를 베는 세워 놓은 도끼의 모양을 본뜸. 가로획은 도끼의 머리를 본뜨고, 세로획은 자루를 본뜸. 그 밑에 있는 것은 빠갠 나무를 본뜸. 음(音)을 빌어 '무게'를 다는 '근'을 뜻한 글자.
方 모 방	양쪽에 손잡이가 달린 쟁기의 모양. 두 사람이 나란히 서서 잡고 갈기 때문에 좌우(左右), 한 줄로 늘어놓다, 비교하다의 뜻. 다시 방향(方向)·방위(方位)·방법(方法) 등 여러 가지 뜻으로 변하였음.
无(旡) 없을 무(이미기방)	無(무)의 간체자(簡體字). 無(무)의 옛 글자(古字)로서 커다란 수풀(부수를 제외한 글자)에 불(火)이 나서 다 타 없어진 모양을 본뜬 글자로 '없다'를 뜻함.
日 날 일	아침에 찬란히 떠오르는 태양의 모양을 본뜬 글자로 하루의 '날'을 뜻함.
曰 가로 왈	입(口)에서 소리가 나오는 모양을 본뜬 글자. 입을 벌리고 말함을 나타냄. 입과 날숨을 본떠 목소리를 내어 '말하다'를 뜻하여 널리 '가로되'로 쓰인 글자.
月 달 월	언제나 둥근 날 일(日: 해)에 비하여 차고 이지러짐이 있으므로 초승달 혹은 반달의 모양을 본뜬 글자.
木 나무 목	땅에 뿌리를 박고 선 나무(줄기, 가지, 뿌리) 모양을 본뜬 글자로 '나무'를 뜻함.
欠 하품 흠	사람(人)이 입을 크게 벌리고 '하품'하는 모양을 본뜬 글자. 글자 윗부분이 입을 벌리고 있는 얼굴이다.
止 그칠 지	맨발로 걸어간 발자국의 모양을 본뜬 글자. 발로 걸어간다는 뜻도 있고, 반대로 발바닥을 땅에 붙임으로써 정지한다('그치어' 서 있다)는 뜻도 있다.
歹(歺) 살바른뼈 알(죽을사변)	사람이 죽어 뼈대만 남아 있음을 가리켜서 '뼈 앙상하다'는 뜻의 글자. 본래 글자인 冎(과)가 '살을 발라낸 뼈'의 모양을 나타내는데, 이 글자를 반으로 쪼갠 모양인 데서 '부서진 뼈'라는 뜻을 나타냄.

殳 몽둥이 수(갖은등글월문)	손(又)에 막대기(几)를 들고서 치는 모양을 본뜬 글자. 막대기를 들고 손(又 ← 手)으로 잡고 대상물을 향해서 '치다', '차다', '때리다', '부수다' 등을 뜻함.
毋 말 무	女 + 一, 즉 '一'이 '하나'의 의미라기보다 '걸어 잠그는 것'을 상징한다. 다가오는 상대방을 막기 위해 막대기를 든 여자의 모습을 본떠 '말다', '금지하다'의 뜻을 나타냄.
比 견줄 비	두 사람이 나란히 서 있는 모양에서 '견주어' 살피니 '비교하다'의 의미를 만들어냄.
毛 터럭 모	짐승의 털이나 새의 깃털이 위를 향해 촘촘하게 나 있는 모양을 본뜬 글자.
氏 성씨 씨(각시씨)	나무의 뿌리를 본뜬 글자로 같은 씨족의 '성씨'를 뜻한 글자.
气 기운 기	비가 갠 후 대지에 피어오르는 수증기나 구름의 모양을 보고 만든 글자로 '기운'을 뜻함.
水(氵) 물 수(삼수변)	가운데의 중심 물줄기와 양쪽으로 물이 흘러내리는 모양을 본뜬 글자.
火(灬) 불 화(연화발)	세차게 위로 타오르는 불길과 불꽃의 모양을 본뜬 글자.
爪(爫) 손톱 조(손톱조머리)	손바닥을 아래로 하여 물건을 움켜쥐고 있는 손의 모양을 본뜬 '손톱'의 뜻을 나타내는 글자.
父 아비 부	손에 매를 들고 있는 모양으로 회초리를 들어 자식을 바르게 훈계하는 엄한 '아버지'의 모습을 본뜬 글자.
爻 점괘 효	점을 치거나 수를 셈하기 위해 사용하는 젓가락 모양의 산(算)가지가 흩어져 있는 모양을 본뜬 글자.
爿 나뭇조각 장(장수장)	통나무를 세워 반으로 자른 왼쪽의 모양을 본뜬 글자.
片 조각 편	통나무를 세워 반으로 자른 오른쪽의 모양을 본뜬 글자.
牙 어금니 아	상하 서로 어금니를 물고 있는 모양을 뜻한 글자.
牛(牜) 소 우	머리에 두 뿔이 나오고 엉금엉금 걸어 다니는 '소'의 정면에서 본 모양을 본뜬 글자. 갑골문자에는 머리에 뿔이 2개 나 있는 소머리의 모양(牜과 유사)이었으나 기호화하면서 하나만 남았다.

犬 (犭) 개 견(개사슴록변)	뒷발을 땅에 버티면서 앞발을 쳐들고 짖어대는 '개'의 모양을 본뜬 글자. 개의 옆모습을 90도 회전시켜 놓은 것으로 왼쪽이 앞 뒷다리, 오른쪽 아래가 꼬리, 점이 개의 귀를 본뜸. 犬(견)은 다른 글자의 변이 되면 개사슴록변(犭)으로 씀.

5획

玄 검을 현	작을요(幺 작다)와 돼지해머리(亠 머리 부분, 위)의 합자(合字). 멀리 있어서 공기에 가려져 가물가물 작게 보이니 색깔이 '검다'는 뜻의 글자.
玉 (王) 구슬 옥	줄에 구슬 3개를 꿰어 놓은 모양을 본떠 만든 '구슬'을 뜻하는 글자. 三은 구슬을, ㅣ은 실을 나타냄. 처음에는 王(왕)으로 썼으나 나중에 丶(점)을 더하여 王(왕)과 구별(區別)함.
瓜 오이 과	오이 덩굴에 열매가 달려 있는 모양. 중앙에 오이 1개와 양쪽으로 덩굴 2개가 위의 줄기에 달려 있는 모양을 본떠 만든 글자.
瓦 기와 와	지붕을 이은 기와가 엇갈려 나란하게 덮여 있는 모양을 본뜬 글자. 질그릇이란 의미로 토기에 관한 글자의 뜻으로 씀.
甘 달 감	혀 가운데 맛있는 음식이 놓여 있음을 가리켜서 맛이 '달다'는 뜻의 글자. 입속에 물건(物件)을 물고 있음을 나타내며, 입속에 머금고 맛봄을 뜻함. 甘(감)의 음은 '머금다'의 뜻을 나타냄. 나아가서 맛있다, 달다의 뜻.
生 날 생	땅 위에 연한 싹이 올라오는 모양을 본뜬 '살다' 의미의 글자. 풀이나 나무가 싹트는 모양 → 생기다 → 태어나다 → 만듦.
用 쓸 용	나무로 만든 물을 담는 물통(桶)을 본뜬 글자. 용도, 그릇, 도구, 물건을 속에 넣는다는 뜻에서 꿰뚫고 나가다, 물건(物件)을 쓰다, 일이 진행되다의 뜻과 물통에 담은 물을 붓는 것에서 '베풀다'의 의미가 있다.
田 밭 전	바둑판 모양의 밭의 모양을 본뜬 글자. 본디 농경지나 사냥터를 나타냈지만 우리나라에서는 특히 논은 畓(답), 밭은 田(전)으로 구별(區別)함.
疋 발 소(필필, 짝필)	무릎 아래의 모양을 본뜸. 발목에서 발끝까지의 모양을 본떠서 '발'을 뜻하고 '짝'의 뜻으로도 쓰인 부수 글자.
疒 병들어누을 녁(병질엄)	사람이 병상에 누워 기댄 모양을 본떠서 몸이 아파 '병들다'란 뜻의 글자.
癶 걸을 발(필발머리)	두 발을 엇갈려 벌리면서 걸어가는 모양을 본떠서 '걷다'의 뜻을 나타낸 글자.
白 흰 백	쌀알의 모양을 본뜬 글자. 즉 쌀이 희다고 흰 백(白) 자가 되었다. 햇빛이 위를 향하여 비추는 모양을 본뜬 글자로 '희다', '밝다'는 뜻의 글자.

皮 가죽 피	손(又)으로 칼(ㅣ)을 들고 가죽을 벗겨내는 모양을 본뜬 글자.
皿 그릇 명	위가 널찍하고 아래에 받침이 있는 '그릇'인 '쟁반'의 모양을 본뜬 글자. 위는 음식을 담는 부분, 가운데는 다리, 밑은 그릇의 바닥을 나타냄.
目 눈 목	사람의 '눈동자' 모양을 본뜬 글자. 처음엔 보통(普通) 눈과 같이 가로(타원형)로 길게 썼는데, 나중에 세로의 긴 자형(字形)으로 변한 것은 글의 세로쓰기에 맞춘 것이다.
矛 창 모	긴 자루 끝에 뾰족한 쇠를 박아 적을 찔러 죽이는 데 쓴 '세모창'의 모양을 본뜬 글자. 위쪽이 창머리이다.
矢 화살 시	'화살'의 화살촉과 깃의 모양을 본뜸. 위쪽이 화살머리이고, 아래쪽이 화살 뒷부분의 깃털이 붙는 부분이다.
石 돌 석	언덕 아래 뒹굴고 있는 돌의 모양을 나타내며 '돌'을 뜻함. 절벽(厓에서 圭를 뺀 글자)과 절벽에서 떨어진 바위(口)의 모양을 본뜬 글자.
示(礻) 보일 시	제물(祭物)을 차려 놓은 제단이나 제기의 모양을 본뜬 글자로 제물(祭物)을 신에게 보여 준다는 의미(意味)로 '보이다'를 뜻함.
禸 짐승발자국 유	짐승의 몸통과 다리, 늘어진 꼬리, 발가락이 아래로 구부러지고 모양이 둥그런 '짐승의 발자국' 모양을 본뜬 글자.
禾 벼 화	나무 '木' 위에 한 획을 더해 벼 이삭이 익어 축 늘어진 모양을 본뜬 글자로 잘 익은 '벼'를 뜻함.
穴 구멍 혈	흙이나 바위의 굴 속에서 사는 동굴집의 모양, 즉 혈거생활(穴居生活)의 주거(住居) 형태를 본뜬 글자.
立 설 립	사람이 땅을 딛고 양팔을 벌리고 서있는 모양을 본뜬 글자. 맨 아래의 一은 땅을 가리킨다. 나중에 사람에 국한하지 않고 '서다', '세우다'의 뜻으로 씀.

6획

竹 대 죽	2개의 대나무 줄기에 가느다란 잎사귀가 아래로 늘어져 있는 대나무의 모양을 본뜬 글자. 대나무 잎의 모양 → 대나무를 나타냄.
米 쌀 미	벼 이삭에서 탈곡하여 그릇 안에 쌀알이 흩어져 있는 모양을 본뜬 글자.

糸 실 사	누에에서 뽑은 가는 실을 감아 놓은 실타래의 모양을 본떠서 '실'을 뜻하는 글자.
缶 장군 부	배가 불룩하고 아가리가 좁은 '질그릇(장군: 물과 같은 액체를 담음)'의 모양을 본뜬 글자로 윗부분 'ᄉ'은 뚜껑을 표시하고 아랫부분은 담는 통을 의미함.
网 (㓁) (罒) 그물 망	그물의 조직이 치밀(緻密)하게 얽혀 있는 모양을 본뜬 글자로 '그물'을 뜻하는 글자.
羊 양 양	털(毛)과 2개의 뿔이 나 있는 양의 머리 모양을 본뜬 글자.
羽 깃 우	새의 두 날개, 혹은 깃털 2개를 본뜬 글자.
老 (耂) 늙을 로	허리가 굽은 '늙은이'가 지팡이를 짚고 있는 모양을 본떠 '늙다'의 뜻을 나타낸 글자.
而 말이을 이	턱수염의 모양을 본뜸. 수염 사이로 말이 연이으니 '말 잇다'를 뜻함. 음(音)을 빌어 어조사로 씀.
耒 쟁기 뢰	木(목)과 丰(개)가 합(合)하여 이루어짐. 丰(개)는 흐트러진 풀을 말하는데, 나무로 만든 농기구로 풀을 갈아엎는다는 뜻을 나타냄. 또 쟁기를 나타냄.
耳 귀 이	귀의 옆모양을 본뜬 글자.
聿 붓 율	손으로 붓을 잡고 있는 모양을 본떠 만듦. 손에 붓을 들고 획을 그어 글씨 쓰는 모양을 가리켜서 '붓'을 뜻한 글자.
肉 (月) 고기 육(육달월)	칼로 정연하게 잘라 놓은 고기에 힘줄이 있는 모양을 본떠 '고기'를 뜻한 글자. 썩을 부(腐), 고깃점 자(胾)와 같은 경우는 육(肉)이 그대로 쓰이고 폐(肺), 위(胃), 견(肩)과 같은 경우는 肉이 月로 바뀌는데 이때는 일월(日月)의 달(月)과 구별하여 육달월(月)이라 부른다.
臣 신하 신	대부분 정면에서 바라본 눈 모양을 90도 회전시킨 세로로 선 눈의 형상이다. 세로로 선 눈은 몸을 엎드리고 머리를 조아리는 것으로, 원래 노예를 의미한다. 왕의 노예라는 뜻에서 신하라는 의미가 생겼다.
自 스스로 자	코의 모양을 본뜬 것으로 중국인은 자신을 가리킬 때 스스로란 뜻으로 자기의 코를 가리킨다. 그래서 '自'는 후에 '自己'를 뜻하게 되었다. 나중에 '코'의 뜻에는 鼻(비)란 글자가 생겼음.
至 이를 지	화살(矢)이 땅(土)에 떨어지는 모양을 본뜬 글자. 새가 땅(一)을 향하여 내려앉는 모양이라 하여 도달했다는 의미로 '이르다'를 뜻함. 하늘을 날던 새가 땅에 내려앉음을 가리켜서 땅에 '이르다' 뜻의 부수 글자.

白 절구 구	돌이나 나무를 깎아 만든 확에 쌀이 들어 있는 모양을 본떠서 '절구'를 뜻한 글자. 안에 있는 점은 확 안에 든 쌀을 나타냄.
舌 혀 설	앞으로 혀를 길게 뽑고 있는 뱀의 혀 모양을 본뜬 글자. 입안(口)에서 방패(干) 같은 구실을 하는 '혀'를 나타낸 干과 口의 합자(合字).
舛 어그러질 천	오른발과 왼발이 각각 상반되게 반대 방향으로 걸어가니 두 발은 방향이 배치되어 '어그러짐'을 뜻한다.
舟 배 주	통나무를 깊게 파거나 깎아서 만든 조그마한 나룻배 모양을 본뜬 '배'를 뜻하는 글자.
艮 그칠/괘이름 간	사람이 눈을 뒤로 향(向)하게 한 모양으로 '외면하다', '원망하다', '배신하다' 등의 뜻을 나타냄.
色 빛 색	사람(人)과 병부절(卩=巴)의 뜻을 합(合)한 글자로 사람의 마음 움직임이 양 무릎(巴)이 들어맞듯이 일치해서 얼굴'빛'에 나타난다는 데서 '안색', '빛깔'을 뜻함.
艸(艹) 풀 초(초두머리)	많은 풀이 여기저기 돋아나 있는 모양을 본뜸.
虍 범 호	머리는 위로 향하고 꼬리는 아래로 향하며 몸에는 무늬가 있는 호랑이의 옆모습을 90도 회전시켜 놓은 글자.
虫 벌레 충(벌레 훼)	뱀이 몸을 사리고 있는 모양을 본뜬 글자. 가운데 口는 뱀의 머리, 위쪽은 뱀의 혀, 아래쪽은 똬리를 틀고 있는 뱀의 꼬리를 나타낸다. 고대 중국인은 파충류를 모두 벌레로 보았다.
血 피 혈	윗부분은 피이고, 아랫부분은 피를 담아내는 그릇〔명(皿)〕을 형상했다. 옛날에 맹세(盟誓)하여 굳게 언약(言約)하는 의식의 표시(表示)로 짐승의 피를 그릇에 받아 돌아가며 서로 마시거나 또는 입가에 바르던 데에서 나온 글자.
行 다닐 행	넓은 2개의 길이 직각으로 만나는 사거리의 모습을 본떠 만든 글자.
衣(衤) 옷 의	옷을 입고 깃을 여민 모양을 본뜬 글자.
襾(西) 덮을 아	밑에서 덮고(凵) 위에서 덮고(冂) 一(일)을 덧대어 또다시 덮어 가려 '덮는다'는 뜻을 나타냄.

7획

見 **볼 견**	사람(人)이 무릎을 꿇고 앉아 두 눈(目)으로 자세히 살펴본다(見)는 의미로 '보다'의 뜻을 나타내는 글자.
角 **뿔 각**	짐승의 머리 부분에 나 있는 두 뿔의 모양을 본뜬 글자로 '뿔', '모서리'를 뜻함.
言 **말씀 언**	입 밖으로 혀를 내민 모양에서 끝에 가로선을 더해 '말하다'라는 뜻을 만들어낸 글자.
谷 **골 곡**	산등성이 사이에서 물이 흘러나오는 입구로서 널리 '골짜기'를 뜻하는 글자.
豆 **콩 두**	고대에 제사나 예식 때 쓰던 음식물을 담는 굽이 높은 그릇의 모양을 본뜬 글자였으나 콩을 많이 담았던 때문인지 이후 콩이라는 뜻으로 쓰이게 되었다. 뚜껑(一)과 그릇(口)과 발(丷)로 이루어짐.
豕 **돼지 시**	돼지의 머리와 등, 네 발과 꼬리의 모양을 90도 회전시켜 놓은 것으로, 왼쪽이 4개의 다리, 오른쪽 아래가 꼬리를 본뜬 글자.
豸 **발없는벌레 치**	짐승이 먹이를 잡기 위해 몸을 웅크리고 있는 모양을 본뜬 글자로, 사냥을 하는 맹수들을 의미함. 후에 신령스러운 '해태'를 의미하고 발이 없는 '벌레'를 가리키기도 함.
貝 **조개 패**	껍데기를 벌리고 있는 '조개'의 모양을 본뜬 글자. 옛날에는 조가비를 돈으로 사용했기 때문에 貝(패)가 붙는 글자는 대부분 돈이라는 의미로 사용된다.
赤 **붉을 적**	큰 불(火)이 나서 땅(土)이 붉게 보인다는 뜻이 합(合)하여 '붉다'는 뜻을 나타냄.
走 **달아날 주**	윗부분이 팔을 흔드는 사람의 모양이고, 아랫부분은 발(止)을 그려 달리는 모양을 본뜬 글자. 사람이 다리를 벌려 힘차게 뛰어서 앞으로 나아가니 '달아나다'란 의미의 글자.
足 **발 족**	장딴지 모양을 나타내는 口자와 발바닥 부분을 나타내는 止자가 합쳐진 글자로 '발'을 뜻함.
身 **몸 신**	임신한 여자의 불룩한 배를 옆에서 보았을 때의 모양을 본뜬 글자로 '몸'을 뜻함.
車 **수레 거/차**	소나 말이 끌고 다니던 '수레'의 몸체와 바퀴 모양을 본뜬 글자. 중앙에 있는 日자는 몸체를, 위아래에 있는 一은 바퀴를, 중앙의 ㅣ는 바퀴 축을 나타낸다.

辛 매울 신	죄인이나 노예라는 표시를 위해 얼굴에 문신을 새기던 침의 모양을 본뜬 글자. 죄지은 자의 이마에 표시하니 매우 혹독하여 '맵다'의 뜻을 나타냄.
辰 별 진	조개가 껍데기에서 발을 내밀고 있는 모양을 본뜬 글자. 가차(假借)하여 '진(辰)'자가 되었다.
辵(辶) 쉬엄쉬엄갈 착(책받침)	쉬엄쉬엄갈 착자는 흔히 '두인변'이라 부르는 조금 걸을 척(彳)자와 그칠 지(止)자의 합자로 걸어가다가 잠시 그치어 천천히 쉬어 가니 '쉬엄쉬엄 가다'의 뜻을 나타냄.
邑(阝) 고을 읍(우부방)	경계로 둘러싸인(口) 고을의 모양에 사람이 꿇어앉아 있는 모양(㔾)을 결합해 일정한 경계에 둘러싸여 사람이 많이 모인 '읍'으로 '고을'을 뜻한 글자.
酉 닭 유	술을 담아두는 병의 모양을 본뜬 글자로 '술'이라는 뜻으로 사용됨. 나중에 술이란 글자는 물수〔水(氵, 氺): 물〕를 더하여 酒(주)라 함.
釆(采) 분별할 변	짐승의 발자국 모양을 본뜬 글자로 그 발자국으로 짐승을 알아낸다는 데에서 '분별하다'는 뜻을 나타냄.
里 마을 리	田(전: 밭)과 土(토: 토지)의 합자(合字)로 거주지를 의미함. 땅(土) 위에 밭(田)을 일구어 놓은 곳이 마을(里)이라는 뜻의 글자. 또 거리의 단위로도 씀.

8획

金 쇠 금	거푸집과 흘러나온 주물의 모양을 표현한 글자. 음(音)을 나타내는 今(금)과 흙(土)+광물(두 점: 흙속에서 반짝임을 뜻함)을 담고 있다는 뜻을 합하여 '쇠', '금'을 뜻함.
長(镸) 길 장	머리털이 긴 노인이 단장을 짚고 서 있는 모양을 본뜬 글자. 나중에 노인 → 나이가 위인 사람 → 관리(官吏)의 長(장), 성장(成長)하다, 길게 자라다, 길다 등에 쓰임.
門 문 문	2개의 문짝이 있는 문의 모양을 본뜬 글자.
阜(阝) 언덕 부(좌부방)	연이어 있는 흙언덕의 모양을 세로로 표현해 흙이 높이 쌓이고 능선이 겹쳐진 가파른 '언덕'의 모양을 나타냄.
隶 미칠 이	손(又 우)과 꼬리(尾 미)의 합자(合字). 짐승을 뒤쫓아 꼬리 부분을 손으로 잡은 모양에서 '미치다'와 '따라잡다'는 뜻이 나왔다.
佳 새 추	짧은 꼬리를 가진 새의 모양을 그린 글자로 짧은 꼬리를 가진 새는 추(佳), 긴 꼬리를 가진 새는 조(鳥)로 구분한다.

雨 비 우	하늘에서 빗방울이 떨어지고 있는 모양을 본뜬 글자.
靑 푸를 청	생(生)자와 붉을 단(丹)자를 합(合)하여 이루어짐. 生(생)은 새싹, 丹〔단: 물감을 들이는 原料(원료)인 광물〕은 돌을 뜻함. 붉은 돌(丹) 틈에서 피어나는 새싹(生)은 더욱 푸르러 보인다는 뜻으로 '푸르다'는 의미를 가지게 됨.
非 아닐 비	양쪽으로 펼친 새의 날개를 본뜬 글자. 나중에 새의 좌우(左右)로 벌린 날개가 반대 방향을 향하여 '아니다'라는 뜻이 생겼다.

9획

面 낯 면	사람의 얼굴 윤곽을 본떠 얼굴 전체의 '낯'을 뜻한 글자. 나중에 물건(物件)의 거죽 → 얼굴을 그 쪽으로 돌리다 등의 뜻으로도 씀.
革 가죽 혁	짐승의 날가죽에서 털을 뽑는 모양을 본떠서 '가죽', '고치다'의 뜻을 나타냄. 改(개)나 更(갱)과 음과 뜻이 모두 관계가 깊어 '새롭게 하다', '새로와지다'의 뜻으로 쓰여짐.
韋 가죽 위	가죽(口)을 펼쳐 놓고 양쪽을 발로 밟고 무두질하는 모양을 본뜬 글자.
韭 부추 구	땅 위에 무리지어 나 있는 부추의 모양을 본뜬 글자.
音 소리 음	言(언)의 口(구) 속에 또는 一(일)을 더한 모양으로 입으로 하는 말소리에 한 소리의 곡을 더함을 가리켜서 음악의 '소리'를 뜻한 글자.
頁 머리 혈	사람의 목 부분에서 정수리 끝까지의 모양을 두루 본떠서 '머리'를 뜻한 글자. 상부는 머리털, 중부는 얼굴, 하부는 수염의 모양을 본뜬 글자.
風 바람 풍	무릇(凡) 태풍이 지나간 다음에 병충(蟲)이 많이 번식한다는 뜻을 합(合)하여 '바람'을 뜻한 글자.
飛 날 비	새가 양 날개를 펴고 하늘을 날아가는 모습을 본떠 만든 '날다' 뜻의 글자.
食(飠) 밥 식	음식을 담는 받침대와 덮개가 있는 그릇의 모양을 본뜬 글자. 사람(人)이 살아가기 위해 좋아하며(良) 즐겨먹는 음식물로 '밥'을 뜻함.
首 머리 수	머리털과 코(自)가 있는 얼굴의 모양을 본뜬 글자. 머리는 몸의 맨 위에 있어 '우두머리', '처음'의 뜻으로도 쓰임.

香 향기 향	벼 화(禾)와 입에서 혀를 빼어 물고 있는 모양을 보여주는 달 감(甘)의 합성어이다. 즉 밥을 지어 놓으면 맛있는 냄새가 나기 때문에 밥 짓는 냄새는 향기의 의미가 됨.

10획

馬 말 마	말의 옆모습으로 글자의 윗부분은 말머리의 갈기를, 아래쪽에 있는 4개의 점은 네 다리의 모양을 본뜬 글자.
骨 뼈 골	윗부분은 살을 발라낸 뼈의 모양이고, 아랫부분은 고기의 의미로 살(月 ← 肉) 없이 뼈대만 앙상히 남은 몸의 모양을 본뜬 '뼈'를 뜻하는 글자.
高 높을 고	높은 집의 모양을 본뜬 '높다'는 뜻의 글자.
髟 머리털늘어질 표(터럭발)	왼쪽은 '길다'는 의미의 '長(장)'의 고자(古字)이고, 오른쪽은 '毛(모)'의 의미인데, 둘이 결합하여 '긴 머리털'이란 의미로 사람의 머리 부분에 긴 머리카락이 내려뜨리어졌으니 '머리털 늘어지다'의 뜻이 됨.
鬥 싸울 투	두 사람이 주먹을 쥐고서 마주서서 다투니 '싸우다' 뜻의 글자가 됨.
鬯 울창주 창	위터진입구(凵: 위가 터진 그릇)와 米(미), 匕(비)의 합자(合字). 그릇에 쌀과 향초를 담아서 국자(匕)로 퍼내니 '울창하다'는 뜻이 됨.
鬲 오지병 격(다리굽은솥 력)	아랫부분에 불을 지펴 사용하던 다리가 셋 있는 쇠로 만든 솥의 모양을 본뜬 글자. 솥의 다리가 3개이기 때문에 사이를 막는다는 의미로 쓰이기도 하는데 '막혀 있는 오지병'이란 글자.
鬼 귀신 귀	무서운 머리 부분을 크게 표현해 귀신의 모습을 상상해서 그린 모양. 사람 인(人) 위에 귀신 머리가 있다.

11획

魚 물고기 어	세로로 놓인 물고기 모양을 본뜬 글자. 맨 위는 물고기 머리, 중간(田)은 비늘이 있는 물고기 몸통, 아래의 4개 점은 지느러미의 모양이다.
鳥 새 조	꼬리가 긴 새라는 의미로 윗부분이 부리, 눈, 꽁지, 아래의 4점이 꼬리 깃털이다. 나중에 꼬리가 긴 새를 鳥(조), 꼬리가 짧은 새를 隹(추)라고 구별하였다.
鹵 소금밭 로	소금밭에 소금이 있는 모양을 본뜬 '소금밭'을 뜻하는 글자.

鹿 사슴 록	위의 뿔과 몸통, 그리고 네 발이 달린 수사슴의 모양을 본뜬 글자.
麥 보리 맥	來(래)가 보리를 뜻하는 글자였으나 來자를 온다는 뜻으로 쓰게 되자 來(올래)자 아래 夊(뒤져올 치)자와 합자(合字)로 보리 맥(麥)으로 쓰게 되었다.
麻 삼 마	지붕(广) 아래에 삼(林)을 말리고 있는 모양을 본뜬 글자.

12획

黃 누를 황	田(전)과 음(音)을 나타내는 光(광 → 빛)이 합하여 이루어진 형성(形聲)자. 땅에 빛이 비치다 → 흙의 색깔 → 노랑으로 되어 황토색임을 나타내어 '누렇다'는 뜻을 나타냄.
黍 기장 서	벼(禾) 같은 곡식은 스며든(入) 물(水)로 자란다는 뜻이 모인 회의자(會意字).
黑 검을 흑	노예나 죄인의 이마에 콕콕 찔러서 먹물로 글자를 새겨 묵색을 가했던 묵형(墨刑)에서 비롯된 것으로 후에 묵형을 가하던 얼굴은 굴뚝(田) 모양으로 바뀌고 몸뚱이는 흙(土), 아궁이에 불(火)이 지펴진 꼴로 바뀌어 '검다(黑)는 뜻으로 됨.
黹 바느질할 치	바늘에 실을 꿰어 수놓은 모양을 본뜬, 앉아서 '바느질하다'란 뜻의 글자.

13획

黽 맹꽁이 맹	두 눈이 커서 툭 튀어나오고 배가 불룩하게 나온 '맹꽁이'의 모양을 본뜬 글자.
鼎 솥 정	화로같이 생겼으며 발이 셋, 귀가 둘 달린 쇠솥의 모양을 본뜬 글자.
鼓 북 고	支(지: 대나무가지)와 壴(주: 북)의 합자(合字). 대나무가지로 북을 친다는 뜻. 후에 직접 '북'을 뜻하게 됨.
鼠 쥐 서	곡식을 갉아먹는 쥐의 배와 네 발 그리고 꼬리의 모양을 본뜬 글자.

14획

鼻 코 비	自(자: 코의 모양)와 음(音)을 나타내는 畀〔비: 물건(物件)을 주는 일〕로 이루어짐. 옛날에는 自(자)가 코의 뜻을 나타냈지만 나중에 自(자)는 自己(자기)·自然(자연) 등 여러 가지 뜻으로 쓰여져 코의 뜻으로 따로 鼻(비)란 글자를 만들었음.
齊 가지런할 제	보리 이삭의 알곡들의 배열이 가지런하게 패어 있는 꼴을 본떠 '가지런하다' 혹은 '다스리다'는 뜻의 글자가 됨.

15획

齒 이 치	입안에 있는 치아를 나타냄. 음(音)을 나타내는 止(지 → 치)와 이를 물고 있거나 잘 움직여 씹거나 함을 나타내는 나머지 글자의 합자(合字)로 '이'를 뜻함.

16획

龍 용 룡	머리를 세우고(立) 몸뚱이(月)를 용틀임하는 용의 모양을 본뜬 글자.
龜 거북귀/구, 터질 균	거북의 옆모습을 90도 회전시킨 모양을 본뜬 글자. 왼쪽이 다리, 위쪽이 머리, 오른쪽이 등(등의 무늬), 아래가 꼬리이다.

17획

龠 피리 약	악기의 모양을 본떠 '관악기(管樂器)', '피리'의 뜻을 나타냄. 약(龠) = 亼(삼합 집: 세 가지가 잘 어울려 딱 들어맞음) + 입 구 셋(ㅁ ㅁ ㅁ) + 책 책(冊)으로 이루어진 글자. 입구(口) 셋은 많은 입 또는 악기 구멍, 책은 악보(樂譜)를 의미함.

呵呵大笑

呵呵大笑[hē hē dà xiào]

可東可西

可东可西[kě dōng kě xī]

家鷄野稚

家鸡野雉[jiā jī yě zhì]

街談巷說

街谈巷说[jiē tán xiàng shuō]

家給人足

家给人足[jiā jǐ rén zú]

苛斂誅求

苛敛诛求[kē liǎn zhū qiú]

可東可西

옳을 가	동녘 동	옳을 가	서녘 서
口 5	木 8	口 5	西 6

동쪽이라도 좋고 서쪽이라도 좋다는 뜻으로, 이러나 저러나 상관없다는 말. 이렇게 할만도 하고 저렇게 할 만도 함.

（유） 가이동가이서(可以東可以西)

（예） '그 사람이 그 사람이다.' 정치에 대한 실망으로 누가 되든 상관없다는 식의 가동가서의 의식은 옳지 않다.

呵呵大笑

꾸짖을 가	꾸짖을 가	큰 대	웃음 소
口 8	口 8	大 3	竹 10

너무 우스워서 한바탕 껄껄 웃음.

소리를 내어 크게 웃음.

（유） 홍연대소(哄然大笑) 앙천대소(仰天大笑) 박장대소(拍掌大笑)

（예） 그의 우스갯소리에 우리는 모두 가가대소했다.

街談巷說

거리 가	말씀 담	거리 항	말씀 설
行 12	言 15	己 9	言 14

길거리나 세상 사람들 사이에 떠도는 소문.

（유） 도청도설(道聽塗說) 유언비어(流言蜚語) 가담항어(街談巷語) 가담항의(街談巷議) 가설항담(街說巷談)

（예） 사람이 사는 세상은 어디서나 가담항설이 있기 마련이니 쉽사리 현혹되어서는 안 된다.

（출전） 한서(漢書)

家鷄野稚

집 가	닭 계	들 야	꿩 치
宀 10	鳥 21	里 11	禾 13

가까이 둔 닭보다 먼 꿩을 귀하게 여긴다는 말로, 자기 집의 것은 하찮게 여기고 남의 집 것만 좋게 여길 때를 비유. 일상 흔한 것을 피하고 새로운 것을 존중함.

（유） 가계야목(家鷄野鶩)

（예） 외래어의 남발 등은 이제 한글의 정체성마저 위협하고 있으니 가계야치가 따로 없다.

（출전） 태평어람(太平御覽)

苛斂誅求

가혹할 가	거들 렴	벨 주	구할 구
艸 9	攴 17	言 13	水 7

가혹하게 세금을 거두거나 백성의 재물을 억지로 빼앗아 못살게 들볶음.

（유） 탐관오리(貪官汚吏) 도탄지고(塗炭之苦) 함분축원(含憤蓄怨) 가정맹어호(苛政猛於虎)

（예） 관청이 가렴주구를 일삼아 백성들의 원망과 한탄 소리가 길에 가득 차게 되었다.

（출전） 구당서(舊唐書)

家給人足

집 가	넉넉할 급	사람 인	발 족
宀 10	糸 12	人 2	足 7

집집마다 살림이 부족함이 없이 넉넉하고 사람마다 의식이 풍족해 살기 좋음.

（예） 국태민안 가급인족(國泰民安 家給人足-나라는 태평하고 백성은 편안하며, 집집이 넉넉해 모든 사람마다 풍족하다) 등이 있다.

（출전） 한서(漢書)

佳人薄命

佳人薄命[jiā rén bó mìng]

刻骨難忘

刻骨难忘[kè gǔ nán wàng]

家貧親老

家贫亲老[jiā pín qīn lǎo]

刻舟求劍

刻舟求剑[kè zhōu qiú jiàn]

刻苦勉勵

刻苦勉励[kè kǔ miǎn lì]

角者無齒

角者无齿[jiǎo zhě wú chǐ]

刻骨難忘

새길 각	뼈 골	어려울 난	잊을 망
刀 8	骨 10	佳 19	心 7

남에게 입은 은혜에 대한 고마운 마음이 뼈에까지 사무쳐 잊혀지지 아니함.

㊌ 백골난망(白骨難忘) 결초보은(結草報恩)

㊐ 그동안 제가 어려울 때 보살펴 주신 선생님의 은혜는 실로 각골난망입니다.

佳人薄命

아름다울 가	사람 인	엷을 박	목숨 명
人 8	人 2	艸 17	口 8

아름다운 사람은 명이 짧다는 뜻으로, 여자의 용모가 너무 아름다우면 운명이 기박하고 명이 짧다는 말.

㊌ 미인박명(美人薄命) 홍안박명(紅顔薄命)

㊐ 가인박명이라던가, 그녀는 젊은 나이에 불치의 병에 걸려 생을 마감했다.

㊊ 소식(蘇軾)·박명가인(薄明佳人)

刻舟求劍

새길 각	배 주	구할 구	칼 검
刀 8	舟 6	水 7	刀 15

강물에 칼을 떨어뜨리자 뱃전에 그 자리를 표시했다가 나중에 그 칼을 찾으려 한다는 말로, 판단력이 둔하여 융통성이 없고 세상일에 어둡고 어리석다는 뜻.

㊌ 수주대토(守株待兎)

㊐ 중국의 기류 변화를 못 본 채 취하는 경직된 중국 압박은 각주구검의 우를 범할 수도 있다.

㊊ 여씨춘추(呂氏春秋)

家貧親老

집 가	가난할 빈	친할 친	늙을 로
宀 10	貝 11	見 16	老 6

집이 가난하고 부모가 늙었다는 뜻으로, 집안의 사정이 여의치 못하여 마땅치 않은 일이라도 해야 하는 상태. 즉 마음에 들지 않은 벼슬자리라도 얻어서 어버이를 봉양해야 한다는 말.

㊐ 가빈친로라 하였거늘, 집안이 힘든데 어째서 손발편하고 쉬운 일만 찾아 하려는가?

㊊ 공자가어(孔子家語)

角者無齒

뿔 각	놈 자	없을 무	이 치
角 7	老 9	火 12	齒 15

뿔이 있는 짐승은 이가 없다는 뜻으로, 한 사람이 여러 가지 재주나 복을 다 가질 수 없다는 말.

㊐ 그녀에게는 각자무치란 말도 무색한 것 같아, 하나라도 못하는 게 없는 걸 보니 말이야.

刻苦勉勵

새길 각	쓸 고	힘쓸 면	힘쓸 려
刀 8	艸 9	力 9	力 17

심신을 괴롭게 할 정도로 노력함. 대단히 고생하며 힘써 정성을 들임.

㊌ 각고정려(刻苦精勵)

㊐ 그 부부는 이십 년 동안 각고면려한 끝에 이제야 집 한 채를 장만했다.

艱難辛苦

艰难辛苦[jiān nán xīn kǔ]

間於齊楚

间于齐楚[jiān yú qí chǔ]

肝腦塗地

肝脑涂地[gān nǎo tú dì]

渴而穿井

渴而穿井[kě ér chuān jǐng]

肝膽相照

肝胆相照[gān dǎn xiāng zhào]

敢不生心

敢不生心[gǎn bù shēng xīn]

間於齊楚			
틈 간	어조사 어	제나라 제	초나라 초
門 12	方 8	齊 14	木 13

중국 등(藤)나라가 제(齊)나라와 초(楚)나라 사이에 끼어 괴로움을 당했다는 데서, 약한 자가 강한 자들 사이에 끼어 고초를 당하는 상태.
㈜ 경전하사 (鯨戰蝦死)
㈖ 부장님과 과장님 사이에서 쩔쩔매는 김대리의 모습을 보면 간어제초와 같은 처지와 다를 것이 없다.
㈜ 맹자(孟子)

艱難辛苦			
어려울 간	어려울 난	매울 신	쓸 고
艮 17	佳 19	辛 7	艸 9

몹시 고되고 어렵고 맵고 쓰다는 뜻으로, 갖은 고초를 겪어 몹시 힘들고 괴로운 고생을 이름.
㈖ 그녀는 남성 위주의 사회에서 온갖 간난신고를 이겨 내고 마침내 성공을 거두었다.

渴而穿井			
목마를 갈	말이을 이	뚫을 천	우물 정
水 12	而 6	穴 9	二 4

목이 말라야 비로소 샘을 판다. 미리 준비하지 않고 있다가 급히 하면 이미 때가 늦어 아무 소용이 없음.
㈜ 망양보뢰(亡羊補牢)
㈖ 물 부족의 문제가 심각해지고 나서야 대책이라는 것을 내놓으니 이것이야말로 갈이천정이 아니고 무엇인가.
㈜ 설원(設苑)

肝腦塗地			
간 간	뇌 뇌	칠할 도	땅 지
肉 7	肉 13	土 13	土 6

참혹한 죽임을 당하여 간장과 뇌수가 땅에 널려 있다는 뜻으로, 나라를 위하여 목숨을 돌보지 않고 애를 씀.
㈖ 나라가 위기에 처하였을 때 간뇌도지하였던 사람들을 생각해 보자.
㈜ 사기(史記)·유경열전(劉敬列傳)

敢不生心			
감히 감	아닐 불	날 생	마음 심
攴 12	一 4	生 5	心 4

힘이 부치어 감히 엄두도 내지 못함.
㈜ 언감생심(焉敢生心) 감불생의(敢不生意)
㈖ 세상에는 갖고 싶은 것들이 너무나 많지만 지금의 우리 처지로는 감불생심이다

肝膽相照			
간 간	쓸개 담	서로 상	비출 조
肉 7	肉 17	目 9	火 13

'간과 쓸개를 내놓고 서로에게 내보인다'라는 뜻으로, 서로 마음을 터놓고 진심으로 친밀히 사귐.
㈜ 관포지교(管鮑之交)
㈖ 우리 나이 차이가 좀 나지만 간담상조하며 친하게 지내자.
㈜ 한유(韓愈)·유자후묘지명(柳子厚墓誌銘)

甘言利說

甘言利说[gān yán lì shuō]

甲男乙女

甲男乙女[jiǎ nán yǐ nǔ]

感之德之

感之德之[gǎn zhī dé zhī]

甲論乙駁

甲论乙驳[jiǎ lùn yǐ bó]

甘吞苦吐

甘吞苦吐[gān tūn kǔ tǔ]

强弩之末

强弩之末[qiáng nǔ zhī mò]

甲男乙女

첫째 갑	사내 남	아무개 을	여자 녀
田 5	田 7	乙 1	女 3

갑이라는 남자와 을이라는 여자라는 뜻으로, 평범한 사람들을 이르는 말.

㈜ 선남선녀(善男善女) 장삼이사(張三李四) 필부필부(匹夫匹婦) 우부우부(愚夫愚婦) 초동급부(樵童汲婦)

㈎ 올바른 사회란 몇몇의 뛰어난 사람이 잘사는 사회가 아니라 갑남을녀가 골고루 평화롭게 살아가는 사회다.

甘言利說

달 감	말씀 언	이로울 이	말씀 설
甘 5	言 7	刀 7	言 14

달콤한 말과 이로운 이야기라는 뜻으로, 남의 비위에 맞도록 꾸민 달콤한 말과 이로운 조건을 내세워 남을 꾀하는 말.

㈜ 교언영색(巧言令色)

㈎ 그는 떼돈을 벌어 주겠다는 감언이설에 속아 장사 밑천을 떼이고 말았다.

甲論乙駁

첫째 갑	논할 론	아무개 을	논박할 박
田 5	言 15	乙 1	馬 14

갑이 논하면 을이 논박한다는 뜻으로, 서로 자기주장을 내세우고 남의 의견을 논박하고 반박함.

㈎ 여러 사람의 갑론을박으로 그 문제는 쉽게 결론이 날 것 같지 않았다.

感之德之

느낄 감	갈 지	덕 덕	갈 지
心 13	丿 4	彳 15	丿 4

이를 감사하게 생각하고 이를 덕으로 생각한다는 뜻으로, 분에 넘치는 듯싶어 대단히 고맙게 여김.

㈎ 그는 뜻밖의 환대를 받자 감지덕지해 어쩔 줄을 몰랐다.

强弩之末

강할 강	쇠뇌 노	어조사 지	끝 말
弓 12	弓 8	丿 4	木 5

힘찬 활에서 나온 화살도 마지막에는 힘이 떨어져 비단조차 뚫지 못한다는 뜻으로, 아무리 강한 것도 시간이 지나면 마지막에는 결국 쇠퇴하고 만다는 의미.

㈎ 강노지말이라고, 아무리 강한 강대국도 시간이 흐르면 쇠퇴하고 만다.

㈜ 사기(史記)

甘呑苦吐

달 감	삼킬 탄	쓸 고	토할 토
甘 5	口 7	艸 9	口 6

달면 삼키고 쓰면 뱉는다는 뜻으로, 사리에 옳고 그름을 돌보지 않고, 자기에게 이로울 때는 이용하여 취하고 필요 없을 때는 버린다는 뜻.

㈜ 부염기한(附炎棄寒) 염량세태(炎凉世態)

㈎ 정치인들이 보이는 감탄고토의 자세에 실망이 이만저만 아니다.

㈜ 이담속찬(耳談續纂)

剛毅木訥

刚毅木讷[gāng yì mù nè]

開門納賊

开门纳贼[kāi mén nà zéi]

江湖煙波

江湖烟波[jiāng hú yān bō]

蓋世之才

盖世之才[gài shì zhī cái]

改過遷善

改过迁善[gǎi guò qiān shàn]

去頭截尾

去头截尾[qù tóu jié wěi]

<table>
<tr><td colspan="4" align="center">

開門納賊

</td></tr>
<tr><td align="center">열 개
門 12</td><td align="center">문 문
門 8</td><td align="center">들일 납
糸 10</td><td align="center">도둑 적
貝 13</td></tr>
</table>

문을 열고 도둑을 맞아들인다는 뜻으로, 제 스스로 화를 불러들임을 이르는 말.

[유] 개문이읍도(開門而揖盜)

[예] 이웃 나라의 실체와 현실은 물론 구체적인 침략 징후를 애써 외면하고 스스로 재앙을 불러온 조선은 개문납적을 자초한 나라가 되었다.

<table>
<tr><td colspan="4" align="center">

剛毅木訥

</td></tr>
<tr><td align="center">굳셀 강
刀 10</td><td align="center">굳셀 의
殳 15</td><td align="center">나무 목
木 4</td><td align="center">말더듬을 눌
言 11</td></tr>
</table>

의지가 굳고 용기가 있으며 꾸밈이 없고 말수가 적은 사람.

[유] 성심성의(誠心誠意) [반] 교언영색(巧言令色)

[예] 공자는 지혜로운 처신으로 강한 마음(剛)과 의연한 태도(毅), 묵묵하게 정진하는 꾸밈없는 진실함(木訥)이라는 강의목눌의 자세를 이야기했다.

[출전] 논어(論語)

<table>
<tr><td colspan="4" align="center">

蓋世之才

</td></tr>
<tr><td align="center">덮을 개
艸 14</td><td align="center">인간 세
一 5</td><td align="center">어조사 지
丿 4</td><td align="center">재주 재
手 3</td></tr>
</table>

세상을 마음대로 다스릴 만한 뛰어난 재기 또는 그러한 재기를 가진 사람.

[유] 발산개세(拔山蓋世)

[예] 그는 개세지재한 인물이었지만, 뜻을 펴지 못하고 요절했다.

<table>
<tr><td colspan="4" align="center">

江湖煙波

</td></tr>
<tr><td align="center">강 강
水 6</td><td align="center">호수 호
水 12</td><td align="center">연기 연
火 13</td><td align="center">물결 파
水 8</td></tr>
</table>

강이나 호수 위에 안개처럼 보얗게 이는 잔물결. 산수의 좋은 경치.

[유] 청풍명월(淸風明月) 연하일휘(煙霞日輝) 산자수명(山紫水明) 산명수청(山明水淸)

[예] 강호연파라 했던가! 새벽 나루터는 역시 아름답다.

<table>
<tr><td colspan="4" align="center">

去頭截尾

</td></tr>
<tr><td align="center">갈 거
厶 5</td><td align="center">머리 두
頁 16</td><td align="center">끊을 절
戈 14</td><td align="center">꼬리 미
尸 7</td></tr>
</table>

머리와 꼬리를 잘라버린다는 뜻으로, 요점만을 남기고 앞뒤의 잔사설을 빼어 버림. 앞뒤를 생략하고 본론으로 들어감.

[유] 단도직입(單刀直入)

[예] 회의 시간이 길어지니 거두절미하고 자기 의견의 핵심만을 제시해 주십시오.

<table>
<tr><td colspan="4" align="center">

改過遷善

</td></tr>
<tr><td align="center">고칠 개
攴 7</td><td align="center">지날 과
辵 13</td><td align="center">옮길 천
辵 16</td><td align="center">착할 선
口 12</td></tr>
</table>

지난 허물을 고치고 올바르고 착하게 됨. 마음을 바로잡다.

[유] 개사귀정(改邪歸正) 회과천선(悔過遷善) 개과자신(改過自新)

[예] 네가 지난날의 과오를 반성하고 개과천선 한다면 더 좋겠다.

[출전] 진서(晉書)

居安思危

居安思危[jū ān sī wēi]

揭斧入渊

揭斧入渊[jiē fǔ rù yuān]

舉案齊眉

举案齐眉[jǔ àn qí méi]

乾坤一擲

乾坤一掷[qián kūn yī zhì]

車載斗量

车载斗量[chē zài dǒu liáng]

格物致知

格物致知[gé wù zhì zhī]

揭斧入淵

높이들 게	도끼 부	들 입	못 연
手 12	斤 8	入 2	水 11

도끼를 들고 산으로 가지 않고 물에 들어간다는 뜻으로, 쓸데없는 짓을 함. 물건을 사용하는 데 있어서 전연 쓸데없고 상관없는 것을 가지고 옴.

㉠ 열대지방으로 여행을 가면서 겨울옷을 챙기는 것을 게부입연이라고 한다.

출전 회남자(淮南子)

居安思危

있을 거	편안할 안	생각 사	위태할 위
尸 8	宀 6	心 9	卩 6

평안할 때에도 위험과 곤란이 닥칠 것을 생각하며 잊지 말고 미리 대비해야 함.

㉬ 유비무환(有備無患) 거안여위(居安如危)

㉠ 사후약방문(死後藥方文) 망양보뢰(亡羊補牢)

㉠ 저유가에 취해 준비에 게으르다가 위험에 빠지지 말고 거안사위의 지혜를 모두가 발휘해야 합니다.

출전 춘추좌씨전(春秋左氏傳)

乾坤一擲

하늘 건	땅 곤	한 일	던질 척
乙 11	土 8	一 1	手 18

하늘과 땅을 걸고 주사위를 한 번 던져서 흥망성쇠를 결정한다는 뜻으로, 운명과 흥망을 걸고 단판으로 승부를 겨룸.

㉬ 일척건곤(一擲乾坤) 재차일거(在此一擧)

㉠ 건곤일척의 일대 결전이 다가오고 있었다.

출전 한유(韓愈)·과홍구(過鴻溝)

擧案齊眉

들 거	책상 안	가지런할 제	눈썹 미
手 18	木 10	齊 14	目 9

밥상을 눈썹 높이로 들어 공손히 남편 앞에 가지고 간다는 뜻으로, 남편을 깍듯이 공경함을 일컬음.

㉠ 요즘 시대에 거안제미까지는 바랄 순 없어도 남편의 말을 경청하는 미덕이라도 보여주었으면 한다.

출전 후한서(後漢書)

格物致知

바로잡을 격	만물 물	보낼 치	알 지
木 10	牛 8	至 10	矢 8

사물의 본질이나 이치를 연구하여 후천적인 자기의 지식을 확고하게 함.

㉬ 격치(格致)

㉠ 우리 기업들은 격물치지의 정신으로 그 분야의 최고가 되었고 과감한 혁신을 통해 세계를 평정했다.

출전 대학(大學)

車載斗量

수레 거	실을 재	말 두	헤아릴 량
車 7	車 13	斗 4	里 12

수레에 싣고 말에 실을 정도라는 뜻으로, 인재나 물건이 아주 많아 귀하지 않음.

㉬ 차재두량(車載斗量)

㉠ 요즘 영어를 잘하는 사람은 거재두량이라 할 정도로 많이 있어서 그다지 큰 재주로 여겨지지 않는다.

출전 삼국지(三國志)·오서(吳書)

隔世之感

隔世之感[gé shì zhī gǎn]

見利思義

见利思义[jiàn lì sī yì]

隔靴搔癢

隔靴搔痒[gé xuē sāo yǎng]

犬馬之勞

犬马之劳[quǎn mǎ zhī láo]

牽强附會

牵强附会[qiān qiǎng fù huì]

見蚊拔劍

见蚊拔剑[jiàn wén bá jiàn]

<table>
<tr><td colspan="4" align="center">見利思義</td></tr>
<tr><td>볼 견
見 7</td><td>이로울 리
刀 7</td><td>생각 사
心 9</td><td>옳을 의
羊 13</td></tr>
</table>

눈앞에 이익을 보거든 먼저 그 일이 과연 의리에 합당한 옳은 것인지를 생각하라는 말.
㈌ 견리망의(見利忘義)
㈎ 안중근의사의 유묵 중 가장 대표적인 작품은 견리사의 견위수명(見利思義 見危授命)이다.

<table>
<tr><td colspan="4" align="center">隔世之感</td></tr>
<tr><td>사이뜰 격
阜 13</td><td>세상 세
一 5</td><td>갈 지
丿 4</td><td>느낄 감
心 13</td></tr>
</table>

그리 오래지 않은 동안에 상당히 많이 달라져서 전혀 다른 세상 혹은 다른 세대가 된 것 같은 느낌.
㈌ 금석지감(今昔之感) 창해상전(滄海桑田) 상해지변(桑海之變) 상전벽해(桑田碧海) 능곡지변(陵谷之變)
㈎ 8년 전 처음 왔을 때와 비교하면 지금의 중국은 그야말로 격세지감을 느낄 만큼 발전하였다.

<table>
<tr><td colspan="4" align="center">犬馬之勞</td></tr>
<tr><td>개 견
犬 4</td><td>말 마
馬 10</td><td>갈 지
丿 4</td><td>일할 로
力 12</td></tr>
</table>

개나 말의 하찮은 힘이라는 뜻으로, 윗사람에게 충성을 다하는 자신의 노력을 낮추어 이르는 말.
㈌ 진충갈력(盡忠竭力) 분골쇄신(粉骨碎身) 견마지성(犬馬之誠) 구마지심(狗馬之心)
㈎ 민족을 위해서 어떤 일이든 견마지로를 다하겠습니다.
㈜ 사기(史記)

<table>
<tr><td colspan="4" align="center">隔靴搔癢</td></tr>
<tr><td>막힐 격
阜 13</td><td>가죽신 화
革 13</td><td>긁을 소
手 13</td><td>가려울 양
疒 20</td></tr>
</table>

신을 신은 채 가려운 발바닥 긁는다는 속담으로, 일의 효과를 나타내지 못함. 사물의 핵심을 찌르지 못하여 안타까운 상태.
㈌ 격화파양(隔靴爬癢)
㈎ 이번에 나온 부동산 정책은 격화소양일 뿐 국민들은 여전히 답답함을 느낀다.
㈜ 속전등록(續傳燈錄)

<table>
<tr><td colspan="4" align="center">見蚊拔劍</td></tr>
<tr><td>볼 견
見 7</td><td>모기 문
虫 10</td><td>뺄 발
手 8</td><td>칼 검
刀 15</td></tr>
</table>

모기를 보고 칼을 뺀다는 뜻으로, 보잘것없는 작은 일에 지나치게 큰 대책을 세움. 조그만 일에 화를 내는 소견이 좁은 사람.
㈌ 노승발검(怒蠅拔劍) 할계언용우도(割鷄焉用牛刀)
㈎ 견문발검 하는 격이니 별 것 아닌 일에 지나치게 대응하지 마세요.

<table>
<tr><td colspan="4" align="center">牽强附會</td></tr>
<tr><td>끌 견
牛 11</td><td>굴셀 강
弓 12</td><td>붙을 부
阜 8</td><td>모일 회
曰 13</td></tr>
</table>

이치에 맞지 않는 말을 억지로 끌어 붙여 자기 주장의 조건에 맞도록 함.
㈌ 영서연설(郢書燕說) 아전인수(我田引水) 지록위마(指鹿爲馬) 수석침류(漱石枕流)
㈎ 자기 민족의 역사를 주장하는 데에 어떤 근거도 없이 견강부회한 설명을 하여서는 안 된다.

見物生心

见物生心[jiàn wù shēng xīn]

見危致命

见危致命[jiàn wēi zhì mìng]

堅忍不拔

坚忍不拔[jiān rěn bù bá]

犬兔之爭

犬兔之争[quǎn tù zhī zhēng]

犬猿之間

犬猿之间[quǎn yuán zhī jiān]

結者解之

结者解之[jié zhě jiě zhī]

見危致命

볼 견	위태할 위	이를 치	목숨 명
見 7	卩 6	至 10	口 8

나라가 위급할 때는 자신의 목숨까지도 바친다는 뜻.
견위수명(見危授命) 선공후사(先公後私)

[유] 견리사의(見利思義) 멸사봉공(滅私奉公) 대의멸친(大義滅親) 갈충보국(竭忠報國)

[예] 충무공 이순신은 진정한 우국충정으로 견위치명을 실천했던 분이다.

[출전] 논어(論語)・헌문편(憲問篇)

見物生心

볼 견	만물 물	날 생	마음 심
見 7	牛 8	生 5	心 4

물건을 보면 욕심이 생긴다. 어떤 물건을 보면 그것을 가지고 싶은 욕심이 생김.

[유] 이목지욕(耳目之欲)

[예] 견물생심이라고, 백화점에 가기만 하면 무엇이든 사게 되니까 아예 안 가는 것이 좋겠어요.

犬免之爭

개 견	토끼 토	갈 지	다툴 쟁
犬 4	儿 8	丿 4	爪 8

개와 토끼가 쫓고 쫓기다가 둘이 다 지쳐 죽어, 제3자가 이익을 봄.

[유] 방휼지쟁(蚌鷸之爭) 어부지리(漁父之利) 전부지공(田夫之功) 어인득리(漁人得利)

[예] 같이 협력해야 할 나라끼리 괜한 감정 다툼을 하다가는 견토지쟁의 상황이 될까 두렵다.

[출전] 전국책(戰國策)

堅忍不拔

굳을 견	참을 인	아닐 불	뺄 발
土 11	心 7	一 4	手 8

굳게 참고 견디어 마음이 흔들리지 아니함. 뜻을 변치 아니함.

[예] 그의 사업성공을 한마디로 표현하면 견인불발한 자세에 있다고 할 수 있다.

結者解之

맺을 결	놈 자	풀 해	어조사 지
糸 12	老 9	角 13	丿 4

일을 맺은 사람이 푼다는 뜻으로, 일을 저지른 사람이 그 일을 해결해야 한다는 말.

[예] 제가 이 사업을 시작했으니, 결자해지 차원에서 수습하겠습니다.

[출전] 홍만종(洪萬宗)・순오지(旬五志)

犬猿之間

개 견	원숭이 원	어조사 지	사이 간
犬 4	犬 13	丿 4	門 12

개와 원숭이의 사이처럼, 두 사람의 사이가 나쁜 관계.

[유] 불구재천(不俱戴天) 빙탄지간(氷炭之間) 빙탄불상용(氷炭不相容) 불구대천(不俱戴天)

[예] 두 사람은 오래전부터 견원지간이어서 만나기만 하면 서로 으르렁거리며 사이가 좋지 않았다.

結草報恩

结草报恩[jié cǎo bào ēn]

經國濟世

经国济世[jīng guó jì shì]

兼人之勇

兼人之勇[jiān rén zhī yǒng]

傾國之色

倾国之色[qīng guó zhī sè]

輕舉妄動

轻举妄动[qīng jǔ wàng dòng]

耕當問奴

耕当问奴[gēng dāng wèn nú]

<table>
<tr><td colspan="4" align="center">經國濟世</td></tr>
<tr><td>지날 경
糸 13</td><td>나라 국
口 11</td><td>건널 제
水 17</td><td>인간 세
一 5</td></tr>
</table>

나라 일을 경륜(經綸; 일정한 포부를 가지고 일을 조직적으로 계획)하고 세상을 구제함.

유 경제(經濟) 경세제민(經世濟民) 제세안민(濟世安民)

예 그녀는 정치학, 경제학, 법학과 같이 경국제세의 사상을 배울 수 있는 분야를 전공하려고 한다.

<table>
<tr><td colspan="4" align="center">結草報恩</td></tr>
<tr><td>맺을 결
糸 12</td><td>풀 초
艸 10</td><td>갚을 보
土 12</td><td>은혜 은
心 10</td></tr>
</table>

풀을 묶어서 은혜에 보답한다는 뜻으로, 죽은 뒤에라도 은혜를 잊지 않고 갚음을 이름.

유 백골난망(白骨難忘) 난망지은(難忘之恩) 난망지택(難忘之澤) 각골난망(刻骨難忘)

예 이 은혜는 꼭 잊지 않고 있다가 언젠가 반드시 결초보은하겠습니다.

출전 춘추좌씨전(春秋左氏傳)

<table>
<tr><td colspan="4" align="center">傾國之色</td></tr>
<tr><td>기울 경
人 13</td><td>나라 국
口 11</td><td>갈 지
丿 4</td><td>빛 색
色 6</td></tr>
</table>

임금이 미혹되어 나라가 위기에 빠져도 모를 정도의 미색이라는 뜻으로, 뛰어나게 아름다운 여자를 말함.

유 경성지색(傾城之色) 절세가인(絶世佳人) 단순호치(丹脣皓齒) 폐월수화(閉月羞花) 화용월태(花容月態)

예 그녀는 경국지색이라 할 만한 미모를 가지고 있었다.

출전 한서(漢書)·외척전(外戚傳)

<table>
<tr><td colspan="4" align="center">兼人之勇</td></tr>
<tr><td>겸할 겸
八 10</td><td>사람 인
人 2</td><td>갈 지
丿 4</td><td>날쌜 용
力 9</td></tr>
</table>

혼자서 능히 몇 사람을 당해낼 만한 용기.

예 그의 겸인지용은 십만 대군 앞에서도 위풍당당하였다.

출전 논어(論語)

<table>
<tr><td colspan="4" align="center">耕當問奴</td></tr>
<tr><td>밭갈 경
耒 10</td><td>당할 당
田 13</td><td>물을 문
口 11</td><td>종 노
女 5</td></tr>
</table>

농사일은 의당 머슴에게 물어야 한다는 말로, 일은 항상 그 부문의 전문가와 상의하여 행해야 한다는 뜻.

예 인재를 적재적소에 배치하려면 경당문노하는 자세가 필요하다.

<table>
<tr><td colspan="4" align="center">輕擧妄動</td></tr>
<tr><td>가벼울 경
車 14</td><td>들 거
手 18</td><td>망령될 망
女 6</td><td>움직일 동
力 11</td></tr>
</table>

가볍고 망령되게 행동한다는 뜻으로, 도리나 사정을 생각하지 아니하고 경솔하게 행동함.

유 경동(輕動) 조동(躁動)

반 은인자중(隱忍自重)

예 주위 사람들의 눈총을 받을 수 있으니 어디를 가든지 늘 경거망동을 삼가거라.

敬而遠之

敬而远之[jìng ér yuǎn zhī]

經天緯地

经天纬地[jīng tiān wěi dì]

驚天動地

惊天动地[jīng tiān dòng dì]

鷄口牛後

鸡口牛后[jī kǒu niú hòu]

敬天愛人

敬天爱人[jìng tiān ài rén]

鷄卵有骨

鸡卵有骨[jī luǎn yǒu gǔ]

經天緯地

날씰 경	하늘 천	씨줄 위	땅 지
糸 13	大 4	糸 15	土 6

온 세상을 다스림. 일을 계획적으로 준비하고 다스림.
[유] 경천위지지재(經天緯地之才)
[예] 이순신 장군은 온 천하를 조직적으로 잘 계획하여 다스리는 경천위지(經天緯地)의 재주와 나라를 바로 잡은 보천욕일(補天浴日)의 큰 공로가 있는 사람이다.

敬而遠之

공경 경	말이을 이	멀 원	갈 지
攴 13	而 6	辵 14	丿 4

공경하되 가까이하지는 아니함. 겉으로는 공경하는 체하면서 속으로는 꺼리어 멀리함.
[유] 경원(敬遠) 경귀신이원지(敬鬼神而遠之)
[예] 도움이 필요할 때 거절하는 것을 보면, 우리를 경이원지했던 것이 틀림없다.
[출전] 논어(論語)·옹야편(雍也篇)

鷄口牛後

닭 계	입 구	소 우	뒤 후
鳥 21	口 3	牛 4	彳 9

닭의 부리(작은 단체의 우두머리)와 소의 꼬리(큰 단체의 꼴찌)라는 뜻으로, 큰 단체의 말석보다는 작은 단체의 우두머리가 낫다는 말.
[예] 계구우후란 말이 있듯이 눈높이를 낮춰 취업을 노리는 것이 좋다.
[출전] 사기(史記)·소진열전(蘇秦列傳)

驚天動地

놀라울 경	하늘 천	움직일 동	땅 지
馬 23	大 4	力 11	土 6

하늘이 놀라고 땅이 흔들린다는 뜻으로, 몹시 세상을 놀라게 함.
[유] 동천경지(動天驚地)
[예] 그 구두쇠가 이웃을 위해 기금을 기탁했다니 세상이 경천동지할 일이다.
[출전] 주자어록(朱子語錄)

鷄卵有骨

닭 계	알 란	있을 유	뼈 골
鳥 21	卩 7	月 6	骨 10

달걀에도 뼈가 있다. 재수가 없는 사람은 좋은 기회를 만나도 일이 잘 안됨을 말함.
[예] 3년만에 어렵게 취업했는데 부도가 났다는 소식을 듣고 계란유골이라는 말이 떠올랐다.
[출전] 송남잡지(松南雜識)

敬天愛人

공경 경	하늘 천	사랑 애	사람 인
攴 13	大 4	心 13	人 2

하늘을 공경하고 사람을 사랑함.
[예] 옛 선비들은 경천애인의 태도를 정치가의 기본적인 자질로 삼았다.

鷄鳴狗盜

鸡鸣狗盗[jī míng gǒu dào]

高談峻論

高谈峻论[gāo tán jùn lùn]

季布一諾

季布一诺[jì bù yī nuò]

膏粱珍味

膏粱珍味[gāo liáng zhēn wèi]

股肱之臣

股肱之臣[gǔ gōng zhī chén]

孤軍奮鬪

孤军奋斗[gū jūn fèn dòu]

高談峻論

높을 고	말씀 담	준엄할 준	논할 론
高 10	言 15	山 10	言 15

뜻이 높고 바르며 매우 엄숙하고 날카로운 말. 잘난 체하고 과장하여 떠벌리는 말.

㉠ 여행지에서 만난 사람들이 숙소에 모여 고담준론을 늘어놓았다.

鷄鳴狗盜

닭 계	울 명	개 구	도둑 도
鳥 21	鳥 14	犬 8	皿 12

제나라 맹상군이 진나라 소왕에게 잡혔을 때, 닭의 울음소리와 개 짖는 소리 흉내를 잘 내는 식객의 도움으로 피신할 수 있었다는 고사에서 유래. 천한 재주를 가진 사람도 때로는 요긴하게 쓸모가 있음.

㉠ 함곡계명(函谷鷄鳴) 계명지객(鷄鳴之客)

㉠ 계명구도라, 어떤 사람이라도 제각기 쓸모는 따로 있다. 출전 사기(史記)·맹상군열전(孟嘗君列傳)

膏粱珍味

살찔 고	기장 량	보배 진	맛 미
肉 14	米 13	玉 9	口 8

살진 고기와 좋은 곡식으로 만든 맛있는 음식.

㉠ 해륙진미(海陸珍味) 용미봉탕(龍味鳳湯) 산해진미(山海珍味) 수륙진찬(水陸珍饌) 산해진미(山海珍味) 산진해착(山珍海錯)

㉠ 고량진미보다 담백한 자연식이 건강에 좋습니다.

季布一諾

계절 계	베 포	한 일	허락할 낙
子 8	巾 5	一 1	言 16

절대로 틀림없는 승낙. 중국 초나라 장수인 계포의 한 번 승낙은 백금을 얻기보다 더 소중했다는 고사에서 유래.

㉠ 한 번 한 약속은 반드시 지키는 계포일낙은 지금도 우리에게 시사하는 바가 크다.

출전 사기(史記) 계포전(季布傳)

孤軍奮鬪

외로울 고	군사 군	떨칠 분	싸움 투
子 8	車 9	大 16	鬥 20

후원이 없는 외로운 군대가 힘에 벅찬 적군과 맞서 온 힘을 다하여 싸움. 또는 홀로 여럿을 상대로 싸움. 적은 인원이나 약한 힘으로 남의 힘을 받지 아니하고, 힘에 벅찬 일을 극악스럽게 함.

㉠ 김 선생님은 오늘도 그 학생들을 바른길로 이끌기 위해 고군분투하고 계신다.

股肱之臣

다리 고	팔뚝 굉	갈 지	신하 신
肉 8	肉 8	丿 4	臣 6

다리와 팔뚝에 비길 만한 신하라는 뜻으로, 임금이 가장 믿고 중히 여기는 신하.

㉠ 고굉(股肱) 고장지신(股掌之臣) 굉려(肱膂) 주석지신(柱石之臣)

㉠ 제갈량은 유비의 믿음에 고굉지신으로 힘을 다하고 충정지절 하겠다고 했다.

출전 서경(書經) 익직편(益稷篇)

孤立無援

孤立无援[gū lì wú yuán]

苦肉之計

苦肉之计[kǔ ròu zhī jì]

鼓腹擊壤

鼓腹击壤[gǔ fù jī rǎng]

苦肉之策

苦肉之策[kǔ ròu zhī cè]

姑息之計

姑息之计[gū xī zhī jì]

孤掌難鳴

孤掌难鸣[gū zhǎng nán míng]

苦肉之計

쓸 고	고기 육	갈 지	꾀 계
艸 9	肉 6	丿 4	言 9

적을 속이기 위해, 또는 어려운 사태를 벗어나기 위한 수단으로 자신의 희생을 무릅쓰고 짜내는 계책.

유 고육계(苦肉計) 고육책(苦肉策) 고육지책(苦肉之策)

예 노조는 결국 고육지계로 파업을 강행하기로 했다.

출전 삼국지연의(三國志演義)

孤立無援

외로울 고	설 립	없을 무	도울 원
子 8	立 5	火 12	手 12

고립되어 도움을 받을 데가 없음.

유 고립무의(孤立無依) 사고무친(四顧無親) 사고무인(四顧無人) 무원고립(無援孤立) 고성낙일(孤城落日)

예 모두가 정신없이 떠드는 자리에서 내성적인 성격의 나는 고립무원된 느낌이었다.

苦肉之策

쓸 고	고기 육	갈 지	채찍 책
艸 9	肉 6	丿 4	竹 12

적을 속이는 수단으로서 제 몸을 괴롭히면서까지 힘겨운 상황에서 벗어나고자 자기 몸을 돌보지 않고 쓰는 계책.

유 고육책(苦肉策) 고육지계(苦肉之計)

예 말로 타일러서는 버릇을 고칠 수가 없으니 고육지책으로 회초리를 들어야겠다.

출전 삼국지(三國志)·오지(吳志)

鼓腹擊壤

두드릴 고	배 복	칠 격	흙덩이 양
鼓 13	肉 13	手 17	土 20

중국의 요(堯)임금 때, 한 노인이 배를 두드리고 땅을 치면서 요임금의 덕을 찬양하고 태평성대를 즐겼다는 일에서 나온 말로, 태평한 세상을 즐김을 뜻함.

유 요순지절(堯舜之節) 격양지가(擊壤之歌)

예 고복격양은 동서고금을 통틀어 최고의 정치 진리이다.

출전 십팔사략(十八史略) 제요편(帝堯篇)

孤掌難鳴

외로울 고	손바닥 장	어려울 난	울 명
子 8	手 12	隹 19	鳥 14

손바닥 하나로 소리를 울릴 수 없다는 뜻으로, 혼자서는 어떤 일을 이룰 수 없다는 말.

유 조지양익(鳥之兩翼) 순치보거(脣齒輔車) 순망치한(脣亡齒寒) 보거상의(輔車相依) 독장난명(獨掌難鳴)

예 고장난명이야! 혼자서는 일을 도모할 수 없어.

출전 수호전(水滸傳)

姑息之計

시어미 고	숨쉴 식	갈 지	셈할 계
女 8	心 10	丿 4	言 9

근본 해결책이 아닌 당장의 편안함만을 꾀하는 일시적인 방편.

유 동족방뇨(凍足放尿) 미봉책(彌縫策) 조삼모사(朝三暮四) 하석상대(下石上臺) 임시변통(臨時變通)

예 당장 눈앞의 일에만 급급하여 고식지계를 낼 것이 아니라, 백년대계를 생각해라.

苦盡甘來

苦尽甘来[kǔ jìn gān lái]

曲學阿世

曲学阿世[qǔ xué ā shì]

固執不通

固执不通[gù zhí bù tōng]

骨肉相殘

骨肉相残[gǔ ròu xiāng cán]

高枕安眠

高枕安眠[gāo zhěn ān mián]

空山明月

空山明月[kōng shān míng yuè]

曲學阿世

굽을 곡	배울 학	아첨할 아	세상 세
曰 6	子 16	阜 8	一 5

학문을 굽히어 세상에 아첨한다는 뜻으로, 정도를 벗어난 학문으로 세속의 인기에 영합하거나 권력자에게 아첨함을 이름.

[유] 어용학자(御用學者)

[예] 진실을 외면한 채 곡학아세하는 가짜 학자들이 사라져야 이 땅의 학문이 바로 선다.

[출전] 사기(史記)·유림열전(儒林列傳)

苦盡甘來

쓸 고	다할 진	달 감	올 래
艸 9	皿 14	甘 5	人 8

쓴 것이 다하면 단 것이 온다라는 뜻으로, 고생 끝에 즐거움이 옴을 이르는 말.

[반] 흥진비래(興盡悲來)

[예] 나는 힘든 일이 닥칠 때마다 고진감래라는 말을 생각하며 어려움을 참아 냈다.

骨肉相殘

뼈 골	고기 육	서로 상	해칠 잔
骨 10	肉 6	目 9	歹 12

뼈와 살이 서로 다툰다는 말로 부자나 형제 또는 같은 민족 간에 서로 다투어 해치고 죽이고 함.

[유] 골육상쟁(骨肉相爭) 형제혁장(兄弟鬩墻) 자두연기(煮豆燃萁) 민족상잔(民族相殘) 동족상쟁(同族相爭) 골육상전(骨肉相戰)

[예] 6·25전쟁과 같이 한 민족이 골육상잔하는 일이 더 이상 일어나지 않기를 기원했다.

固執不通

굳을 고	잡을 집	아닐 불	통할 통
口 8	土 11	一 4	辵 11

고집이 세어 조금도 변통성이 없음.

[유] 교주고슬(膠柱鼓瑟) 강려자용(剛戾自用)

[예] 그녀는 자신이 옳다고 생각하는 일은 끝까지 밀고 나가는 고집불통이었다.

空山明月

빌 공	뫼 산	밝을 명	달 월
穴 8	山 3	日 8	月 4

적적한 산에 비치는 밝은 달. 대머리를 놀리는 말. 화투장의 하나.

[예] 공산명월이 밝다. 결혼해 분가한 형제들이 추석이라고 어머니 집에 모였다.

高枕安眠

높을 고	베개 침	편안할 안	잠잘 면
高 10	木 8	宀 6	目 10

베개를 높이 하고 편안히 잔다는 뜻으로, 편안하게 누워서 근심 없이 잠을 이룰 수 있는 상태.

[유] 고침무우(高枕無憂) 고침이와(高枕而臥)

[예] 어젯밤에 합격소식을 접하고 오랜만에 고침안면했어.

[출전] 전국책(戰國策)

空前絶後

空前绝后［kōng qián jué hòu］

過猶不及

过犹不及［guò yóu bù jí］

空中樓閣

空中楼阁［Kōng zhōng lóu gé］

瓜田李下

瓜田李下［guā tián lǐ xià］

誇大妄想

夸大妄想［kuā dà wàng xiǎng］

官尊民卑

官尊民卑［guān zūn mín bēi］

過猶不及

지날 과	오히려 유	아닐 불	미칠 급
辵 13	犬 12	一 4	又 4

모든 사물이 정도를 지나치면 도리어 안한 것만 못함이라는 뜻, 중용(中庸)을 가리킴.

[유] 소탐대실(小貪大失) 교왕과직(矯枉過直) 교각살우(矯角殺牛) 교왕과정(矯枉過正)

[예] 과유불급이라고, 아무리 좋은 음식이라도 너무 먹으면 몸을 해치는 경우가 있다.

[출전] 논어(論語) 선진편(先進篇)

空前絶後

빌 공	앞 전	끊을 절	뒤 후
穴 8	刀 9	糸 12	彳 9

비교할 만한 것이 이전에도 없고 이후에도 없음.

[유] 파천황(破天荒) 전대미문(前代未聞) 전인미답(前人未踏) 전무후무(前無後無) 미증유(未曾有)

[예] 그의 5관왕은 전에도 없었고 앞으로도 있을 수 없는 공전절후한 대기록이다.

瓜田李下

오이 과	밭 전	오얏 이	아래 하
瓜 5	田 5	木 7	一 3

과전불납리(瓜田不納履)와 이하부정관(李下不整冠)의 준말로, 오이 밭에서 신을 고쳐 신지 말고 오얏나무 밑에서 갓을 고쳐 쓰지 말라는 뜻. 즉 남의 의심을 받기 쉬운 일은 하지 말라는 말.

[예] 과전이하의 누명을 어찌 집집마다 알리고 해명할 수 있겠습니까?

[출전] 문선(文選)

空中樓閣

빌 공	가운데 중	다락 누	집 각
穴 8	丨 4	木 15	門 14

공중에 세워진 누각(樓閣)이란 뜻으로, 근거나 현실적 토대가 없는 터무니없는 가공의 사물을 이르는 말.

[유] 신기루(蜃氣樓) 사상누각(沙上樓閣)

[예] 그녀는 현실에서 벗어난 이론과 사상은 공중누각에 불과할 뿐이라고 생각하였다.

[출전] 심괄(沈括)·몽계필담(夢溪筆談)

官尊民卑

벼슬 관	높을 존	백성 민	낮을 비
宀 8	寸 12	氏 5	十 8

관리는 높고 귀하며, 백성은 낮고 천하다는 사고방식.

[예] 아직도 관존민비의 사고방식이 남아 있다는 것은 큰 문제가 아닐 수 없다.

誇大妄想

자랑할 과	큰 대	망령될 망	생각할 상
言 13	大 3	女 6	心 13

현재 자기의 능력·용모·지위 등을 턱없이 과장하여 그것을 믿는 망령된 생각.

[예] 그 정치인은 전 국민이 자신을 전폭적으로 지지하고 있어서 대통령에 출마하면 90퍼센트의 지지로 당선될 것이라는 과대망상에 빠져 있다.

管鮑之交

管鲍之交[guǎn bào zhī jiāo]

矯角殺牛

矫角杀牛[jiǎo jiǎo shā niú]

冠婚喪祭

冠婚丧祭[guàn hūn sāng jì]

巧言令色

巧言令色[qiǎo yán lìng sè]

刮目相對

刮目相对[guā mù xiāng duì]

矯枉過直

矫枉过直[jiǎo wǎng guò zhí]

矯角殺牛

바로잡을 교	뿔 각	죽일 살	소 우
矢 17	角 7	殳 11	牛 4

'소의 뿔을 바로 잡으려다 소를 죽인다.' 작은 일에 힘 쓰다 도리어 큰일을 망친다는 말로 결점이나 흠을 고 치려다 수단이 지나쳐 도리어 일을 그르친다는 말.
[유] 소탐대실(小貪大失) 과유불급(過猶不及) 교왕과직 (矯枉過直) 교왕과정(矯枉過正)
[예] 안보상의 비밀도 중요하지만 국민의 알 권리를 희 생시키는 교각살우의 잘못을 범하지 말아야 한다.

管鮑之交

대롱 관	절인고기 포	갈 지	사귈 교
竹 14	魚 16	丿 4	亠 6

관중과 포숙의 사귐, 우정이 아주 돈독한 친구 관계.
[유] 지란지교(芝蘭之交) 막역지우(莫逆之友) 문경지우 (刎頸之友) 단금지교(斷金之交)
[반] 시도지교(市道之交)
[예] 관포지교만큼은 안 되더라도, 그는 나에게 있어서 마음을 비춰 볼 수 있는 거의 유일한 친구이다.
[출전] 사기(史記) · 관안열전(管晏列傳)

巧言令色

교묘할 교	말씀 언	하여금 영	빛 색
工 5	言 7	人 5	色 6

남의 환심을 사기 위해 교묘히 꾸며서 하는 말과 아첨 하는 얼굴빛으로 남의 환심(歡心)을 사려 함.
[유] 감언이설(甘言利說) 곡학아세(曲學阿世)
[반] 성심성의(誠心誠意) 강의목눌(剛毅木訥)
[예] 제 한몸의 이익을 위해서 교언영색을 마다하지 않 는 사람들을 보면 욕이 저절로 나온다.
[출전] 논어(論語) · 학이편(學而篇)

冠婚喪祭

갓 관	혼인할 혼	잃을 상	제사 제
宀 9	女 11	口 12	示 11

관례(冠禮) · 혼례(婚禮) · 상례(喪禮) · 제례(祭禮)의 네 가지 예를 말함.
[예] 우리 민족은 예로부터 관혼상제를 중요한 일로 여 겨 왔다.

矯枉過直

바로잡을 교	굽을 왕	지날 과	곧을 직
矢 17	木 8	辵 13	目 8

구부러진 것을 바로잡으려다가 지나쳐서 곧게 한다는 뜻으로, 잘못을 바로잡으려다 오히려 일을 그르침.
[유] 소탐대실(小貪大失) 교왕과정(矯枉過正) 교각살우 (矯角殺牛) 과유불급(過猶不及)
[예] 지나친 것이 오히려 나쁜 결과를 가져온다는 교왕 과직은 상식 중의 상식이다
[출전] 한서(漢書)

刮目相對

비빌 괄	눈 목	볼 상	상대 대
刀 8	目 5	目 9	寸 14

눈을 비비고 다시 보며 상대를 대한다는 뜻으로, 학식 이나 업적이 놀랍도록 진보된 것을 보아 인식을 새롭 게 함.
[유] 일취월장(日就月將) 일진월보(日進月步)
[예] 코치를 영입해 체제를 정비한 대표팀은 이후 괄목 상대할 발전을 이뤘다.
[출전] 삼국지(三國志) · 여몽전(呂蒙傳)

膠柱鼓瑟

胶柱鼓瑟[jiāo zhù gǔ sè]

救國干城

救国干城[jiù guó gān chéng]

教學相長

教学相长[jiào xué xiāng zhǎng]

口蜜腹劍

口蜜腹剑[kǒu mì fù jiàn]

九曲肝腸

九曲肝肠[jiǔ qǔ gān cháng]

九死一生

九死一生[jiǔ sǐ yī shēng]

救國干城

건질 구	나라 국	방패 간	성 성
攴 11	口 11	干 3	土 10

나라를 구하는 방패와 성이란 뜻으로, 나라를 위기에서 구하여 지키는 믿음직한 군인이나 인물.

[유] 동량지기(棟梁之器) 간성지재(干城之材)

[예] 그는 구국간성의 군인들을 길러낸다는 사명감으로 오로지 교육자의 길을 걸었다.

膠柱鼓瑟

아교 교	기둥 주	북 고	큰거문고 슬
肉 15	木 9	鼓 13	玉 13

비파나 거문고의 기둥을 아교로 붙여 놓으면 음조를 바꾸지 못하여 한 가지 소리밖에 내지 못하듯이, 고지식하여 융통성이 전혀 없음을 비유.

[유] 고집불통(固執不通)

[예] 안전관리 영역이 더욱 복잡해져 기존의 방식만을 고수하는 교주고슬의 구태를 버려야 한다.

[출전] 사기(史記) 인상여전(藺相如傳)

口蜜腹劍

입 구	꿀 밀	배 복	칼 검
口 3	虫 14	肉 13	刀 15

입으로는 달콤함을 말하나 뱃속에는 칼을 감추고 있음. 겉으로는 친한 듯하나 속으로는 해칠 생각이 있음.

[유] 면종복배(面從腹背) 소리장도(笑裏藏刀) 소중유검(笑中有劍) 표리부동(表裏不同)

[예] 동업하자는 사람의 말이 너무 번드르해서 혹시 구밀복검이 아닐까 의심스럽다.

[출전] 십팔사략(十八史略)

教學相長

가르칠 교	배울 학	서로 상	길 장
攴 11	子 16	目 9	長 8

가르침과 배움이 서로 진보시켜 준다는 뜻으로, 가르쳐 주는 일과 배우는 일이 서로 자신의 공부를 증진시킨다는 뜻.

[예] 흔히 사제 간을 두고 교학상장이라고 한다. 스승은 학생들을 가르침으로써 성장하고, 제자는 스승으로부터 배움으로써 진보한다는 말이다.

[출전] 예기(禮記)·학기(學記)

九死一生

아홉 구	죽을 사	하나 일	날 생
乙 2	歹 6	一 1	生 5

아홉 번 죽을 뻔하다 한 번 겨우 살아난다. 여러 차례 죽을 고비를 겪고 간신히 목숨을 건짐.

[유] 기사회생(起死回生) 십생구사(十生九死) 만사일생(萬死一生)

[예] 그는 바다에서 떠내려오다가 배를 만나 구사일생으로 살아 돌아왔다.

[출전] 사기(史記)·굴원열전(屈原列傳)

九曲肝腸

아홉 구	굽을 곡	간 간	창자 장
乙 2	曰 6	肉 7	肉 13

아홉 번 구부러진 간과 창자라는 뜻으로, 시름이 굽이굽이 깊이 사무친 마음속을 비유.

[유] 구절양장(九折羊腸)

[예] 아이를 잃어버린 줄만 알았던 엄마는 구곡간장이 다 녹았다.

口尚乳臭

口尚乳臭[kǒu shàng rǔ xiù]

九重深處

九重深处[jiǔ chóng shēn chù]

九牛一毛

九牛一毛[jiǔ niú yī máo]

群鷄一鶴

群鸡一鹤[qún jī yī hè]

九折羊腸

九折羊肠[jiǔ zhé yáng cháng]

群雄割據

群雄割据[qún xióng gē jù]

九重深處

아홉 구	겹칠 중	깊을 심	곳 처
乙 2	里 9	水 11	虍 11

매우 깊숙이 위치한 곳을 뜻하는 말로 궁궐을 이르는 말.

⟨유⟩ 구중궁궐(九重宮闕)

⟨예⟩ 구중심처에 사시는 임이 나의 하소연을 어찌 들을 수 있겠는가?

口尙乳臭

입 구	아직 상	젖 유	냄새 취
口 3	小 8	乙 8	自 10

입에서 아직 젖내가 난다는 뜻으로, 말과 하는 짓이 아직 유치한 짓을 하는 사람. 행실이 어린 사람을 두고 하는 말.

⟨유⟩ 황구유취(黃口乳臭)

⟨예⟩ 그는 어눌한 행동과 말투 때문에 친구들로부터 구상유취라는 소리를 듣는다.

⟨출전⟩ 사기(史記) 고조기(高祖紀)

群鷄一鶴

무리 군	닭 계	하나 일	학 학
羊 13	鳥 21	一 1	鳥 21

닭의 무리 가운데 한 마리의 학이라는 뜻으로, 많은 사람 가운데 가장 뛰어난 인물을 말함.

⟨유⟩ 백미(白眉) 압권(壓卷) 출중(出衆) 발군(拔群) 절륜(絶倫) 계군고학(鷄群孤鶴)

⟨예⟩ 잘생긴 인물에 총명한 눈빛을 가진 희권은 동료들 사이에서 단연 군계일학이었다.

⟨출전⟩ 진서(晉書)

九牛一毛

아홉 구	소 우	하나 일	털 모
乙 2	牛 4	一 1	毛 4

아홉 마리 소 중에서 털 한가닥이 빠진 정도라는 뜻으로, 아주 많은 것 중의 극히 적은 것의 비유.

⟨유⟩ 창해일속(滄海一粟) 대해일적(大海一滴) 구우모(九牛毛)

⟨예⟩ 이것은 그들이 저지른 친일 행위의 단적인 예에 불과한 것이며, 구우일모에 지나지 않는다.

⟨출전⟩ 사마천(司馬遷)

群雄割據

무리 군	수컷 웅	나눌 할	의지할 거
羊 13	佳 12	刀 12	手 16

많은 영웅들이 각각 지역을 각각 차지하고 서로 세력을 과시하며 다투는 상황.

⟨예⟩ 제후들 사이의 실력 다툼이 격화됨으로써 끝내는 군웅할거의 상태에 돌입하게 되었다.

九折羊腸

아홉 구	꺾을 절	양 양	창자 장
乙 2	手 7	羊 6	肉 13

아홉 번 꺾어진 양의 창자라는 뜻으로, 매우 험하고 꼬불꼬불한 산길. 세상이 복잡하여 살아가기 어렵다는 말.

⟨유⟩ 구곡간장(九曲肝腸)

⟨예⟩ 형과 나는 그야말로 구곡양장의 험한 산을 오르는 동안 한 마디도 하지 않았다.

君子三樂

君子三乐[jūn zǐ sān lè]

權不十年

权不十年[quán bù shí nián]

窮餘之策

穷余之策[qióng yú zhī cè]

勸善懲惡

劝善惩恶[quàn shàn chéng è]

權謀術數

权谋术数[quán móu shù shù]

捲土重來

卷土重来[juǎn tǔ chóng lái]

權不十年

권세 권	아닐 불	열 십	해 년
木 22	一 4	十 2	干 6

권세는 10년을 넘지 못한다. 권력이나 세도는 오래가지 못하고 늘 변함. 영화는 일시적이어서 계속되지 않음.

㈜ 화무십일홍(花無十日紅) 세불십년(勢不十年)

㈖ '권불십년 화무십일홍'이라. 옛말에도 권력의 힘은 십년을 못가고, 붉은 꽃의 아름다움은 십일을 못간다 했던가요!

君子三樂

임금 군	아들 자	석 삼	즐길 락
口 7	子 3	一 3	木 15

군자의 세 가지 즐거움으로, 첫째 부모가 다 생존하고 형제가 무고한 것, 둘째 하늘과 사람에게 부끄러워할 것이 없는 것, 셋째 천하의 영재를 얻어서 교육하는 것을 말함. ㈜ 익자삼락(益者三樂)

㈖ 군자삼락이라고 하지만 이 세 가지 즐거움은 군자가 아니라도 누구나 느끼는 인생의 즐거움이다.

[출전] 맹자(孟子)·진심편(盡心篇)

勸善懲惡

권할 권	착할 선	징계할 징	악할 악
力 20	口 12	心 19	心 12

착한 행실을 권장하고 악한 행실을 징계함.

㈜ 창선징악(彰善懲惡) 권징(勸懲) 권계(勸誡)

㈖ 고대 소설의 주제는 권선징악을 내용하는 경우가 일반적이다.

[출전] 춘추좌씨전(春秋左氏傳)

窮餘之策

다할 궁	남을 여	갈 지	꾀 책
穴 15	食 16	丿 4	竹 12

막다른 골목에서 그 국면을 타개하려고 생각다 못해 짜낸 꾀.

㈜ 궁여일책(窮餘一策)

㈖ 김 씨는 도저히 사업비용을 조달할 길이 없어 궁여지책으로 살고 있는 집을 팔아 자금을 댔다.

捲土重來

거둘 권	흙 토	무거울 중	올 래
手 11	土 3	里 9	人 8

흙먼지를 날리며 다시 온다는 뜻으로, 한 번 실패에 굴하지 않고 세력을 되찾아 다시 쳐들어옴. 어떤 일에 실패한 뒤에 힘을 가다듬어 다시 시작함.

㈜ 사회부연(死灰復然) 와신상담(臥薪嘗膽)

㈖ 그는 지난번 실패를 거울삼아 권토중래의 각오를 새롭게 하였다.

[출전] 두목(杜牧)·제오강정(題烏江亭)

權謀術數

권세 권	꾀할 모	꾀 술	셈 수
木 22	言 16	行 11	攴 15

목적 달성을 위해서 수단과 방법을 가리지 않고 권세와 모략, 중상 등 갖은 방법과 수단을 쓰는 술책.
권모술책(權謀術策)

㈖ 권모술수를 통해 권력을 잡은 정치가는 결코 훌륭한 지도자가 될 수 없다.

[출전] 손자병법(孫子兵法)

克己復禮

克己复礼[kè jǐ fù lǐ]

金科玉條

金科玉条[jīn kē yù tiáo]

近墨者黑

近墨者黑[jìn mò zhě hēi]

金蘭之交

金兰之交[jīn lán zhī jiāo]

近朱者赤

近朱者赤[jìn zhū zhě chì]

錦上添花

锦上添花[jǐn shàng tiān huā]

金科玉條

황금 금	법률 과	구슬 옥	가지 조
金 8	禾 9	玉 5	木 11

금이나 옥같이 귀중한 법률이라는 뜻으로, 절대적인 것으로 생각되어 소중히 지키는 규칙이나 교훈.

예 나는 모든 일에 최선을 다하라는 아버님의 말씀을 금과옥조로 삼고 있다.

출전 양웅(揚雄)

克己復禮

이길 극	자기 기	돌아올 복	예도 례
儿 7	己 3	彳 12	示 18

자신의 욕심을 버리고 사람이 본래 지녀야 할 예의와 법도를 따르는 마음으로 되돌아감.

유 극복(克復)

예 공자는 어느 하루 극기복례할 수 있다면 천하가 어진 삶으로 돌아갈 것이라고 말한 바 있다.

출전 논어(論語)·안연편(顔淵篇)

金蘭之交

쇠 금	난초 란	갈 지	사귈 교
金 8	艸 21	丿 4	亠 6

둘이 합하면 단단하기가 황금과 같고 아름답기가 난초 향기와 같은 사귐이라는 뜻으로, 친구 사이의 매우 두터운 정을 말함.

유 금란지계(金蘭之契) 막역지우(莫逆之友)

예 살아가면서 금란지교라고 할 만한 친구가 한 명이라도 있으면 부자다.

출전 역경(易經)·계사상전(繫辭上傳)

近墨者黑

가까울 근	먹 묵	놈 자	검을 흑
辵 8	土 15	老 9	黑 12

먹을 가까이하면 검어진다. 나쁜 사람을 가까이하면 그 버릇에 물들기 쉽다.

유 근주자적(近朱者赤)

반 마중지봉(麻中之蓬)

예 어머니는 어렸을 적부터 근묵자흑이라며 좋은 친구들과 사귀어야 한다고 말씀하셨다.

출전 송남잡식(松南雜識)

錦上添花

비단 금	위 상	더할 첨	꽃 화
金 16	一 3	水 11	艸 8

비단 위에 꽃을 더한다는 뜻으로, 좋은 일에 또 좋은 일이 더하여짐을 뜻함.

반 설상가상(雪上加霜) 병상첨병(病上添病) 전호후랑(前虎後狼) 설상가설(雪上加雪)

예 직장을 얻은 데다 집까지 샀으니 금상첨화가 따로 없구나.

출전 왕안석(王安石)·즉사(卽事)

近朱者赤

가까울 근	붉을 주	놈 자	붉을 적
辵 8	木 6	老 9	赤 7

붉은빛에 가까이 하면 반드시 붉게 된다는 뜻으로, 주위 환경이 중요하다는 것을 이르는 말.

유 근묵자흑(近墨者黑)

반 마중지봉(麻中之蓬)

예 대부분의 부모들은 자식들에게 근주자적을 강조하며, 좋은 친구를 사귀라고 강조한다.

출전 사기(史記)

金石盟約

金石盟约[jīn shí méng yuē]

今時初聞

今时初闻[jīn shí chū wén]

今昔之感

今昔之感[jīn xī zhī gǎn]

錦衣夜行

锦衣夜行[jǐn yī yè xíng]

金城湯池

金城汤池[jīn chéng tāng chí]

錦衣玉食

锦衣玉食[jǐn yī yù shí]

今時初聞

이제 금	때 시	처음 초	들을 문
人 4	日 10	刀 7	耳 14

지금까지 한 번도 들어본 적이 없고 이제야 비로소 처음으로 들음. 상대로부터 그동안 전혀 몰랐던 소식이나 소문 등을 전해 들었을 때 하는 말.

⟨유⟩ 생전초문(生前初聞) 금시초문(今始初聞)
⟨예⟩ 그녀가 결혼한다는 소식은 금시초문이다.

金石盟約

쇠 금	돌 석	맹세할 맹	묶을 약
金 8	石 5	皿 13	糸 9

쇠와 돌같이 굳게 맹세하여 맺은 약속.

⟨유⟩ 금석지약(金石之約) 금석상약(金石相約) 금석뇌약(金石牢約)
⟨예⟩ 민심의 향방은 결국 여야가 자신들이 내걸은 약속을 얼마나 금석맹약처럼 굳게 지키는가에 따라 갈릴 전망이다.

錦衣夜行

비단 금	옷 의	밤 야	다닐 행
金 16	衣 6	夕 8	行 6

비단옷을 입고 밤길을 걷는다. 아무 보람 없는 행동을 하거나 남들이 알아주지 않는 일을 일컬음.

⟨유⟩ 수의야행(繡衣夜行) 양행피수(夜行被繡)
⟨반⟩ 금의주행(錦衣晝行) 금의환향(錦衣還鄕)
⟨예⟩ 아무리 훌륭한 음악이라도 정서가 맞지 않는 데서 연주한다면 금의야행이나 마찬가지다.
⟨출전⟩ 한서(漢書) · 항적전(項籍傳)

今昔之感

이제 금	옛 석	갈 지	느낄 감
人 4	日 8	丿 4	心 13

지금과 옛날을 비교할 때 차이가 매우 심하여 느껴지는 감정.

⟨유⟩ 격세지감(隔世之感)
⟨예⟩ 이민 삼십 년 만에 조국을 찾아와 보니 금석지감을 금할 수가 없다.

錦衣玉食

비단 금	옷 의	구슬 옥	먹을 식
金 16	衣 6	玉 5	食 9

비단옷과 흰쌀밥이라는 뜻으로, 사치스러운 생활을 이름.

⟨유⟩ 호의호식(好衣好食) 포식난의(飽食暖衣)
⟨반⟩ 조의조식(粗衣粗食) 조의악식(粗衣惡食)
⟨예⟩ 그녀는 어려서부터 금의옥식에 싸여 성장하여 버릇이 없다.

金城湯池

쇠 금	성 성	끓일 탕	못 지
金 8	土 10	水 12	水 6

쇠로 세운 성과 뜨거운 물이 가득찬 성 둘레의 못. 방어 시설이 잘되어 있어서 공격하기 어려운 성을 비유.

⟨유⟩ 탕지철성(湯池鐵城) 난공불락(難攻不落) 금성철벽(金城鐵壁)
⟨예⟩ 예로부터 아무리 굳건한 금성탕지라도 인심을 잃으면 지킬 수 없다.
⟨출전⟩ 한서(漢書) · 괴통전(蒯通傳)

錦衣晝行

锦衣昼行[jǐn yī zhòu xíng]

氣高萬丈

气高万丈[qì gāo wàn zhàn]

錦衣還鄉

锦衣还乡[jǐn yī huán xiāng]

起死回生

起死回生[qǐ sǐ huí shēng]

金枝玉葉

金枝玉叶[jīn zhī yù yè]

奇想天外

奇想天外[qí xiǎng tiān wài]

氣高萬丈

기운 기	높을 고	일만 만	어른 장
气 10	高 10	艸 13	一 3

기운이 만장이나 뻗치었다는 뜻으로, 펄펄 뛸 만큼 크게 성이 남. 일이 뜻대로 되어 나가 씩씩한 기운이 대단하게 뻗침.

[유] 호기만장(豪氣萬丈) 기염만장(氣焰萬丈)

[예] 저자는 도대체 뭘 믿기에 저렇게 기고만장이야?

錦衣晝行

비단 금	옷 의	낮 주	다닐 행
金 16	衣 6	日 11	行 6

비단옷을 입고 고향에 돌아온다는 뜻으로, 벼슬을 하거나 크게 성공하여 고향에 돌아옴을 비유.

[유] 의금지영(衣錦之榮) 의금귀향(衣錦歸鄕) 금의환향(錦衣還鄕)

[예] 외국에서 돌아오는 아들의 금의주행을 꿈꾸며 그는 공항으로 달려갔다.

起死回生

일어날 기	죽을 사	돌아올 회	날 생
走 10	歹 6	口 6	生 5

중병이나 위기 때문에 죽을 뻔하다가 겨우 살아나 회복됨.

[유] 구인일명(求人一命) 구사일생(九死一生) 백사일생(百死一生)

[예] 우리 회사는 부도가 났지만 기사회생으로 다시 일어났다.

[출전] 사기(史記)

錦衣還鄕

비단 금	옷 의	돌아올 환	시골 향
金 16	衣 6	辵 17	邑 13

비단옷 입고 고향에 돌아온다는 뜻으로, 타향에서 출세하여 고향에 돌아옴.

[유] 의금지영(衣錦之榮) 금의주행(錦衣晝行)

[반] 금의야행(錦衣夜行)

[예] 그는 세계 대회에서 우승하고 고향으로 금의환향했다.

奇想天外

기이할 기	생각할 상	하늘 천	밖 외
大 8	心 13	大 4	夕 5

기이한 생각이 하늘 밖까지 이름. 보통 사람으로는 짐작도 할 수 없을 정도로 생각이 기발하고 엉뚱한 생각.

[예] 과거부터 현대까지 동서고금을 막론하고 좀처럼 보기 힘든 세계의 기상천외한 이색무기들을 이번 전시회에 소개한다.

金枝玉葉

황금 금	가지 지	구슬 옥	잎 엽
金 8	木 8	玉 5	艸 13

'금 가지에 옥 잎사귀'란 뜻으로, 아주 소중하고 귀한 자식. 임금의 자손이나 귀한 자손을 소중히 여겨 일컫는 말.

[유] 경지옥엽(瓊枝玉葉)

[예] 자손이 귀한 집안이라 그 외아들을 금지옥엽으로 귀하게 키웠다.

氣盡脈盡

气尽脉尽[qì jìn mài jìn]

洛陽紙貴

洛阳纸贵[luò yáng zhǐ guì]

騎虎之勢

骑虎之势[qí hǔ zhī shì]

落花流水

落花流水[luò huā liú shuǐ]

落落長松

落落长松[luò luò cháng sōng]

難攻不落

难攻不落[nán gōng bù luò]

洛陽紙貴

강이름 낙	볕 양	종이 지	귀할 귀
水 9	阜 12	糸 10	貝 12

낙양의 종이가 귀해졌다는 뜻으로, 문장이나 저서가 호평을 받아 잘 팔림을 이르는 말. 쓴 글의 평판이 널리 알려짐.

[유] 낙양지가귀(洛陽紙價貴) 낙양지가(洛陽紙價)

[예] 작가로서 낙양지귀를 경험한다는 건 일생의 영광이다.

[출전] 진서(晉書)·문원전(文苑傳)

氣盡脈盡

기운 기	다할 진	맥 맥	다할 진
气 10	皿 14	肉 10	皿 14

기운(氣運)이 없어지고 맥이 풀렸다는 뜻으로, 온몸의 힘이 다 빠져 버림.

[유] 기진역진(氣盡力盡)

[예] 이른 새벽부터 산행에 나선 그들은 거의 한낮이 되어서야 기진맥진한 채 목적지에 도달했다.

落花流水

떨어질 낙	꽃 화	흐를 유	물 수
艸 13	艸 8	水 9	水 4

떨어지는 꽃과 흐르는 물. 가는 봄의 정경 또는 힘과 세력이 약해져 아주 보잘것없음을 나타냄. 남녀 간에 서로 그리워하는 애틋한 정.

[예] 세상은 낙화유수와 같은 것이어서 순리에 따라야 한다.

[출전] 고변(高邊)의 시 방은자불우(訪隱者不遇)

騎虎之勢

말탈 기	범 호	갈 지	기세 세
馬 18	虍 8	丿 4	力 13

호랑이를 타고 달리는 기세라는 뜻으로, 이미 시작한 일을 중도에서 그만둘 수 없는 형세를 비유. 내친걸음.

[유] 기수지세(騎獸之勢) 기호난하(騎虎難下)

[예] 우리의 거사는 기호지세의 형국이니 목적을 달성할 때까지 버텨야 한다.

[출전] 수서(隋書)·독고황후전(獨孤皇后傳)

難攻不落

어려울 난	칠 공	아닐 불	떨어질 락
隹 19	攴 7	一 4	艸 13

공격하기 어려워 좀처럼 함락되지 아니함.

[유] 금성탕지(金城湯池)

[예] 장군의 뛰어난 전략으로 난공불락이라던 그 성을 성공적으로 함락하였다.

落落長松

떨어질 낙	떨어질 락	길 장	소나무 송
艸 13	艸 13	長 8	木 8

가지가 아래로 축축 늘어진 키 큰 소나무를 말하는데 지조와 절개를 지키는 충신의 모습을 비유.

[예] 나는 하늘을 찌를 듯이 고고하게 서있는 낙락장송 옆에서 멋진 사진을 찍었다.

難兄難弟

难兄难弟[nán xiōng nán dì]

南男北女

南男北女[nán nán běi nǚ]

南柯一夢

南柯一梦[nán kē yī mèng]

男女有別

男女有别[nán nǚ yǒu bié]

南橘北枳

南橘北枳[nán jú běi zhǐ]

男負女戴

男负女戴[nán fù nǚ dài]

<table>
<tr><td colspan="4" align="center">南男北女</td></tr>
<tr><td>남녘 남
十 9</td><td>사내 남
田 7</td><td>북녘 북
匕 5</td><td>계집 녀
女 3</td></tr>
</table>

예전부터 우리나라에서 남쪽 지방은 남자가 잘나고, 북쪽 지방은 여자가 곱다는 뜻으로 일러 내려오는 말.
圆 북한 여성들의 미모가 회자될 때마다 사람들은 남남북녀라는 말을 떠올린다.

<table>
<tr><td colspan="4" align="center">難兄難弟</td></tr>
<tr><td>어려울 난
隹 19</td><td>형 형
儿 5</td><td>어려울 난
隹 19</td><td>아우 제
弓 7</td></tr>
</table>

누구를 형이라 아우라 하기 어렵다는 뜻으로, 서로 비슷비슷하여 우열을 가리기 어려움을 비유.
圆 막상막하(莫上莫下) 백중지세(伯仲之勢) 백중지간(伯仲之間) 대동소이(大同小異)
圆 결승전에서 만난 두 선수의 바둑 두는 실력이 난형난제라 결과를 점치기 어렵다.
출전 세설신어(世說新語)·덕행편(德行篇)

<table>
<tr><td colspan="4" align="center">男女有別</td></tr>
<tr><td>사내 남
田 7</td><td>계집 녀
女 3</td><td>있을 유
月 6</td><td>나눌 별
刀 7</td></tr>
</table>

남자와 여자는 분별이 있음.
圆 유교의 가르침인 남녀칠세부동석(男女七歲不同席)은 일곱 살만 되면 남녀가 한자리에 같이 앉지 아니한다는 뜻으로, 남녀유별을 엄격하게 따졌다.

<table>
<tr><td colspan="4" align="center">南柯一夢</td></tr>
<tr><td>남녘 남
十 9</td><td>가지 가
木 9</td><td>한 일
一 1</td><td>꿈 몽
夕 14</td></tr>
</table>

남쪽 가지에서의 꿈 한 자락이라는 뜻, 덧없는 꿈이나 한때의 헛된 부귀영화를 이름.
圆 노생지몽(老生之夢) 한단지몽(邯鄲之夢) 남가지몽(南柯之夢) 무산지몽(巫山之夢) 일장춘몽(一場春夢) 일취지몽(一炊之夢)
圆 인생은 덧없는 남가일몽에 불과하다.
출전 이공좌(李公佐)·남가기(南柯記)

<table>
<tr><td colspan="4" align="center">男負女戴</td></tr>
<tr><td>사내 남
田 7</td><td>짐질 부
貝 9</td><td>계집 여
女 3</td><td>일 대
戈 18</td></tr>
</table>

남자는 짐을 등에 지고, 여자는 짐을 머리에 인다는 뜻으로, 가난한 사람이나 재난을 당한 사람들이 살 곳을 찾아 이리저리 떠돌아다니며 사는 것.
圆 풍찬노숙(風餐露宿) 조진모초(朝秦暮楚)
圆 남부여대의 피난민 행렬은 흩어진 가족을 부르는 소리로 뒤범벅이 되어 아비규환이었다.

<table>
<tr><td colspan="4" align="center">南橘北枳</td></tr>
<tr><td>남녘 남
十 9</td><td>귤나무 귤
木 16</td><td>북녘 북
匕 5</td><td>탱자 지
木 9</td></tr>
</table>

남쪽 땅의 귤나무를 북쪽에 옮겨 심으면 탱자로 변한다. 사는 곳의 환경에 따라 착하게도, 악하게도 됨.
圆 귤화위지(橘化爲枳) 근묵자흑(近墨者黑) 마중지봉(麻中之蓬)
圆 남귤북지라더니, 그토록 성품이 고왔던 아이가 이사를 가고 나서 불량학생이 되었다니.
출전 안자춘추(晏子春秋)

囊中之錐

囊中之锥[náng zhōng zhī zhuī]

路柳墙花

路柳墙花[lù liǔ qiáng huā]

內憂外患

内忧外患[nèi yōu wài huàn]

老馬之智

老马之智[lǎo mǎ zhī zhì]

怒甲移乙

怒甲移乙[nù jiǎ yí yǐ]

怒發大發

怒发大发[nù fā dà fā]

路柳墻花

길 노	버들 류	담 장	꽃 화
足 13	木 9	土 16	艸 8

길 가의 버들과 담 밑의 꽃은 누구든지 쉽게 만지고 꺾을 수 있다는 뜻으로, 몸을 파는 여자를 의미함.

예 어디로 보아도 여염집에서 고이 자라난 처녀지, 노류장화의 티는 조금도 없었다.

囊中之錐

주머니 낭	가운데 중	갈 지	송곳 추
口 22	ㅣ 4	ノ 4	金 16

주머니 속에 있는 송곳이란 뜻으로, 재능이 아주 빼어난 사람은 숨어 있어도 저절로 남의 눈에 드러난다.

유 군계일학(群鷄一鶴) 모수자천(毛遂自薦) 추처낭중(錐處囊中)

예 낭중지추처럼 재능이 있는 사람은 언젠가는 그 재능을 발휘할 기회가 온다.

출전 사기(史記) · 평원군전(平原君傳)

老馬之智

늙을 노	말 마	어조사 지	지혜 지
老 6	馬 10	ノ 4	日 12

늙은 말의 지혜라는 뜻으로, 연륜이 깊으면 나름의 장점과 특기가 있음. 아무리 쓸모없이 생각되는 사람의 지혜라도 언젠가 요긴할 때가 있음.

유 노마지도(老馬知途) 노마식도(老馬識途)

예 노마지지의 교훈을 살려 경험 많은 사람을 등용해야 한다.

출전 한비자(韓非子) · 설림상(說林上)

內憂外患

안 내	근심할 우	밖 외	근심 환
入 4	心 15	夕 5	心 11

내부에서 일어나는 근심과 외부로부터 받는 근심이란 뜻으로, 나라 안팎의 여러 가지 어려운 사태를 말함.

유 내우외란(內憂外亂) 근우원려(近憂遠慮)

예 그 나라는 백성들의 민란과 적군의 침입으로 내우외환에 시달리고 있었다.

출전 십팔사략(十八史略)

怒發大發

성낼 노	필 발	큰 대	필 발
心 9	癶 12	大 3	癶 12

몹시 크게 성을 냄.

유 노발충관(怒髮衝冠)

예 그녀는 숨이 금방이라도 넘어갈 것처럼 노발대발 성이 나서 나에게 찾아왔다.

怒甲移乙

성낼 노	첫째 갑	옮길 이	아무개 을
心 9	田 5	禾 11	乙

갑에게 당한 노여움을 을에게 옮긴다는 뜻으로, 전혀 관계없는 딴사람에게 화풀이함을 이르는 말. '종로에서 뺨 맞고 한강에 가서 눈 흘긴다.'

예 노갑이을도 분수가 있지. 사장한테 당하고, 직원 탓을 할 까닭이 무엇이야.

勞心焦思

劳心焦思[láo xīn jiāo sī]

綠衣紅裳

绿衣红裳[lǜ yī hóng shang]

綠林豪傑

绿林豪杰[lǜ lín háo jié]

論功行賞

论功行赏[lùn gōng xíng shǎng]

綠陰芳草

绿阴芳草[lǜ yīn fāng cǎo]

弄瓦之慶

弄瓦之庆[nòng wǎ zhī qìng]

綠衣紅裳

푸를 녹	옷 의	붉을 홍	치마 상
糸 14	衣 6	糸 9	衣 14

연두 저고리에 다홍치마라는 뜻으로, 곱게 차려 입은 젊은 여인의 옷차림.

예 녹의홍상을 걸친 여인이 부채를 펼쳐 들고 춤을 춘다.

勞心焦思

일할 노	마음 심	탈 초	생각할 사
力 12	心 4	火 12	心 9

마음속으로 애를 쓰며 속을 태움. 노심(勞心)은 마음을 수고롭게 한다로 맹자의 말에서 나왔고, 초사(焦思)는 생각을 치열하게 한다로 사기(史記)에 나온 말임.

유 초심고려(焦心苦慮)

예 이번 일로 얼마나 노심초사를 했는지 그녀는 입술이 다 부르트고 말았다.

출전 맹자(孟子)·등문공편(藤文公篇)

論功行賞

말할 논	공 공	다닐 행	상줄 상
言 15	力 5	行 6	貝 15

공이 있고 없음이나 크고 작음을 따져 거기에 알맞은 상을 주는 일.

유 상공(賞功) 신상필벌(信賞必罰)

예 군주는 논공행상이 투명하고 정확해야 사람들이 믿고 따르며 조직의 화합이 이루어진다.

출전 삼국지(三國志)

綠林豪傑

초록빛 녹	수풀 림	호걸 호	뛰어날 걸
糸 14	木 8	豕 14	人 12

푸른 숲 속에 사는 호걸이라는 뜻으로, 화적이나 도둑을 이르는 말.

유 양상군자(梁上君子) 무본대상(無本大商) 녹림호객(綠林豪客) 백랑(白浪) 백파(白波) 야객(夜客)

예 이곳은 옛날에 녹림호걸들의 은거지가 되었던 곳이다.

弄瓦之慶

노리개 농	기와 와	갈 지	경사 경
廾 7	瓦 5	丿 4	心 15

딸을 낳은 즐거움. 중국에서 딸을 낳으면 흙으로 만든 실패를 장난감으로 주었던 데서 유래.

유 농와지희(弄瓦之喜)

반 농장지희(弄璋之喜) 농장지경(弄璋之慶)

예 아들만 있던 집안에 이번에 딸을 낳으니 농아지경이 대단하다.

출전 시경(詩經)

綠陰芳草

초록빛 녹	응달 음	꽃다울 방	풀 초
糸 14	阜 11	艸 8	艸 10

나무가 푸르게 우거진 그늘과 꽃다운 풀이라는 뜻으로, 여름의 아름다운 경치.

유 녹양방초(綠楊芳草)

예 오월이 되니 꽃이 지고 녹음방초가 우거진다.

累卵之勢

累卵之势 [lěi luǎn zhī shì]

多多益善

多多益善 [duō duō yì shàn]

累卵之危

累卵之危 [lěi luǎn zhī wēi]

多多益辦

多多益办 [duō duō yì bàn]

多岐亡羊

多岐亡羊 [duō qí wáng yáng]

多聞博識

多闻博识 [duō wén bó shí]

<table>
<tr><td>

多多益善

많을 다	많을 다	더할 익	착할 선
夕 6	夕 6	皿 10	口 12

많으면 많을수록 더욱 좋다는 말.

[유] 다다익판(多多益辦)

[예] 세뱃돈은 다다익선이니, 많이 주면 줄수록 좋아한다.

[출전] 사기(史記)·회음후전(淮陰侯傳)

</td><td>

累卵之勢

묶을 누	알 란	갈 지	형세 세
糸 11	卩 7	丿 4	力 13

달걀을 쌓아 놓은 것 같이 매우 위험한 형세.

[유] 풍전등화(風前燈火) 백척간두(百尺竿頭) 위여누란(危如累卵) 초미지급(焦眉之急) 누란지위(累卵之危) 위기일발(危機一髮)

[예] 지금 대한민국은 최악의 취업난으로 누란지세의 위기라 해도 과언이 아니다.

</td></tr>
<tr><td>

多多益辦

많을 다	많을 다	더할 익	힘쓸 판
夕 6	夕 6	皿 10	辛 16

많으면 많을수록 더 잘 처리함.

[유] 다다익선(多多益善)

[예] 자본주의에서 돈은 다다익판이라, 많으면 많을수록 일을 처리하기가 쉽다.

[출전] 사기(史記)·회음후열전(淮陰侯列傳)

</td><td>

累卵之危

묶을 누	알 란	갈 지	위태할 위
糸 11	卩 7	丿 4	卩 6

층층이 쌓아 놓은 알의 위태로움이라는 뜻으로, 몹시 아슬아슬한 위기를 비유.

[유] 소미지급(燒眉之急) 초미지액(焦眉之厄) 명재경각(命在頃刻) 일촉즉발(一觸卽發)

[예] 논개는 누란지위에 처한 나라를 구하기 위해 왜장을 안고 진주 남강에 떨어져 죽었다.

[출전] 사기(史記)

</td></tr>
<tr><td>

多聞博識

많을 다	들을 문	넓을 박	알 식
夕 6	耳 14	十 12	言 19

보고 들은 것이 많고 학식이 넓음.

[유] 박학다식(博學多識) 박람강기(博覽强記)

[예] 그는 다문박식해서 모르는 게 없다.

</td><td>

多岐亡羊

많을 다	갈림길 기	망할 망	양 양
夕 6	山 7	亠 3	羊 6

달아난 양을 찾다가 갈림길이 많아 찾는 양을 결국 잃고 말았다는 뜻으로, 학문의 길이 여러 갈래이어서 진리를 찾기가 어려움.

[유] 망양지탄(望洋之歎) 망양지탄(亡羊之歎)

[예] 다기망양한 현 시국에 어떻게 대처할지 관련업계의 눈이 집중되고 있다.

[출전] 열자(列子)·설부편(說符篇)

</td></tr>
</table>

斷金之交

断金之交[duàn jīn zhī jiāo]

簞食瓢飲

箪食瓢饮[dān sì piáo yǐn]

斷機之戒

断机之戒[duān jī zhī jiè]

丹脣皓齒

丹唇皓齿[dān chún hào chǐ]

單刀直入

单刀直入[dān dāo zhí rù]

膽大心小

胆大心小[dǎn dà xīn xiǎo]

簞食瓢飮

도시락 단	먹이 사	표주박 표	마실 음
竹 18	食 9	瓜 16	食 13

도시락에 담은 밥과 표주박의 물이라는 뜻으로, 변변치 못한 살림. 또는 청빈하고 소박한 생활을 말함.

[유] 단표누항(簞瓢陋巷) 일단사일표음(一簞食一瓢飮)

[예] 집이 가난하여 단사표음하면서도 반드시 합격하겠다는 일념하에 열심히 공부하고 있다.

[출전] 논어(論語)·옹야편(雍也篇)

斷金之交

끊을 단	쇠 금	갈 지	사귈 교
斤 18	金 8	丿 4	亠 6

쇠라도 자를 수 있는 굳고 단단한 사귐이란 뜻으로, 친구의 우정이 매우 두터움을 이름.

[유] 단금지계(斷金之契) 지란지교(芝蘭之交) 백아절현(伯牙絶絃) 문경지교(刎頸之交)

[예] 상호 협력하면 쇠도 끊을 수 있다는 단금지교의 지혜를 서로 찾기를 바란다.

[출전] 역경(易經)

丹脣皓齒

붉을 단	입술 순	흴 호	이 치
丶 4	肉 11	白 12	齒 15

붉은 입술과 하얀 이란 뜻으로, 여자의 아름다운 얼굴을 이름.

[유] 주순호치(朱脣皓齒) 호치단순(皓齒丹脣) 경국지색(傾國之色) 화용월태(花容月態) 절세미인(絶世美人) 경성지색(傾城之色) 만고절색(萬古絶色) 일고경성(一顧傾城)

[예] 예로부터 아름다운 여인을 단순호치라 불렀다.

斷機之戒

끊을 단	틀 기	갈 지	경계할 계
斤 18	木 16	丿 4	戈 7

학문을 하다가 중도에 그만두면 아무 쓸모가 없다. 맹자가 학업을 하던 도중에 집으로 돌아오자 그의 어머니가 짜고 있던 베를 끊어서 그를 훈계하였다.

[유] 맹모삼천지교(孟母三遷之敎) 단기지교(斷機之敎)

[예] 맹자 어머니의 지혜로움은 단기지계에 잘 나타나 있다.

[출전] 후한서(後漢書)·열녀전(烈女傳)

膽大心小

담력 담	큰 대	마음 심	작을 소
肉 17	大 3	心 4	小 3

담력은 커야 하지만 마음을 쓰는 데는 치밀한 주의력을 가져야 한다는 뜻. 문장을 지을 때의 마음가짐을 이르는 말.

[예] 세상에 걱정과 두려움이 없는 사람은 없으므로 담대심소의 마음가짐이 필요하다.

單刀直入

홑로 단	칼 도	곧을 직	들 입
口 12	刀 2	目 8	入 2

혼자서 칼을 휘두르고 거침없이 적진으로 쳐들어간다는 뜻으로, 말에 휘둘리지 않고 핵심으로 곧바로 풀이하여 들어감.

[유] 거두절미(去頭截尾)

[예] 여러 말 할 것 없이 내 단도직입으로 묻겠다.

堂狗風月

堂狗风月[táng gǒu fēng yuè]

大器晚成

大器晚成[dà qì wǎn chéng]

螳螂拒轍

螳螂拒辙[táng láng jù zhé]

大膽無雙

大胆无双[dà dǎn wú shuāng]

大驚失色

大惊失色[dà jīng shī sè]

大同小異

大同小异[dà tóng xiǎo yì]

大器晚成

큰 대	그릇 기	늦을 만	이룰 성
大 3	口 16	日 11	戈 7

큰 그릇을 만드는 데는 시간이 오래 걸린다는 뜻으로, 크게 될 사람은 보통 사람보다 늦게 대성한다는 말.

[유] 대재만성(大才晚成)

[예] 그 배우는 오랜 무명 시절을 보내고 나이 마흔에 연기력을 인정받은 대기만성의 전형이다.

[출전] 삼국지(三國志)·위지(魏志)

堂狗風月

집 당	개 구	바람 풍	달 월
土 11	犬 8	風 9	月 4

서당 개 3년에 풍월을 한다는 뜻으로, 무식쟁이라도 유식한 사람과 사귀면 견문이 넓어짐.

[유] 음풍농월(吟風弄月) 당구삼년폐풍월(堂狗三年吠風月)

[예] 당구풍월이라고 오랫동안 그쪽 방면으로 관심을 갖고 생활하다 보니 그 분야의 전문가가 될 수 있었다.

大膽無雙

큰 대	담력 담	없을 무	쌍 쌍
大 3	肉 17	火 12	佳 18

대담한 것으로 따져봤을 때 그와 상대할 사람이 없다는 의미.

[예] 평소 얌전한 경희가 그렇게 대담무쌍한 행동을 할 줄 몰랐다.

螳螂拒轍

사마귀 당	사마귀 랑	막을 거	바퀴자국 철
虫 17	虫 16	手 8	車 19

'사마귀가 앞발을 들어 수레바퀴를 가로 막는다.' 자기의 힘은 헤아리지 않고 강자에게 함부로 덤빔.

[유] 당랑지부(螳螂之斧) 당비당거(螳臂當車) 당랑당거철(螳螂當車轍) 당랑지력(螳螂之力)

[예] 당랑거철도 유분수지 그런 일에 덤벼들다니.

[출전] 장자(莊子)·천지편(天地篇)

大同小異

큰 대	같을 동	작을 소	다를 이
大 3	口 6	小 3	田 12

혜시(惠施)의 소동이(小同異), 대동이(大同異) 논(論)에서 비롯된 말로, 큰 것은 같고 작은 부분에서만 다르니 전체적으로는 비슷비슷함.

[유] 오십보백보(五十步百步) 피차일반(彼此一斑)

[예] 두 선수의 실력이 대동소이해서 쉽게 승부가 나지 않는다.

[출전] 장자(莊子)·천하편(天下片)

大驚失色

큰 대	놀랄 경	잃을 실	빛 색
大 3	馬 23	大 5	色 6

몹시 놀라 얼굴빛이 하얗게 변함.

[유] 대경실성(大驚失性)

[예] 아버지에게 닥친 뜻밖의 사고 소식에 가족들은 모두 대경실색하였다.

戴星之行

戴星之行[dài xīng zhī xíng]

德必有隣

德必有邻[dé bì yǒu lín]

大義滅親

大义灭亲[dà yì miè qīn]

桃園結義

桃园结义[táo yuán jié yì]

大義名分

大义名分[dà yì míng fèn]

道聽塗說

道听途说[dào tīng tú shuō]

德必有隣

덕 덕	반드시 필	있을 유	이웃 린
彳 15	心 5	月 6	阜 15

덕이 있으면 따르는 사람이 있어 외롭지 않음.

[유] 덕불고(德不孤) 덕불고필유린(德不孤必有隣)

[예] 덕필유린한 사람은 한때 남의 질시를 받아 외로운 처지에 빠지는 순간이 있을 수도 있지만 결국 함께하는 사람이 나오게 된다.

戴星之行

일 대	별 성	갈 지	갈 행
戈 18	日 9	丿 4	行 6

별을 이고 가는 길이라는 뜻으로, 객지에서 부모의 부음(訃音)을 듣고 밤을 새워 집으로 돌아가는 일.

[예] 그는 어머니 부음소식에 대성지행하면서 눈물을 그치지 못했다.

桃園結義

복숭아 도	동산 원	맺을 결	옳을 의
木 10	囗 13	糸 12	羊 13

도원에서 의형제를 맺다는 뜻으로, 서로 다른 사람들이 사욕을 버리고 뜻이 맞는 사람끼리 목적을 향해 합심할 것을 결의함.

[유] 결의형제(結義兄弟)

[예] 우리는 힘겨운 시기에 만나 도원결의한 사이로 지금까지 친형제처럼 지내고 있다.

[출전] 삼국지연의(三國志演義)

大義滅親

큰 대	옳을 의	멸할 멸	친할 친
大 3	羊 13	水 13	見 16

대의를 위해서는 혈육의 친함도 저버린다. 큰 의리를 지키기 위해서라면 부모와 형제도 돌보지 않음.

[유] 멸사봉공(滅私奉公) 왕척직심(枉尺直尋)

[예] 국가와 민족보다 당리당략에 급급한 자, 대의멸친의 의지가 부족한 자를 경계해야 할 것이다.

[출전] 춘추좌씨전(春秋左氏傳) · 은공조(隱公條)

道聽塗說

길 도	들을 청	진흙 도	말씀 설
辵 13	耳 22	土 13	言 14

길거리에서 들은 이야기를 곧 그 길에서 다른 사람에게 말한다. 길거리에 떠돌아다니는 뜬소문.

[유] 유언비어(流言蜚語) 가담항설(街談巷說) 구이지학(口耳之學)

[예] 각 매체들이 습득한 도청도설을 서로 인용해 기사의 양을 부풀린 경우도 있다.

[출전] 논어(論語) · 양화편(陽貨篇)

大義名分

큰 대	옳을 의	이름 명	나눌 분
大 3	羊 13	口 6	刀 4

사람으로서 마땅히 지켜야 할 중대한 의리와 떳떳한 명분. 행동의 기준이 되는 도리. 이유가 되는 명백한 근거.

[예] 뚜렷한 대의명분이 있어야 사람들을 설득시킬 수 있을 것이다.

塗炭之苦

涂炭之苦[tú tàn zhī kǔ]

讀書亡羊

读书亡羊[dú shū wáng yáng]

獨不將軍

独不将军[dú bù jiāng jūn]

獨也靑靑

独也青青[dú yě qīng qīng]

讀書尚友

读书尚友[dú shū shàng yǒu]

頓首再拜

顿首再拜[dùn shǒu zài bài]

讀書亡羊

읽을 독	글 서	망할 망	양 양
言 22	曰 10	亠 3	羊 6

책을 읽느라 지키던 양을 잃어버렸다는 뜻으로, 다른 일에 정신을 뺏겨 중요한 일이 소홀하게 되는 것. 마음이 밖에 있어 도리를 잃어버리는 것.

[유] 다기망양(多岐亡羊)

[예] 서민들의 삶을 살핌에 있어 독서망양의 우를 범하지 않아야 한다.

[출전] 장자(莊子) · 병무편(騈拇篇)

塗炭之苦

진흙 도	숯 탄	갈 지	괴로울 고
土 13	火 9	丿 4	艸 9

진흙 구렁에 빠지고 숯불에 타는 듯한 고통이라는 뜻으로, 가혹한 정치로 말미암아 백성들이 심한 고통을 겪는 것을 말함.

[유] 가렴주구(苛斂誅求) 가정맹어호(苛政猛於虎)

[예] 정부는 경제 위기를 수습하여 국민들을 도탄지고에 빠지지 않도록 해야 한다.

[출전] 서경(書經) · 상서(尙書)

獨也靑靑

홀로 독	어조사 야	푸를 청	푸를 청
犬 16	乙 3	靑 8	靑 8

홀로 푸르다는 뜻으로, 홀로 높은 절개를 지켜 늘 변함이 없음.

[예] 소나무의 푸름을 겨울에야 알 수 있듯이 그의 독야청청 높은 절개도 나라가 어려울 때에 빛을 발했다.

獨不將軍

홀로 독	아닐 불	장수 장	군사 군
犬 16	一 4	寸 11	車 9

본래 일을 혼자서는 다 잘할 수 없으므로 남과 협조해야 한다는 뜻. 변형되어 남의 의견을 무시하고 혼자 모든 일을 처리하는 사람. 외톨이.

[유] 독장난명(獨掌難鳴) 순치지국(脣齒之國)

[반] 십시일반(十匙一飯)

[예] 그는 독불장군이라서 충고해 줘 봐야 소용없다.

頓首再拜

조아릴 돈	머리 수	두 재	절할 배
頁 13	首 9	冂 6	手 9

머리를 땅에 닿도록 조아려 절을 두 번 함이라는 말로 편지의 첫머리나 끝에 '경의를 표합니다.'라는 뜻으로 주로 쓰는 말.

[유] 백배치사(百拜致謝) 돈수백배(頓首百拜) 백배사례(百拜謝禮) 고두사은(叩頭謝恩)

[예] 삼가 돈수재배로 인사 올립니다.

讀書尙友

읽을 독	글 서	높일 상	벗 우
言 22	曰 10	小 8	又 4

책을 읽음으로써 옛 현인(賢人)과 벗이 될 수 있다는 말.

[예] 독서상우를 통하여 꿈을 키우고 미래사회에 대비하는 능력을 길러야 한다.

[출전] 맹자(孟子)

同價紅裳

同价红裳[tóng jià hóng shang]

棟梁之材

栋梁之材[dòng liáng zhī cái]

同苦同樂

同苦同乐[tóng kǔ tóng lè]

東問西答

东问西答[dōng wèn xī dá]

同氣相求

同气相求[tóng qì xiāng qiú]

同病相憐

同病相怜[tóng bìng xiāng lián]

<table>
<tr><td colspan="4" align="center"><h2>棟梁之材</h2></td></tr>
<tr><td>용마루 동
木 12</td><td>들보 량
木 11</td><td>갈 지
ノ 4</td><td>재목 재
木 7</td></tr>
</table>

기둥이나 대들보가 될 만한 훌륭한 인재라는 뜻으로, 한 집이나 한 나라의 중요한 일을 맡을 만한 사람을 의미.
[유] 간성지재(干城之材) 동량지기(棟梁之器)
[예] 올바른 품성과 역량을 갖춰 미래 사회를 주도하는 동량지재가 되도록 관심을 가져야 한다.

<table>
<tr><td colspan="4" align="center"><h2>同價紅裳</h2></td></tr>
<tr><td>같을 동
口 6</td><td>값 가
人 15</td><td>붉을 홍
糸 9</td><td>치마 상
衣 14</td></tr>
</table>

'같은 값이면 다홍치마'라는 뜻으로, 같은 조건이라면 좀 더 낫고 편리한 것을 택함.
[예] 동가홍상이라고 했습니다요. 이왕이면 저는 이쪽 물건이 더 좋겠습니다.

<table>
<tr><td colspan="4" align="center"><h2>東問西答</h2></td></tr>
<tr><td>동녘 동
木 8</td><td>물을 문
口 11</td><td>서녘 서
西 6</td><td>대답 답
竹 12</td></tr>
</table>

동쪽을 묻는 데 서쪽을 대답한다는 뜻으로, 묻는 말에 대하여 전혀 엉뚱한 대답을 함.
[유] 문동답서(問東答西)
[예] 자꾸 엉뚱하게 동문서답하지 말고 질문에 좀 성의 있게 답변해 주십시오.

<table>
<tr><td colspan="4" align="center"><h2>同苦同樂</h2></td></tr>
<tr><td>같을 동
口 6</td><td>쓸 고
艸 9</td><td>같을 동
口 6</td><td>즐거울 락
木 15</td></tr>
</table>

괴로움과 즐거움을 함께 한다는 뜻으로, 같이 고생하고 같이 즐김.
[예] 남자들은 모이면 군대 이야기를 많이 한다. 아마 군인들은 동고동락하기 때문에 기억이 많이 남는 것 같다.

<table>
<tr><td colspan="4" align="center"><h2>同病相憐</h2></td></tr>
<tr><td>같을 동
口 6</td><td>병 병
疒 10</td><td>서로 상
目 9</td><td>불쌍히여길 련
心 15</td></tr>
</table>

같은 병자끼리 가엾게 여긴다는 뜻, 어려운 처지에 있는 사람끼리 서로 불쌍히 여겨 동정하고 서로 도움.
[유] 오월동주(吳越同舟) 초록동색(草綠同色) 동주상구(同舟相救)
[예] 동병상련이라고 어려운 처지를 당해 보아야 남을 생각할 줄도 알게 되는 법이다.
[출전] 오월춘추(吳越春秋)·합려내전(闔閭內傳)

<table>
<tr><td colspan="4" align="center"><h2>同氣相求</h2></td></tr>
<tr><td>같을 동
口 6</td><td>기운 기
气 10</td><td>서로 상
目 9</td><td>구할 구
水 7</td></tr>
</table>

기질과 뜻을 같이하는 사람은 서로 동류를 찾아 모임.
[유] 동성상응(同聲相應) 동병상련(同病相憐)
[예] 교육자치 수호에 모든 교육계가 동구상구하여 함께 나서자고 제안했다.

東奔西走

东奔西走[dōng bēn xī zǒu]

同惡相助

同恶相助[tóng è xiāng zhù]

同床異夢

同床异梦[tóng chuáng yì mèng]

冬溫夏凊

冬温夏凊[dōng wēn xià qīng]

冬扇夏爐

冬扇夏炉[dōng shàn xià lú]

凍足放尿

冻足放尿[dòng zú fàng niào]

同惡相助

같을 동	악할 악	서로 상	도울 조
口 6	心 12	目 9	力 7

악인도 악한 일을 이루기 위해서는 서로 돕는다는 뜻으로, 동류끼리 서로 도움을 이르는 말.
예 그들은 동악상조하여 도둑질을 하였다.

東奔西走

동녘 동	달릴 분	서녘 서	달릴 주
木 8	大 9	西 6	走 7

동쪽으로 뛰고 서쪽으로 뛴다는 뜻으로, 사방으로 이리저리 바쁘게 돌아다님.
유 동행서주(東行西走) 남선북마(南船北馬)
예 나는 회사의 부도를 막기 위해 동분서주해 보았지만 결국 아무 소용이 없었다.
출전 역림(易林)

冬溫夏淸

겨울 동	따뜻할 온	여름 하	맑을 청
冫 5	水 13	夂 10	水 11

겨울에는 따뜻하게 하고 여름에는 시원하게 한다는 뜻으로, 자식된 자로서 부모를 잘 섬기어 효도함을 이르는 말.
유 동온하청혼정신성(冬溫夏淸昏定晨省)
예 동온하청은 부모를 섬기는 도리를 말한다.

同床異夢

같을 동	평상 상	다를 이	꿈 몽
口 6	广 7	田 12	夕 14

같은 침상에서 서로 다른 꿈을 꾼다는 뜻, 겉으로는 같이 행동하면서 속으로는 각기 딴 생각을 함.
유 소중유검(笑中有劍) 표리부동(表裏不同) 양질호피(羊質虎皮) 면종복배(面從腹背) 구밀복검(口蜜腹劍)
예 그들은 할머니의 유산 분배를 놓고 서로 동상이몽을 꾸고 있었다.

凍足放尿

얼 동	발 족	놓을 방	오줌 뇨
冫 10	足 7	攴 8	尸 7

언 발에 오줌 누기라는 뜻으로, 잠시의 효력이 있을 뿐, 그 효력은 없어지고 마침내는 더 나쁘게 되는 일. 앞을 내다보지 못하는 임시방편으로 당장 편한 것을 택하는 방법을 비웃는 말.
유 변통(變通) 미봉책(彌縫策) 석상대(下石上臺)
예 당장의 문제해결을 위해 동족방뇨식 처방은 곤란하다.

冬扇夏爐

겨울 동	부채 선	여름 하	화로 로
冫 5	戶 10	夂 10	火 20

겨울의 부채와 여름의 화로라는 뜻으로, 시기에 맞지 아니하여 쓸모없이 된 사물을 비유.
유 무용지물(無用之物)
예 지난 일에 매달리거나 닥치지 않은 일 때문에 전전긍긍하는 것은 동선하로와 같이 어리석은 짓이다.
출전 논형(論衡)·봉우편(逢遇篇)

董狐之筆

董狐之笔[dǒng hú zhī bǐ]

得隴望蜀

得陇望蜀[dé lǒng wàng shǔ]

杜門不出

杜门不出[dù mén bù chū]

得意滿面

得意满面[dé yì mǎn miàn]

斗酒不辭

斗酒不辞[dòu jiǔ bù cí]

登高自卑

登高自卑[dēng gāo zì bēi]

<table>
<tr><td>

得隴望蜀

얻을 득	땅이름 롱	바랄 망	촉나라 촉
彳 11	阜 19	月 11	虫 13

후한의 광무제가 농나라를 정복한 후에 다시 촉을 친데서 유래. 만족할 줄을 모르고 계속 욕심을 부림.

㈜ 평롱망촉(平隴望蜀) 망촉지탄(望蜀之歎) 거어지탄(車魚之歎) 계학지욕(谿壑之慾)

㉠ 사람의 욕심은 끝이 없고 만족할 줄을 모르니 득롱망촉이라 하지 않던가.

[출전] 후한서(後漢書)·광무기(光武記)

</td><td>

董狐之筆

바로잡을 동	여우 호	어조사 지	붓 필
艸 13	犬 8	丿 4	竹 12

동호의 곧은 붓이란 뜻으로, 역사를 기록함에 권세를 두려워하지 않고, 있는 그대로 써서 정직하게 기록하여 남기는 일.

㈜ 태사지간(太史之簡) 동호직필(董狐直筆)

㉠ 역사학자라면 동호지필의 자세로 역사를 기록해야 한다.

[출전] 춘추좌씨전(春秋左氏傳)

</td></tr>
<tr><td>

得意滿面

얻을 득	뜻 의	찰 만	낯 면
彳 11	心 13	水 14	面 9

뜻한 바를 이루어서 기쁜 표정이 얼굴에 가득함.

㉠ 그는 승리를 확신하며 득의만면한 웃음을 띠었다.

</td><td>

杜門不出

막을 두	문 문	아닐 불	날 출
木 7	門 8	一 4	凵 5

문을 닫고 바깥으로 나가지 않는다. 집안에만 틀어박혀 사회의 일이나 관직에 나아가지 않음. 세상과 인연을 끊고 출입을 하지 않음.

㉠ 아버지는 문을 굳게 닫고 사람들과의 접촉을 끊은 채 두문불출이시다.

</td></tr>
<tr><td>

登高自卑

오를 등	높을 고	스스로 자	낮을 비
癶 12	高 10	自 6	十 8

'높은 곳에 오르려면 낮은 곳에서부터 오른다는 뜻으로, 일을 하는 데는 반드시 차례를 밟아야 한다는 말.

㉠ 등고자비라는 말이 있듯 혁신은 일상 속 작은 일로부터 이뤄지는 것이다.

[출전] 중용(中庸)

</td><td>

斗酒不辭

말 두	술 주	아닐 불	사양할 사
斗 4	酉 10	一 4	辛 19

말술도 사양하지 않는다는 말로, 주량이 매우 센 것을 일컬음.

㉠ 두주불사의 주량을 자랑했다.

[출전] 사기(史記)·항우본기(項羽本紀)

</td></tr>
</table>

燈下不明

灯下不明[dēng xià bù míng]

馬耳東風

马耳东风[mǎ ěr dōng fēng]

燈火可親

灯火可亲[dēng huǒ kě qīn]

麻中之蓬

麻中之蓬[má zhōng zhī péng]

磨斧作針

磨斧作针[mó fǔ zuò zhēn]

莫上莫下

莫上莫下[mò shàng mò xià]

<table>
<tr><td colspan="4" align="center"><h1>馬耳東風</h1></td></tr>
<tr><td align="center">말 마
馬 10</td><td align="center">귀 이
耳 6</td><td align="center">동녘 동
木 8</td><td align="center">바람 풍
風 9</td></tr>
</table>

말의 귀에 동풍이 불어도 전혀 느끼지 못한다는 뜻으로, 남의 비평이나 의견을 조금도 귀담아 듣지 아니하고 흘려버림.

- ㊤ 우이독경(牛耳讀經) 여풍과이(如風過耳) 대우탄금(對牛彈琴)
- 例 그에게는 나의 충고가 마이동풍이었다.
- 出典 이태백집(李太白集) 권18

<table>
<tr><td colspan="4" align="center"><h1>燈下不明</h1></td></tr>
<tr><td align="center">등잔 등
火 16</td><td align="center">아래 하
一 3</td><td align="center">아닐 불
一 4</td><td align="center">밝을 명
日 8</td></tr>
</table>

'등잔(燈盞) 밑이 어둡다'는 뜻으로, 가까이에서 일어난 일을 오히려 잘 모를 때를 비유.

- 例 파리 에펠탑의 과학적 건축설계는 모두 알고 있으면서, 정작 우리의 불국사에 대한 무지는 등하불명과 다르지 않다.
- 出典 이담속찬(耳談續纂)

<table>
<tr><td colspan="4" align="center"><h1>麻中之蓬</h1></td></tr>
<tr><td align="center">삼 마
麻 11</td><td align="center">가운데 중
丨 4</td><td align="center">어조사 지
丿 4</td><td align="center">쑥 봉
艸 15</td></tr>
</table>

삼밭에 나는 쑥대라는 뜻으로, 구부러진 쑥도 삼밭에 나 면 저절로 꼿꼿하게 자라듯이 선량한 사람과 사귀면 그 영향을 받아 자연히 선량하게 된다는 말.

- ㊤ 근주자적(近朱者赤) 근묵자흑(近墨者黑)
- 例 마중지봉이라고 청소년기에 좋은 선생님을 만나야 올바로 성장할 수 있었다.
- 出典 순자(荀子)·권학편(勸學篇)

<table>
<tr><td colspan="4" align="center"><h1>燈火可親</h1></td></tr>
<tr><td align="center">등잔 등
火 16</td><td align="center">불 화
火 4</td><td align="center">옳을 가
口 5</td><td align="center">친할 친
見 16</td></tr>
</table>

등불을 가까이 할 수 있다는 뜻으로, 가을밤은 시원하고 상쾌하므로 등불을 가까이 하여 글 읽기에 좋음.

- ㊤ 천고마비(天高馬肥) 신량등화(新凉燈火) 추고마비(秋高馬肥)
- 例 가을은 등화가친의 계절이다.
- 出典 한유(韓愈)

<table>
<tr><td colspan="4" align="center"><h1>莫上莫下</h1></td></tr>
<tr><td align="center">없을 막
艸 11</td><td align="center">위 상
一 3</td><td align="center">없을 막
艸 11</td><td align="center">아래 하
一 3</td></tr>
</table>

어느 것이 위고 아래인지 분간할 수 없음. 실력에 있어 낫고 못함이 없이 비슷함.

- ㊤ 난형난제(難兄難弟) 백중지세(伯仲之勢) 백중지간(伯仲之間) 춘란추국(春蘭秋菊)
- 例 팔씨름을 하고 있는 두 사람의 힘이 막상막하여서 좀체 승부가 안 난다.

<table>
<tr><td colspan="4" align="center"><h1>磨斧作針</h1></td></tr>
<tr><td align="center">갈 마
石 16</td><td align="center">도끼 부
斤 8</td><td align="center">지을 작
人 7</td><td align="center">바늘 침
金 10</td></tr>
</table>

도끼를 갈아 바늘을 만든다. 아무리 어려운 일도 끊임없는 노력과 끈기 있는 인내로 성공한다는 뜻.

- ㊤ 우공이산(愚公移山) 적토성산(積土成山) 수적천석(水滴穿石)
- 例 마부작침의 자세로 하루하루 열심히 노력한다면 최고가 될 수 있다.
- 出典 방여승람(方與勝覽)

莫逆之間

莫逆之间[mò nì zhī jiān]

萬古風霜

万古风霜[wàn gǔ fēng shuāng]

莫逆之友

莫逆之友[mò nì zhī yǒu]

萬事亨通

万事亨通[wàn shì hēng tōng]

萬頃蒼波

万顷苍波[wàn qǐng cāng bō]

萬事休矣

万事休矣[wàn shì xiū yǐ]

萬古風霜

일만 만	옛 고	바람 풍	서리 상
艹 13	口 5	風 9	雨 17

오랜 세월 동안의 바람과 서리. 사는 동안에 겪은 많은 수많은 고생.
㊌ 만고풍설(萬古風雪)
㋊ 지금까지 만고풍상을 같이 겪어 온 아내는 나의 절실한 동지였다.

莫逆之間

없을 막	거스릴 역	어조사 지	사이 간
艹 11	辵 10	丿 4	門 12

벗으로서 아주 허물없이 친한 사이.
㊌ 막역간(莫逆間) 막역지우(莫逆之友)
㋊ 두 사람은 호되게 싸우고 난 뒤 막역지간이 되었다.

萬事亨通

일만 만	일 사	형통할 형	통할 통
艹 13	丿 8	亠 7	辵 11

모든 일이 뜻한 바대로 순탄하게 진행됨.
㋊ 요즈음 사업이 만사형통이어서 살맛이 납니다.

莫逆之友

없을 막	거스릴 역	어조사 지	벗 우
艹 11	辵 10	丿 4	又 4

서로 거스르는 일이 없는, 생사를 같이할 수 있는 친밀한 벗.
㊌ 지란지교(芝蘭之交) 관포지교(管鮑之交) 금석지계(金石之契) 고산유수(高山流水) 문경지교(刎頸之交)
㋊ 옆에 있는 이 사람은 저의 막역지우입니다.
㊀ 장자(莊子)·내편(內篇)·대종사(大宗師)

萬事休矣

일만 만	일 사	쉴 휴	어조사 의
艹 13	丿 8	人 6	矢 7

만 가지 일이 끝장이라는 뜻으로, 모든 일이 전혀 가망이 없는 절망과 체념의 상태임.
㊌ 능사필의(能事畢矣) 노이무공(勞而無功)
㋊ 그들이 세워 두었던 거창한 계획은 만사휴의로 끝났다.
㊀ 송사(宋史)·형남고씨세가(荊南高氏世家)

萬頃蒼波

일만 만	이랑 경	푸를 창	물결 파
艹 13	頁 11	艹 14	水 8

만 이랑의 푸른 물결이라는 뜻으로, 한없이 넓고 푸른 바다.
㊌ 만리창파(萬里滄波)
㋊ 요즘 그의 사업은 마치 만경창파에 뜬 작은 배처럼 위태롭기만 하다.

萬壽無疆

万寿无疆[wàn shòu wú jiāng]

罔極至恩

罔极至恩[wǎng jí zhì ēn]

晚時之歎

晚时之叹[wǎn shí zhī tàn]

忘年之交

忘年之交[wàng nián zhī jiāo]

萬彙群象

万汇群象[wàn huì qún xiàng]

亡羊補牢

亡羊补牢[wáng yáng bǔ láo]

<table>
<tr><td colspan="4" align="center">罔極至恩</td></tr>
<tr><td>없을 망
网 8</td><td>다할 극
木 13</td><td>이를 지
至 6</td><td>은혜 은
心 10</td></tr>
</table>

다함이 없는 임금이나 부모의 한없는 은혜.
㈜ 호천망극(昊天罔極)
㈖ 부모님의 망극지은을 어찌 갚을 길이 없구나.

<table>
<tr><td colspan="4" align="center">萬壽無疆</td></tr>
<tr><td>일만 만
艸 13</td><td>목숨 수
士 14</td><td>없을 무
火 12</td><td>지경 강
田 19</td></tr>
</table>

한없이 목숨이 긺. 장수하기를 기원함.
㈜ 수고(壽考) 만세무강(萬世無疆) 수고무강(壽考無疆)
㈖ 선생님의 고희연에는 많은 제자들이 참석하여 스승의 만수무강을 기원했다.

<table>
<tr><td colspan="4" align="center">忘年之交</td></tr>
<tr><td>잊을 망
心 7</td><td>해 년
干 6</td><td>갈 지
丿 4</td><td>사귈 교
亠 6</td></tr>
</table>

나이 차이를 생각하지 않고 재주와 학문만으로 허물없이 사귀는 친구.
㈜ 망년지우(忘年之友) 망년교(忘年交)
㈖ 내 주변에는 이른바 나이 차이를 잊고 허물없이 서로 사귀는 망년지교들이 많다.

<table>
<tr><td colspan="4" align="center">晚時之歎</td></tr>
<tr><td>늦을 만
日 11</td><td>때 시
日 10</td><td>갈 지
丿 4</td><td>탄식할 탄
欠 15</td></tr>
</table>

때늦은 한탄이라는 뜻으로, 시기가 늦어 기회를 놓친 것이 원통해서 탄식함.
㈜ 사후약방문(死後藥方文) 십일지국(十日之菊) 망양지탄(亡羊之歎)
㈖ 시험 공부를 좀더 일찍 시작했어야 한다고 후회해 봤자 만시지탄일 뿐이었다.

<table>
<tr><td colspan="4" align="center">亡羊補牢</td></tr>
<tr><td>망할 망
亠 3</td><td>양 양
羊 6</td><td>도울 보
衣 12</td><td>우리 뢰
牛 7</td></tr>
</table>

양을 잃고서 그 우리를 고친다. 어떤 일이 이미 실패한 뒤에는 뉘우쳐 보아야 소용이 없음.
㈜ 사후약방문(死後藥方文) 망우보뢰(亡牛補牢) 만시지탄(晚時之歎) 갈이천정(渴而穿井)
㈘ 안거위사(安居危思) 곡돌사신(曲突徙薪)
㈖ 도둑 들고서 자물쇠를 고치니 망양보뢰라 한다.
㈎ 전국책(戰國策) · 초책(楚策)

<table>
<tr><td colspan="4" align="center">萬彙群象</td></tr>
<tr><td>일만 만
艸 13</td><td>무리 휘
彐 13</td><td>무리 군
羊 13</td><td>모양 상
豕 12</td></tr>
</table>

세상의 온갖 사물과 현상.
㈜ 우주만물(宇宙萬物) 삼라만상(森羅萬象)
㈖ 만휘군상은 그 누구의 소유가 아니고 미래세계로부터 잠시 빌려 쓰는 것이다.

望洋之嘆

望洋之叹[wàng yáng zhī tàn]

梅蘭菊竹

梅兰菊竹[méi lán jú zhú]

望雲之情

望云之情[wàng yún zhī qíng]

麥秀之嘆

麦秀之叹[mài xiù zhī tàn]

亡子計齒

亡子计齿[wáng zǐ jì chǐ]

孟母斷機

孟母断机[mèng mǔ duàn jī]

梅蘭菊竹

매화 매	난초 란	국화 국	대 죽
木 11	艸 21	艸 12	竹 6

매화(梅花)·난초(蘭草)·국화(菊花)·대나무, 즉 사군자(四君子)를 말함. 아치고절(雅致高節 - 梅) 외유내강(外柔內剛 - 蘭) 오상고절(傲霜孤節 - 菊) 세한고절(歲寒孤節 - 竹)

예 매란국죽은 매화는 봄, 난은 여름, 국화는 가을, 대나무는 겨울을 대표한다.

望洋之嘆

바랄 망	바다 양	어조사 지	탄식할 탄
月 11	水 9	丿 4	口 14

넓은 바다를 보고 탄식한다는 뜻으로, 제 힘이 미치지 못할 때 하는 탄식.

유 다기망양(多岐亡羊) 망양지탄(亡羊之歎)

예 성공해 잘 나가는 친구를 보면서 철수는 자신의 부족함을 망양지탄했다.

출전 장자(莊子)·외편(外篇)·추수편(秋水篇)

麥秀之嘆

보리 맥	빼어날 수	갈 지	탄식할 탄
麥 11	禾 7	丿 4	口 14

기자(箕子)가 조국 은(殷)나라가 멸망한 뒤에도 보리만은 잘 자라는 것을 보고 조국이 망한 것을 한탄함.

유 맥수지탄(麥秀之歎) 맥수서유(麥秀黍油) 망국지한(亡國之恨) 망국지탄(亡國之歎)

예 과거 부귀영화를 자랑하던 옛 도읍에서 무성하게 자란 잡초를 보며 맥수지탄이 끊이지 않는다.

출전 사기(史記)·송미자세가(宋微子世家)

望雲之情

바랄 망	구름 운	갈 지	정 정
月 11	雨 12	丿 4	心 11

당나라 적인걸(狄仁傑)이 타향에서 산에 올라 멀리 구름을 바라보며 고향에 계신 부모를 그리워했다는 고사에서 유래.

유 백운고비(白雲孤飛) 망운지회(望雲之懷)

예 외국에 나가 공부하는 동안 망운지정이 더욱 깊어진다.

출전 당서(唐書)

孟母斷機

맏 맹	어미 모	끊을 단	틀 기
子 8	母 5	斤 18	木 16

맹자의 어머니가 베를 끊었다는 뜻으로, 학업을 중도에서 그만둠을 훈계하는 말.

유 단기지교(斷機之敎) 단기지계(斷機之戒) 맹모삼천지교(孟母三遷之敎)

예 맹모단기를 실천하기 위해 회초리를 집어든 부모도 있다.

출전 열녀전(列女傳)·모의전(母儀傳)

亡子計齒

죽을 망	아들 자	셀 계	이 치
亠 3	子 3	言 9	齒 15

죽은 자식 나이 세기라는 뜻으로, 이미 지나간 쓸데없는 일을 생각하며 애석하게 여김.

예 주식을 하지 말고 저금을 할 걸, 망자계치 해봐야 뭐 하겠습니까?

孟母三遷

孟母三迁[mèng mǔ sān qiān]

明鏡止水

明镜止水[míng jìng zhǐ shuǐ]

盲人摸象

盲人摸象[máng rén mō xiàng]

名實相符

名实相符[míng shí xiāng fú]

面從腹背

面从腹背[miàn cóng fù bèi]

明若觀火

明若观火[míng ruò guān huǒ]

明鏡止水

밝을 명	거울 경	그칠 지	물 수
日 8	金 19	止 4	水 4

맑은 거울과 고요한 물이라는 뜻으로, 마음이 사념이 전혀 없이 맑고 깨끗함을 비유.

㊤ 청심고지(淸心高志) 평이담백(平易淡白) 운심월성(雲心月性)

㋨ 이미 세속에서 초탈한 오 스님은 모든 욕심을 버리고 명경지수와 같은 마음으로 살아가신다.

[출전] 장자(莊子)·덕충부편(德充符篇)

孟母三遷

맏 맹	어미 모	석 삼	옮길 천
子 8	母 5	一 3	辵 16

맹자를 잘 가르치기 위하여 어머니가 세 번이나 집을 옮겼다는 뜻, 교육에는 환경이 중요하다는 가르침.

㊤ 삼천지교(三遷之敎) 단기지교(斷機之敎) 맹모삼천지교(孟母三遷之敎)

㋨ 오늘날에도 자녀에게 좋은 교육환경을 제공하고자 맹모삼천을 실천하시는 어머니를 만날 수 있다.

[출전] 열녀전(列女傳)·모의전(母儀傳)

名實相符

이름 명	실제 실	서로 상	부신 부
口 6	宀 14	目 9	竹 11

이름과 실상이 서로 딱 들어맞음. 알려진 것과 실제의 상황이나 능력에 차이가 없이 서로 딱 맞음.

㋩ 유명무실(有名無實) 명실상반(名實相反)

㋨ 우리 지역의 축제는 시작한 지 5년 만에 명실상부 전국적인 축제가 되었다.

盲人摸象

소경 맹	사람 인	찾을 모	코끼리 상
目 8	人 2	手 14	豕 12

장님이 코끼리를 만지는 식으로, 사물의 일부만을 보고 함부로 전체에 대한 결론을 내리는 좁은 견해.

㋨ 프랑스만 가보고 유럽을 논하는 건 맹인모상과 같다.

[출전] 열반경(涅槃經)

明若觀火

밝을 명	같을 약	볼 관	불 화
日 8	艸 9	見 25	火 4

불을 보는 것 같이 밝게 보인다는 뜻으로, 더 말할 나위 없이 명백하게 알 수 있음.

㊤ 불문가지(不問可知) 관화(觀火)

㋨ 국제 곡물가격이 급등할 경우 국내 경제에 큰 타격을 주게 되는 것은 명약관화한 일이다.

面從腹背

얼굴 면	좇을 종	배 복	배반할 배
面 9	彳 11	肉 13	肉 9

겉으로는 순종하는 체하고 속으로는 딴 마음을 먹음.

㊤ 면종후언(面從後言) 소리장도(笑裏藏刀) 소중유검(笑中有劍) 구밀복검(口蜜腹劍) 동상이몽(同床異夢)

㋨ 덕으로써 사람을 따르게 하지 않으면 면종복배하는 자가 생기게 마련이다.

命在頃刻

命在顷刻[mìng zài qǐng kè]

毛遂自薦

毛遂自荐[máo suì zì jiàn]

明珠闇投

明珠暗投[míng zhū àn tóu]

目不識丁

目不识丁[mù bù shí dīng]

明哲保身

明哲保身[míng zhé bǎo shēn]

目不忍見

目不忍见[mù bù rěn jiàn]

毛遂自薦

털 모	이를 수	스스로 자	천거할 천
毛 4	辵 13	自 6	艸 17

조나라에서 초나라에 구원을 청할 사자를 물색할 때 모수가 자신을 천거했다. 스스로를 추천하는 것을 말함. 오늘날에는 일의 앞뒤도 모르고 나서는 사람을 비유.

[유] 자화자찬(自畵自讚)

[예] 그는 부끄러움 없이 이번 일을 담당할 능력과 자질이 있다고 스스로 모수자천을 하였다.

[출전] 사기(史記)·평원군열전(平原君列傳)

命在頃刻

목숨 명	있을 재	잠깐 경	시각 각
口 8	土 6	頁 11	刀 8

목숨이 경각에 달렸다는 뜻으로, 거의 죽게 되어 곧 숨이 끊어질 지경에 처함을 말함.

[유] 풍전등화(風前燈火) 명재조석(命在朝夕) 누란지위(累卵之危) 일촉즉발(一觸卽發) 백척간두(百尺竿頭) 초미지급(焦眉之急)

[예] 교통사고를 당해 목숨이 명재경각에 이르렀으니 빨리 구급차를 불러야 한다.

目不識丁

눈 목	아닐 불	알 식	고무래 정
目 5	一 4	言 19	一 2

한자 중에서 쉬운 글자인 고무래 정(丁)자를 모른다는 뜻으로, 아는 것이 없음을 말함.

[유] 판무식(判無識) 일문부지(一文不知) 어로불변(魚魯不辨) 목불지서(目不之書)

[예] 아무리 공부를 많이 해도 세상 돌아가는 이치를 깨닫지 못하면 목불식정의 비판을 면치 못할 것이다.

[출전] 신당서(新唐書)·장굉정(張宏靖)

明珠闇投

밝을 명	구슬 주	어두울 암	던질 투
日 8	玉 10	門 17	手 7

보배로운 구슬을 어둠속에 던진다는 뜻으로, 어떤 귀한 선물도 도리에 벗어난 방법으로 주면 도리어 원망을 삼. 재능은 있으나 알아주는 사람을 만나지 못하고 있음을 비유.

[유] 명주암투(明珠暗投)

[예] 아무리 좋은 정책이라도 일방적으로 제시하는 명주암투는 없어야 한다.

目不忍見

눈 목	아닐 불	참을 인	볼 견
目 5	一 4	心 7	見 7

차마 눈으로 볼 수 없을 정도로 딱하거나 참혹한 상황이나 꼴불견.

[유] 불인정시(不忍正視) 불인견(不忍見)

[예] 어제 보여준 너의 행동은 정말 목불인견이었어.

明哲保身

밝을 명	밝을 철	지킬 보	몸 신
日 8	口 10	人 9	身 7

총명하여 도리를 좇아 사물을 처리하여 자신의 몸을 온전히 보전한다는 뜻으로, 매사에 법도를 지켜 온전하게 처신하는 태도를 말함.

[예] 조부께서는 사회적인 영달(榮達)보다는 명철보신을 중요시하셨다.

[출전] 시경(詩經)·대아(大雅)·증민편(烝民篇)

猫項懸鈴

猫项悬铃[māo xiàng xuán líng]

無爲徒食

无为徒食[wú wéi tú shí]

武陵桃源

武陵桃源[wǔ líng táo yuán]

無爲自然

无为自然[wú wéi zì rán]

無所不爲

无所不为[wú suǒ bù wéi]

無知莫知

无知莫知[wú zhī mò zhī]

無爲徒食

없을 무	할 위	헛될 도	밥 식
火 12	爪 12	彳 10	食 9

하는 일 없이 헛되이 먹고 놀기만 함. 게으르거나 능력
이 없는 사람.
⑪ 유수도식(流手徒食)
⑩ 요즘 대학을 졸업하고도 직장을 얻지 못해 어쩔 수
없이 무위도식하는 사람들이 늘고 있다.

猫項懸鈴

고양이 묘	목 항	매달 현	방울 령
犬 12	頁 12	心 20	金 13

'고양이 목에 방울 달기'라는 뜻으로, 실행하지 못할
일을 공연히 의논만 한다는 말. 실행할 수 없는 공론.
⑪ 묘두현령(猫頭懸鈴) 탁상공론(卓上空論)
⑩ 회사 대표에게 직원 복지를 생각해달라는 말을 하
고자 모였지만 묘항현령이란 것을 깨달았다.
⑬ 동언해(東言解)·어면순(禦眠楯)

無爲自然

없을 무	할 위	스스로 자	그러할 연
火 12	爪 12	自 6	火 12

자연에 맡기고 부질없는 행위를 하지 않음. 인공을 가
하지 않은 그대로의 자연, 또는 그런 이상적인 경지를
말함.
⑩ 노자와 장자의 사상. 무위자연을 도덕의 표준으로
하고, 허무를 우주의 근원으로 삼는다.

武陵桃源

굴셀 무	언덕 릉	복숭아 도	근원 원
止 8	阜 11	木 10	水 13

가상의 선경(仙境). 중국 후난성의 한 어부가 발견하였
다는, 복숭아꽃이 만발한 낙원이다. 별천지(別天地)나
이상향(理想鄕)을 비유.
⑪ 도원경(桃源境) 호중천지(壺中天地) 도화원(桃花源)
⑩ 산골학교는 그야말로 교육의 무릉도원 같은 곳이다.
⑬ 도연명집(陶淵明集)·도화원기(桃花源記)

無知莫知

없을 무	알 지	없을 막	알 지
火 12	矢 8	艹 11	矢 8

하는 짓이 매우 무지하고 우악스러움.
⑩ 그 노인은 그만 치시오. 자고로 노인을 공대하는
동방예의지국에서 이런 무지막지한 법은 없소.

無所不爲

없을 무	바 소	아닐 불	할 위
火 12	戶 8	一 4	爪 12

못 할 일이 없음.
⑪ 무소불능(無所不能)
⑩ 힘 있는 자가 힘없는 자에게 일방적으로 무소불위
의 힘을 행하는 시대는 지나갔다.

刎頸之交

刎颈之交[wěn jǐng zhī jiāo]

門前沃畓

门前沃畓[mén qián wò duō]

文房四友

文房四友[wén fáng sì yǒu]

門前成市

门前成市[mén qián chéng shì]

聞一知十

闻一知十[wén yī zhī shí]

門前雀羅

门前雀罗[mén qián què luó]

門前沃畓

문 문	앞 전	물댈 옥	논 답
門 8	刀 9	水 7	田 9

집 앞 가까이에 있는 좋은 논이라는 뜻으로, 곧 많은 재산을 일컬음.

[유] 문전옥토(門前沃土)

[예] 누구는 문전옥답을 주고 누구는 자갈투성이 다랑이 논이 뭡니까.

刎頸之交

목벨 문	목 경	갈 지	사귈 교
刀 6	頁 16	丿 4	亠 6

목을 벨 수 있는 벗, 서로 죽음을 대신할 수 있을 만큼 막역한 소중한 벗.

[유] 금란지교(金蘭之交) 관포지교(管鮑之交) 단금지계(斷金之契) 백아절현(伯牙絶絃)

[예] 문경지교를 맺은 친구 한 사람만 있어도 성공한 삶이다.

[출전] 사기(史記)

門前成市

문 문	앞 전	이룰 성	저자 시
門 8	刀 9	戈 7	巾 5

대문 앞이 시장을 이룬다는 뜻으로, 세도가나 부잣집 문 앞이 방문객으로 마치 저자를 이룬 것 같음.

[유] 문정여시(門庭如市) 문정약시(門庭若市) 문전약시(門前若市)

[반] 문전작라(門前雀羅)

[예] 바겐세일로 백화점은 문전성시를 이루었다.

[출전] 한서(漢書) · 정숭전(鄭崇傳)

文房四友

글월 문	방 방	넉 사	벗 우
文 4	戶 8	口 5	又 4

서재에 꼭 있어야 할 네 벗, 즉 종이, 붓, 벼루, 먹을 말함.

[유] 문방사보(文房四寶) 지필연묵(紙筆硯墨) 지필연묵문방사우(紙筆硯墨文房四友)

[예] 붓 · 먹 · 종이 · 벼루의 네 가지 도구를 문방사우라고 한다.

門前雀羅

문 문	앞 전	참새 작	그물 라
門 8	刀 9	隹 11	网 19

대문 앞에 새를 잡는 그물을 친다는 뜻으로, 권세를 잃거나 가난하고 천해지면 문 앞에 새 그물을 쳐 놓을 정도로 방문객의 발길이 끊어진다는 쓸쓸함을 말함.

[반] 문정여시(門庭如市) 문정약시(門庭若市) 문전약시(門前若市)

[예] 막상 힘을 잃게 되면 문전작라가 되는 게 세상인심이다. [출전] 사기(史記) · 급정열전(汲鄭列傳)

聞一知十

들을 문	한 일	알 지	열 십
耳 14	一 1	矢 8	十 2

한 가지를 들으면 열 가지를 미루어 안다는 뜻으로 재주가 비상하다는 뜻으로, 총명함을 이르는 말.

[유] 거일명삼(擧日明三)

[예] 선생은 문일지십하는 제자를 만나면 기쁘다.

[출전] 논어(論語) · 공야장편(公冶長篇)

勿失好機

勿失好机［wù shī hǎo jī］

尾生之信

尾生之信［wěi shēng zhī xìn］

物我一體

物我一体［wù wǒ yī tǐ］

美辭麗句

美辞丽句［měi cí lì jù］

物外閒人

物外闲人［wù wài xián rén］

美人薄命

美人薄命［měi rén bó mìng］

尾生之信

꼬리 미	날 생	갈 지	믿을 신
尸 7	生 5	丿 4	人 9

미생의 믿음이란 뜻으로, 미생이 여자와 약속한 대로 다리 밑에서 기다리다가 물에 휩쓸려 죽었다는 고사로, 융통성이 없이 우직하게 약속만을 굳게 지킴.
[유] 포주지신(抱柱之信)
[예] 미생지신같이 융통성이 없는 것도 문제지만 약속을 헌신짝처럼 저버리는 건 더 나쁘다.
[출전] 사기(史記)·소진열전(蘇秦列傳)

勿失好機

말 물	잃을 실	좋을 호	기회 기
勹 4	大 5	女 6	木 16

좋은 기회를 놓치지 않음.
[유] 시불가실(時不可失)
[예] 내가 특별히 너에게 기회를 다시 한 번 줄 테니 물실호기하지 않기를 바란다.

美辭麗句

아름다울 미	말할 사	고을 여	글귀 구
羊 9	辛 19	鹿 19	口 5

아름다운 말과 고운 글귀라는 뜻으로, 아름다운 문장. 아름다운 말로 꾸민 듣기 좋은 글귀.
[예] 궤변을 일삼는 기회주의자들이 미사여구로 현혹하더라도 말려들어선 안 된다.

物我一體

물건 물	나 아	한 일	몸 체
牛 8	戈 7	一 1	骨 23

'자연물과 자아가 하나가 된다.'는 뜻으로, 대상에 완전히 몰입된 경지를 나타냄.
[유] 주객일체(主客一體) 물심일여(物心一如) 혼연일체(渾然一體)
[예] 그 시인은 자연과 교감하며 물아일체의 경지에 이르는 시를 썼다.

美人薄命

아름다울 미	사람 인	엷을 박	목숨 명
羊 9	人 2	艸 17	口 8

미인은 흔히 불행하거나 병약하여 요절(夭折; 젊어서 죽음)하는 일이 많다.
[유] 홍안박명(紅顏薄命) 가인박명(佳人薄命)
[예] 부인은 경국지색이었지만 미인박명이란 말 그대로 안타깝게 요절하고 말았다.

物外閒人

만물 물	밖 외	한가할 한	사람 인
牛 8	夕 5	門 12	人 2

세상의 시끄러움에서 벗어나 한가하게 지내는 사람.
[유] 물외한인(物外閑人)
[예] 세상과 담을 쌓은 채 학문에만 몰두하면 물외한인이란 비판을 받기 쉽다.

薄利多賣	博學多識
薄利多卖[bó lì duō mài]	博学多识[bó xué duō shí]
博而不精	博學審問
博而不精[bó ér bù jīng]	博学审问[bó xué shěn wèn]
拍掌大笑	芈上落下
拍掌大笑[pāi zhǎng dà xiào]	芈上落下[bàn shǎng luò xià]

博學多識

넓을 박	배울 학	많을 다	알 식
十 12	子 16	夕 6	言 19

학문과 견문이 매우 넓어서 여러 분야에 식견이 많음.
[유] 무소부지(無所不知) 무불통지(無不通知)
박람강기(博覽强記) 다문박식(多聞博識)
[예] 그는 독서를 많이 해서 박학다식하다.

薄利多賣

엷을 박	이로울 리	많을 다	팔 매
艸 17	刀 7	夕 6	貝 15

이익을 적게 보는 대신에 많이 팔아 이문을 남기는 장
사법.
[예] 음식점은 가격파괴를 내세우며 박리다매를 노렸지
만, 수입만 줄어들었다.

博學審問

넓을 박	배울 학	살필 심	물을 문
十 12	子 16	宀 15	口 11

널리 배우고 자세하게 묻는다는 뜻으로, 배우는 사람
이 반드시 명심해야 할 태도.
[유] 광학상문(廣學詳問)
[예] 교육방법은 박학심문하는 데 있었으므로, 해박한
지식을 바탕으로 하여 분석적이며 논리 정연하게 가
르치는 것이었다.
[출전] 중용(中庸)

博而不精

넓을 박	말이을 이	아닐 부	자세할 정
十 12	而 6	一 4	米 14

여러 방면으로 널리 아나 정통하지 못함. 독서에 있어
서 정독의 중요성을 뜻하는 말.
[유] 피육지견(皮肉之見) 주마간산(走馬看山) 주마간화
(走馬看花)
[예] 잡학(雜學)에 능통한 사람들이 늘어나는 요즘의 현
상에 대해 박이부정의 문제를 제기하는 이도 있을 것
이다.

半上落下

반 반	반 반	떨어질 락	아래 하
十 5	十 5	艸 13	一 3

반쯤 올라가다가 아래로 떨어진다는 뜻으로 어떤 일
을 처음에는 정성껏 하다가 중도에 그만두어 이루지
못함을 말함.
[예] 그의 반상낙하 원인에 대한 전문가들의 분석은 다
양하다.

拍掌大笑

칠 박	손바닥 장	큰 대	웃을 소
手 8	手 12	大 3	竹 10

손뼉을 치면서 크게 웃음.
[유] 홍연대소(哄然大笑) 가가대소(呵呵大笑) 앙천대소
(仰天大笑)
[예] 그의 이야기에 우리는 박장대소했다.

反哺之孝

反哺之孝[fǎn bǔ zhī xiào]

放聲大哭

放声大哭[fàng shēng dà kū]

拔本塞源

拔本塞源[bá běn sè yuán]

傍若無人

旁若无人[páng ruò wú rén]

發憤忘食

发愤忘食[fā fèn wàng shí]

背水之陣

背水之阵[bēi shuǐ zhī zhèn]

放聲大哭

놓을 방	소리 성	큰 대	울 곡
攴 8	耳 17	大 3	口 10

목을 놓아 크게 울다. 북받치는 슬픔 또는 분노를 참지 못해 울음을 터뜨리는 것.
- ㊀ 방성통곡(放聲痛哭) 대성통곡(大聲痛哭)
- ㊀ 손자의 사고 소식을 들은 김 노인은 방성대곡하였다.

反哺之孝

되돌릴 반	먹을 포	갈 지	효도 효
又 4	口 10	丿 4	子 7

까마귀 새끼가 자란 뒤에 늙은 어미에게 먹이를 물어다 주는 효성이라는 뜻으로, 자식이 자라서 부모를 봉양하고 은혜를 갚음.
- ㊀ 혼정신성(昏定晨省) 원걸종양(願乞終養) 오조사정(烏鳥私情) 반포보은(反哺報恩)
- ㊀ 90대 노모를 모시는 70대 아들의 반포지효가 주위를 흐뭇하게 했다.

傍若無人

곁 방	같을 약	없을 무	사람 인
人 12	艸 9	火 12	人 2

곁에 아무도 없는 것처럼 여김. 주위에 있는 다른 사람을 전혀 의식하지 않고 제멋대로 행동하는 것.
- ㊀ 안하무인(眼下無人) 안중무인(眼中無人) 경거망동(輕擧妄動) 오만무례(傲慢無禮)
- ㊀ 그들은 남이 싫어하는 줄도 모르고 방약무인으로 떠들어 대서 미움을 샀다.
- ㊀ 사기(史記)·자객열전(刺客列傳)

拔本塞源

뽑을 발	근본 본	막을 색	근원 원
手 8	木 5	土 13	水 13

근본을 빼내고 원천을 막아 버린다는 뜻으로, 사물의 폐단을 없애기 위해서 그 뿌리를 뽑아 없애버림.
- ㊀ 전초제근(剪草除根) 삭주굴근(削株掘根)
- ㊀ 당국은 이 같은 밀수품의 유입 경로와 유통 구조를 발본색원해야 한다고 말했다.
- ㊀ 춘추좌씨전(春秋左氏傳)

背水之陣

등 배	물 수	갈 지	진칠 진
肉 9	水 4	丿 4	阜 10

물을 등지고 진을 친다는 뜻으로, 물러설 곳이 없으니 목숨을 걸고 싸울 수밖에 없는 지경을 말함.
- ㊀ 파부침선(破釜沈船) 제하분주(濟河焚舟) 배수진(背水陣) 사량침주(捨量沈舟)
- ㊀ 우리 앞에 놓인 일의 어려움을 자꾸 말하지만 배수지진의 각오로 임한다면 극복하지 못할 것도 없다.
- ㊀ 사기(史記)·회음후열전(淮陰侯列傳)

發憤忘食

필 발	분할 분	잊을 망	먹을 식
癶 12	心 15	心 7	食 9

일을 이루려고 끼니조차 잊고 분발 노력함. 분발하여 끼니를 잊는다는 뜻으로 학업에 도취되어 식음을 잊음.
- ㊀ 미경이의 승진은 발분망식의 노력을 기울여 왔던 대가이다.
- ㊀ 논어(論語)·술이편(述而篇)

背恩忘德

背恩忘德[bèi ēn wàng dé]

百年河清

百年河清[bǎi nián hé qīng]

百家爭鳴

百家争鸣[bǎi jiā zhēng míng]

百年偕老

百年偕老[bǎi nián xié lǎo]

白骨難忘

白骨难忘[bái gǔ nán wàng]

白面書生

白面书生[bái miàn shū shēng]

百年河清

일백 백	해 년	물 하	맑을 청
白 6	干 6	水 8	水 11

황하강은 늘 탁해서 맑을 때가 없다는 데서 유래. 어떤 일이 아무리 오랜 시간이 흘러도 이루어지기 어려움.

⑪ 부지하세월(不知何歲月) 하청난사(河清難俟) 천년일청(千年一清)

⑩ 개혁이 필요하다지만, 정부와 정치권의 의지, 국민 합의가 없다면 백년하청이다.

출전 춘추좌씨전(春秋左氏傳)

背恩忘德

배반할 배	은혜 은	잊을 망	덕 덕
肉 9	心 10	心 7	彳 15

남에게 입은 은덕을 잊고 도리어 배반함.

⑩ 배은망덕도 유분수지. 네가 어찌 나한테 그런 짓을 할 수 있단 말인가?

百年偕老

일백 백	해 년	함께 해	늙을 로
白 6	干 6	人 11	老 6

부부가 서로 사이좋게 살면서 함께 늙음.

⑪ 해로동혈(偕老同穴) 백년해락(百年偕樂) 백년동락(百年同樂)

⑩ 두 사람은 검은 머리가 파뿌리 될 때까지 백년해로하기로 약속하였습니다.

百家爭鳴

일백 백	집 가	다툴 쟁	울 명
白 6	宀 10	爪 8	鳥 14

여러 사람이 서로 자기 주장을 내세우는 일. 많은 학자들의 활발한 논쟁.

⑪ 제자백가(諸子百家)

⑩ 젊은 학자들은 백가쟁명의 기치를 걸고 자유로운 토론과 비판의 장을 마련하였다.

白面書生

흰 백	낯 면	글 서	날 생
白 5	面 9	曰 10	生 5

희고 고운 얼굴에 글만 읽는 사람이란 뜻으로, 오로지 글만 읽고 세상일에 경험이 없는 어두운 사람.

⑪ 책상퇴물(冊床退物) 백면서랑(白面書郎)

⑩ 이번 신입사원 채용에는 백면서생보다는 실무형 인재들을 뽑을 것이다.

출전 송서(宋書)·심경지전(沈慶之傳)

白骨難忘

흰 백	뼈 골	어려울 난	잊을 망
白 5	骨 10	隹 19	心 7

죽어도 잊지 못할 큰 은혜를 입음이란 뜻으로, 남에게 큰 은혜나 덕을 입었을 때 고마움을 표시하는 말.

⑪ 결초보은(結草報恩) 각골난망(刻骨難忘)

⑩ 이리도 보살펴 주시니 그 은혜가 백골난망입니다.

百發百中
百发百中[bǎi fā bǎi zhòng]

白衣民族
白衣民族[bái yī mín zú]

伯牙絶絃
伯牙绝弦[bó yá jué xián]

白衣從軍
白衣从军[bái yī cóng jūn]

白雲孤飛
白云孤飞[bái yún gū fēi]

百折不屈
百折不屈[bǎi zhé bù qū]

白衣民族

흰 백	옷 의	백성 민	겨레 족
白 5	衣 6	氏 5	方 11

예로부터 흰옷을 즐겨 입고 흰색을 숭상하는 오랜 전통에서 유래하여, '한민족'을 이르는 말.

[유] 백의동포(白衣同胞)

[예] 국기의 백색 바탕은 백의민족의 순결성과 단일성 그리고 평화의 정신을 상징하는 것이다.

百發百中

일백 백	쏠 발	일백 백	가운데 중
白 6	癶 12	白 6	丨 4

백 번 쏘아 백 번 맞는다는 뜻으로, 쏘기만 하면 명중함. 계획이 예정대로 들어맞음. 무슨 일이든지 생각하는 대로 다 들어맞음.

[유] 일발필중(一發必中)

[예] 우리나라의 양궁 선수들은 백발백중이어서 신궁이라고 불린다.

[출전] 사기(史記) · 주본기(周本紀)

白衣從軍

흰 백	옷 의	좇을 종	군사 군
白 5	衣 6	彳 11	車 9

흰옷을 입고 군대를 따라 전장에 나선다는 뜻으로, 벼슬이 없는 사람으로 군대를 따라 전쟁터에 나감. 백의(白衣)는 평민, 금의(錦衣; 비단옷)는 고관(高官)을 뜻함.

[예] 이순신 장군은 백의종군하여 결국 13척의 전함을 이끌고 일본의 대함대를 궤멸시킨 영웅이시다.

[출전] 송서(宋書)

伯牙絶絃

맏 백	어금니 아	끊을 절	악기줄 현
人 7	牙 4	糸 12	糸 11

백아가 종자기가 죽자 거문고 줄을 끊어버렸다는 뜻으로, 자기를 알아주는 절친한 벗의 죽음을 슬퍼함.

[유] 지음(知音) 백아파금(伯牙破琴) 고산유수(高山流水)

[예] 백아절현은 상호 교감이 우정에서 얼마나 소중한가를 보여준다.

[출전] 열자(列子) · 탕문편(湯問篇)

百折不屈

일백 백	꺾을 절	아닐 불	굽힐 굴
白 6	手 7	丿 4	尸 8

백 번 꺾여도 굴하지 않는다는 뜻으로, 어떤 어려움에도 굽히지 않음.

[유] 백절불요(百折不撓)

[예] 일제 강점기에는 악독한 심문 속에서도 백절불굴한 독립투사들이 많았다.

[출전] 한서(漢書)

白雲孤飛

흰 백	구름 운	외로울 고	날 비
白 5	雨 12	子 8	飛 9

타향에서 고향에 계신 부모를 생각함. 멀리 떠나온 자식이 어버이를 사모하여 그리는 정.

[유] 망운지정(望雲之情) 망운지회(望雲之懷)

[예] 부모님과 떨어져 살아봐야 백운고비가 더욱 깊어진다.

[출전] 당서(唐書)

# 伯仲之勢 伯仲之势[bó zhòng zhī shì]	# 變法自疆 变法自疆[biàn fǎ zì jiāng]
# 百尺竿頭 百尺竿头[bǎi chǐ gān tóu]	# 伏龍鳳雛 伏龙凤雏[fú lóng fèng chú]
# 百害無益 百害无益[bǎi hài wú yì]	# 伏地不動 伏地不动[fú dì bù dòng]

變法自疆

변할 변	법 법	스스로 자	굳셀 강
言 23	水 8	自 6	田 19

낡은 법령을 개혁하여 나라의 국력을 강하게 한다는 뜻으로, 중국 청(淸)나라 말기에 캉유웨이(康有爲), 량치차오(梁啓超) 등의 혁신파가 내세웠던 개혁 운동.
예 중국은 뒤늦게 제도적 문제점을 깨닫고 '변법자강 운동'을 실시했다.

伯仲之勢

맏 백	버금 중	어조사 지	기세 세
人 7	人 6	丿 4	力 13

장남과 차남의 차이처럼 큰 차이가 없는 뜻으로, 힘이나 능력 따위가 서로 엇비슷하여 누가 더 낫고 못함을 가리기 힘든 형세.
유 백중지간(伯仲之間) 난형난제(難兄難弟) 막상막하(莫上莫下) 춘란추국(春蘭秋菊)
예 두 사람의 실력은 실로 백중지세라 할 수 있다.
출전 조비(曹丕)·전론(典論)

伏龍鳳雛

엎드릴 복	용 룡	봉새 봉	병아리 추
人 6	龍 16	鳥 14	隹 18

뜻 엎드려 있는 용과 봉황의 새끼. 아직 세상에 알려지지 않은 훌륭한 인재를 비유.
예 유비가 은사인 사마휘에게 군사를 천거해 달라고 청하자 천하를 얻기 위해서 복룡봉추(伏龍는 제갈량 諸葛亮, 鳳雛는 방통龐統) 중 한 사람만 얻어도 천하를 얻을 수 있다고 했다.

百尺竿頭

일백 백	자 척	장대 간	머리 두
白 6	尸 4	竹 9	頁 16

백 자나 되는 높은 장대 위에 올라섰다는 뜻으로, 매우 위태롭고 어려운 지경이 극도에 달함.
유 누란지세(累卵之勢) 초미지급(焦眉之急) 명재경각(命在頃刻) 여리박빙(如履薄氷)
예 지금은 국가의 운명이 백척간두에 선 절박한 시기라는 것을 잊지 말아야 한다.
출전 경덕전등록(景德傳燈錄)

伏地不動

엎드릴 복	땅 지	아닐 부	움직일 동
人 6	土 6	一 4	力 11

땅에 엎드려 움직이지 아니한다는 뜻으로, 마땅히 해야 할 일을 하지 않고 몸을 사림을 비유.
유 복지안동(伏地眼動) 무사안일(無事安逸)
예 잘못을 수정하려는 사람은 극소수이고 대부분 복지부동의 태도를 보이고 있다.

百害無益

일백 백	해로울 해	없을 무	유익할 익
白 6	宀 10	火 12	皿 10

해롭기만 하고 하나도 이로울 것이 없음.
예 담배는 건강에 백해무익하다고 한다.

封庫罷職

封库罢职[fēng kù bà zhí]

父傳子傳

父传子传[fù chuán zǐ chuán]

捧腹絶倒

捧腹绝倒[pěng fù jué dào]

不知其數

不知其数[bù zhī qí shù]

父爲子隱

父为子隐[fù wèi zǐ yǐn]

夫唱婦隨

夫唱妇随[fū chàng fù suí]

父傳子傳

아비 부	전할 전	아들 자	전할 전
父 4	人 13	子 3	人 13

아버지의 것이 아들에게 전해짐. 자식은 부모를 닮는다는 말.

[유] 부전자승(父傳子承) 부자상전(父子相傳)

[예] 부전자전이라더니 아들 녀석도 남편을 닮아 고집이 무척 세다.

封庫罷職

봉할 봉	곳집 고	파할 파	벼슬 직
寸 9	广 10	网 15	耳 18

부정을 저지른 관리를 파면시키고 관가의 창고를 봉하여 잠그는 일.

[유] 봉고파출(封庫罷黜)

[예] 이튿날, 군수는 부정이 밝혀져 봉고파직 되었지만 별로 억울해 하는 기색이 아니었다.

不知其數

아닐 부	알 지	그 기	셈 수
一 4	矢 8	八 8	攴 15

너무 많아서 그 수효를 셀 수 없을 정도로 많음.

[예] 6·25 전쟁으로 죽은 사람이 부지기수이다.

捧腹絶倒

받들 봉	배 복	끊을 절	넘어질 도
手 11	肉 13	糸 12	人 10

배를 안고 넘어진다는 뜻으로, 몹시 우스워서 배를 안고 몸을 가누지 못할 만큼 웃음.

[유] 포복절도(抱腹絶倒)

[예] 봉복절도할 정도로 배를 움켜잡고 데굴데굴 구르는 아이의 모습을 보고 나도 저절로 웃음이 나왔다.

夫唱婦隨

지아비 부	주장할 창	며느리 부	따를 수
大 4	口 11	女 11	阜 16

남편이 주장하고 아내가 이를 따름. 부부 화합의 도리를 이름.

[유] 부화처순(夫和妻順) 부화부순(夫和婦順) 여필종부(女必從夫) 남창여수(男唱女隨)

[예] 부부가 봉사를 삶의 즐거움으로 생각하는 부창부수 잉꼬부부로 소문나 있다.

[출전] 천자문(千字文)

父爲子隱

아비 부	할 위	아들 자	숨길 은
父 4	爪 12	子 3	阜 17

아버지가 그 자식을 위해 나쁜 일이나 허물을 숨겨주는 것.

[예] 父爲子隱(부위자은) 즉 아버지는 자식을 위해 감추고, 子爲父隱(자위부은) 즉 자식은 아버지를 위해 감춘다고 했는데, 이 세상이 얼마나 팍팍해졌는지 아버지가 죄를 지었다고 자식이 경찰에 알렸다.

附和雷同	焚書坑儒
附和雷同[fù hè léi tóng]	焚书坑儒[fén shū kēng rú]
北窓三友	不可思議
北窗三友[běi chuāng sān yǒu]	不可思议[bù kě sī yì]
粉骨碎身	不可抗力
粉骨碎身[fěn gǔ suì shēn]	不可抗力[bù kě kàng lì]

焚書坑儒

불사를 분	쓸 서	구덩이 갱	선비 유
火 12	曰 10	土 7	人 16

진(秦)나라의 시황제(始皇帝)가 학자들의 정치 비평을 금하기 위하여 경서를 태우고 학자들을 구덩이에 생매장한 가혹한 정치를 말함.

예 민주주의 사회에서 시민들의 정치적 발언을 탄압하는 것은 분서갱유나 다름이 없다.

출전 사기(史記)

附和雷同

붙을 부	화할 화	우레 뇌	같을 동
阜 8	口 8	雨 13	口 6

우레 소리에 맞춰 함께한다는 뜻으로, 아무런 주관이 없이 남의 의견을 맹목적으로 좇아 함께 어울림.

유 부화수행(附和隨行) 경거망동(輕擧妄動) 부부뇌동(附付雷同) 만장일치(滿場一致)

예 군자(君子)는 화합하되 부화뇌동하지 않고 소인(小人)은 부화뇌동하되 화합하지 않는다.

출전 예기(禮記) · 곡례(曲禮)

不可思議

아닐 불	가히 가	생각할 사	의논할 의
一 4	口 5	心 9	言 20

사람의 생각으로는 미루어 헤아릴 수도 없다는 뜻으로, 사람의 힘이 미치지 못하고 상상조차 할 수 없는 오묘한 이상야릇한 일.

유 불가지해(不可知解) 무한량(無限量)

예 과학자들은 그 불가사의의 원인을 캐기 위해 지금도 연구에 몰두하고 있다.

출전 자치통감(資治通鑑)

北窓三友

북녘 북	창 창	석 삼	벗 우
匕 5	穴 11	一 3	又 4

백거이(白居易)의 북창삼우시에서 유래한 말로, 거문고(琴)와 술(酒) 및 시(詩)를 말하는데, 선비들이 서재에서 늘 가까이하며 즐겼던 것으로 마치 벗과 같다고 하여 삼우(三友)라고 의인화함.

예 이렇게 무더운 여름날, 옛사람들은 어떻게 지냈을까! 그 한 방편이 북창삼우였다.

不可抗力

아닐 불	옳을 가	대항할 항	힘 력
一 4	口 5	手 7	力 2

인간의 힘만으로는 도저히 저항해 볼 수도 없는 힘이나 사태 천재지변 등 사람의 힘이 미치지 못하는 자연의 위대한 힘을 말함.

유 천재지변(天災地變)

예 이번 지진은 불가항력의 자연재해이다.

粉骨碎身

가루 분	뼈 골	부술 쇄	몸 신
米 10	骨 10	石 13	身 7

뼈는 가루가 되고 몸은 산산조각 부서진다는 뜻으로, 목숨을 걸고 있는 힘을 다해 노력함, 또는 남을 위하여 수고를 아끼지 않음.

유 쇄골분신(碎骨粉身) 진충갈력(盡忠竭力) 견마지로(犬馬之勞) 구마지심(狗馬之心)

예 그 일을 맡겨만 주신다면 분골쇄신으로 성실히 임하겠습니다.

不俱戴天

不俱戴天[bù jù dài tiān]

不問可知

不问可知[bù wèn kě zhī]

不共戴天

不共戴天[bù gòng dài tiān]

不問曲直

不问曲直[bù wèn qū zhí]

不立文字

不立文字[bù lì wén zì]

不辨菽麥

不辨菽麦[bù biàn shū mài]

<table>
<tr><td colspan="4" align="center">不問可知</td></tr>
<tr><td>아닐 불
一 4</td><td>물을 문
口 11</td><td>가히 가
口 5</td><td>알 지
矢 8</td></tr>
</table>

묻지 않아도 옳고 그름을 능히 알 수 있음.
㊌ 명약관화(明若觀火) 불언가상(不言可想) 불언가지
(不言可知)
㊀ 산림이 훼손되면 큰비를 이겨 내기 어렵다는 것은
불문가지이다.

<table>
<tr><td colspan="4" align="center">不俱戴天</td></tr>
<tr><td>아닐 불
一 4</td><td>함께 구
人 10</td><td>일 대
戈 18</td><td>하늘 천
大 4</td></tr>
</table>

하늘 아래 같이 살 수 없는 원수, 죽여 없애야 할 어버
이의 원수.
㊌ 빙탄지간(氷炭之間) 견원지간(犬猿之間) 대천지수
(戴天之讐) 불공대천지수(不共戴天之讐)
㊀ 그들은 불구대천의 원수처럼 서로 죽고 죽이는 싸
움을 벌였다.
㊟ 예기(禮記)

<table>
<tr><td colspan="4" align="center">不問曲直</td></tr>
<tr><td>아닐 불
一 4</td><td>물을 문
口 11</td><td>굽을 곡
曰 6</td><td>곧을 직
目 8</td></tr>
</table>

굽음과 곧음을 묻지 않는다는 뜻으로, 사리의 옳고 그
름을 따져 묻지 않고 일을 처리함.
㊌ 불문곡절(不問曲折) 불문가부(不問可否) 불문시비
(不問是非)
㊀ 그는 불문곡직하고 내 멱살을 잡아 쥐었다.
㊟ 사기(史記)

<table>
<tr><td colspan="4" align="center">不共戴天</td></tr>
<tr><td>아닐 불
一 4</td><td>함께 공
八 6</td><td>일 대
戈 18</td><td>하늘 천
大 4</td></tr>
</table>

한 하늘 아래서는 같이 살 수가 없는 원수라는 뜻으로,
원한이 깊이 사무친 원수를 이르는 말.
㊌ 불구대천지수(不俱戴天之讐) 빙탄지간(氷炭之間) 대
천지수(戴天之讐)
㊀ 나는 김 씨와 오래전부터 불공대천한 사이다.

<table>
<tr><td colspan="4" align="center">不辨菽麥</td></tr>
<tr><td>아닐 불
一 4</td><td>분별할 변
辛 16</td><td>콩 숙
艸 12</td><td>보리 맥
麥 11</td></tr>
</table>

콩인지 보리인지를 구별하지 못한다는 뜻으로 어리석
어 사리분별을 못하고 세상물정에 매우 어두운 못난
사람을 비유.
㊌ 목불식정(目不識丁) 일자무식(一字無識)
㊀ 또 사기를 당한 그 사람을 보고 우리는 불변숙맥이
라고 했다.

<table>
<tr><td colspan="4" align="center">不立文字</td></tr>
<tr><td>아닐 불
一 4</td><td>설 립
立 5</td><td>글월 문
文 4</td><td>글자 자
子 6</td></tr>
</table>

문자(文字)에 의하여 교(敎)를 세우는 것이 아니라는
뜻으로, 이심전심으로 마음에서 마음으로 전함.
㊌ 염화미소(拈華微笑) 심심상인(心心相印) 이심전심
(以心傳心) 교외별전(敎外別傳)
㊀ 불립문자라는 말은 선종에서 나온 말로 깨달음은
마음에서 마음으로 전하는 것이므로 언어나 문자에
의지하지 않는다는 뜻이다.

不遠千里

不远千里 [bù yuǎn qiān lǐ]

不恥下問

不耻下问 [bù chǐ xià wèn]

不撤晝夜

不撤昼夜 [bù chè zhòu yè]

鵬程萬里

鹏程万里 [péng chéng wàn lǐ]

不肖小子

不肖小子 [bù xiào xiǎo zi]

悲憤慷慨

悲愤慷慨 [bēi fèn kāng kǎi]

<table>
<tr><td colspan="4" align="center">不恥下問</td></tr>
<tr><td>아닐 불
一 4</td><td>부끄러울 치
心 10</td><td>아래 하
一 3</td><td>물을 문
口 11</td></tr>
</table>

지위나 나이, 학식 따위가 자기보다 못한 사람에게 묻는 것을 부끄러워하지 않음.

㊌ 공자천주(孔子穿珠) 경당문노(耕當問奴) 수불석권(手不釋卷)

㋞ 그가 학문적으로 위대한 스승이 될 수 있었던 것은 모르는 것이 있을 때 불치하문하였기 때문이었다.

㋜ 논어(論語)·공야장(公冶長)

<table>
<tr><td colspan="4" align="center">不遠千里</td></tr>
<tr><td>아닐 불
一 4</td><td>멀 원
辵 14</td><td>일천 천
十 3</td><td>마을 리
里 7</td></tr>
</table>

천 리 길도 멀다 하지 않는다는 뜻으로, 먼길인 데도 개의치 않고 열심히 달려감을 이르는 말.

㊌ 불원만리(不遠萬里)

㋞ 보잘것없는 저를 위하여 불원천리 찾아와 주시니 감사하기 이를 데 없습니다.

㋜ 맹자(孟子)·양혜왕(梁惠王)

<table>
<tr><td colspan="4" align="center">鵬程萬里</td></tr>
<tr><td>붕새 붕
鳥 19</td><td>단위 정
禾 12</td><td>일만 만
艸 13</td><td>마을 리
里 7</td></tr>
</table>

붕새가 날아가는 일 만 리 하늘 길처럼 훤히 펼쳐진 긴 앞길 즉, 머나먼 노정이나 개인과 사회 국가의 앞날이 밝고 창창함을 일컬음. 붕새가 지나는 길처럼 아주 먼 길.

㋞ 대한민국의 미래는 붕정만리일 것이다.

㋜ 장자(莊子)·소요유편(逍遙遊遍)

<table>
<tr><td colspan="4" align="center">不撤晝夜</td></tr>
<tr><td>아닐 불
一 4</td><td>거둘 철
手 15</td><td>낮 주
日 11</td><td>밤 야
夕 8</td></tr>
</table>

밤낮을 가리지 않는다라는 뜻으로, 조금도 쉴 사이 없이 일에 힘씀.

㊌ 불분주야(不分晝夜) 불면불휴(不眠不休) 주이계야(晝而繼夜) 야이계주(夜以繼晝)

㋞ 사고 현장에서 몸을 사리지 않고 불철주야 구조 작업을 편 끝에 그들은 스무 명의 귀중한 인명을 구조할 수 있었다.

<table>
<tr><td colspan="4" align="center">悲憤慷慨</td></tr>
<tr><td>슬플 비
心 12</td><td>분할 분
心 15</td><td>강개할 강
心 14</td><td>분개할 개
心 14</td></tr>
</table>

슬프고 분한 느낌이 마음속에 가득 차 있음. 의롭지 못한 것을 보고 의기가 북받치어 슬퍼하고 한탄함을 뜻함.

㊌ 함분축원(含憤蓄怨)

㋞ 우리도 이제 비분강개에 그칠 게 아니라 또 다른 침략에 대비하고 힘을 키워야 합니다.

<table>
<tr><td colspan="4" align="center">不肖小子</td></tr>
<tr><td>아닐 불
一 4</td><td>닮을 초
肉 7</td><td>작을 소
小 3</td><td>아들 자
子 3</td></tr>
</table>

어버이의 덕망을 닮지 못한 자식, 못난 사람을 일컫는다.

㊌ 불초자식(不肖子息)

㋞ 이 불초소자가 씻을 수 없는 큰 죄를 범하였나이다.

髀肉之嘆

髀肉之叹 [bì ròu zhī tàn]

憑公營私

凭公营私 [píng gōng yíng sī]

非一非再

非一非再 [fēi yī fēi zài]

氷山一角

冰山一角 [bīng shān yī jiǎo]

貧賤之交

贫贱之交 [pín jiàn zhī jiāo]

氷炭之間

冰炭之间 [bīng tàn zhī jiān]

憑公營私

기댈 빙	공변될 공	경영할 영	사사로울 사
心 16	八 4	火 17	禾 7

관청이나 공공의 일을 이용하여 개인의 사적인 이익을 꾀함.

[유] 가공영사(假公營私)

[반] 멸사봉공(滅私奉公) 선공후사(先公後私)

[예] 공무원까지도 빙공영사한다면 국민들은 누구를 믿으라는 것입니까?

髀肉之嘆

넓적다리 비	고기 육	갈 지	탄식할 탄
骨 18	肉 6	丿 4	口 14

장수가 전쟁에 나가지 못하여 넓적다리에 살이 찌는 것을 한탄한다는 뜻으로, 능력을 발휘할 기회를 잡지 못하고 허송세월을 보낸다는 의미.

[반] 비육개소(髀肉皆消)

[예] 나라 경영을 맡은 공인들의 비육지탄이 아쉽다.

[출전] 삼국지(三國志)·촉지(蜀志)

氷山一角

얼음 빙	뫼 산	한 일	뿔 각
水 5	山 3	一 1	角 7

빙산의 뿔이라는 뜻으로, 대부분이 숨겨져 있고 외부로 나타나 있는 것은 극히 일부분에 지나지 않음을 비유.

[예] 이번에 적발된 부정부패는 빙산일각일 수 있다는 우려의 목소리가 나오고 있다.

非一非再

아닐 비	한 일	아닐 비	두 재
非 8	一 1	非 8	冂 6

같은 일이 한두 번이 아님이란 뜻으로, 한둘이 아니고 많음을 뜻함.

[예] 의료 사고가 많은 그 동네에서는 의사를 상대로 소송을 거는 일이 비일비재하게 일어났다.

氷炭之間

얼음 빙	숯 탄	갈 지	사이 간
水 5	火 9	丿 4	門 12

얼음과 숯 사이란 뜻으로, 성질이 반대여서 둘이 서로 어긋나 화합할 수 없는 사이.

[유] 불공대천(不共戴天) 대천지수(戴天之讐) 견원지간(犬猿之間) 수화상극(水火相克)

[예] 아무리 세월이 흘렀다고 해도 빙탄지간하던 두 사람이 뜻을 모으겠는가?

[출전] 초사(楚辭)

貧賤之交

가난할 빈	천할 천	갈 지	사귈 교
貝 11	貝 15	丿 4	亠 6

가난하고 천한 지위에 있을 때 사귄 친구로 내가 부귀하게 된 뒤에도 언제까지나 잊어서는 안 됨.

[유] 빈천지교불가망(貧賤之交不可忘)

[예] 우리가 살아가면서 옛 일을 잊어서는 아니 되지요. 빈천지교의 마음으로 서로 아끼고 사랑하며 살아가겠습니다.

四顧無親

四顾无亲[sì gù wú qīn]

士農工商

士农工商[shì nóng gōng shāng]

舍己從人

舍己从人[shě jǐ cóng rén]

事大交隣

事大交邻[shì dà jiāo lín]

士氣衝天

士气冲天[shì qì chōng tiān]

詞俚不載

词俚不载[cí lǐ bù zǎi]

士農工商

선비 사	농사 농	장인 공	장사 상
士 3	辰 13	工 3	口 11

선비·농부·공장·상인 등 네 가지 신분을 아울러 이르는 말. 봉건시대의 계급 관념을 순서대로 일컫는 말.

㈌ 반상서열(班常序列)

㈐ 난리가 일어나자 사농공상 구분 없이 적들에 대항했다.

四顧無親

넉 사	돌아볼 고	없을 무	친척 친
口 5	頁 21	火 12	見 16

사방을 돌아보아도 친척이 없다는 뜻으로, 아무 의지할 만한 사람이 없어 외로움.

㈌ 환과고독(鰥寡孤獨) 사고무인(四顧無人) 적수공권(赤手空拳) 혈혈단신(孑孑單身) 무원고립(無援孤立) 고성낙일(孤城落日)

㈐ 그는 부모를 여의고 사고무친의 상태에서 불우한 청소년기를 보냈다.

事大交隣

일 사	큰 대	사귈 교	이웃 린
亅 8	大 3	亠 6	阜 15

큰 나라는 섬기고 이웃 나라와는 사귐. 큰 나라인 중국을 섬기고 왜, 여진 따위의 이웃 족속과는 동등하게 사귀어 국익을 꾀하고자 하는 외교방법을 말함.

㈐ 조선은 사대교린을 외교 정책으로 하였다.

舍己從人

버릴 사	자기 기	좇을 종	사람 인
舌 8	己 3	彳 11	人 2

자기의 이전 행위를 버리고 타인의 선행을 본떠 행함.

㈐ 아집을 버리고 남의 선행을 따르는 사기종인의 태도가 오늘날 우리 모두에게 절실하게 요청된다.

㈎ 퇴계집(退溪集)

詞俚不載

말씀 사	속될 리	아닐 부	실을 재
言 12	人 9	一 4	車 13

글이 상당히 음란하여 책에 싣지 않는 원칙을 일컫는다.

㈐ 고려가요는 조선조에 남녀상열지사(男女相悅之詞)로 비난을 받아 사리부재의 원칙에 의해 대부분 전하지 않게 되었다.

士氣衝天

선비 사	기운 기	찌를 충	하늘 천
士 3	气 10	行 15	大 4

사기가 하늘을 찌를 듯이 높음.

㈐ 관중들의 열광적 응원 덕분에 선수들은 사기충천했다.

四面楚歌

四面楚歌[sì miàn chǔ gē]

四分五裂

四分五裂[sì fēn wǔ liè]

斯文亂賊

斯文乱贼[sī wén luàn zéi]

沙上樓閣

沙上楼阁[shā shàng lóu gé]

沙鉢通文

沙钵通文[shā bō tōng wén]

死生決斷

死生决断[sǐ shēng jué duàn]

四分五裂

넉 사	나눌 분	다섯 오	찢을 열
口 5	刀 4	二 4	衣 12

네 갈래 다섯 갈래로 여러 쪽으로 찢어진다는 뜻으로, 어떤 사물이나 견해 따위가 여러 갈래로 갈라지거나 흩어짐.

㈂ 자중지란(自中之亂) 삼분오열(三分五裂)

㈐ 의원들의 탈당으로 당의 사분오열이 가시화되었다.

㈊ 전국책(戰國策)

四面楚歌

넉 사	대할 면	초나라 초	노래 가
口 5	面 9	木 13	欠 14

사방에서 들리는 초(楚)나라의 노래. 아무에게도 도움이나 지지를 받을 수 없는 고립된 상태에 처하게 됨.

㈂ 진퇴유곡(進退維谷) 진퇴양난(進退兩難) 고립무원(孤立無援) 양호유환(養虎遺患)

㈐ 적군의 포위망이 좁혀지면서 우리는 사면초가의 상태에 처하게 되었다.

㈊ 사기(史記)·항우본기(項羽本紀)

沙上樓閣

모래 사	윗 상	다락 누	집 각
水 9	一 3	木 15	門 14

모래 위에 세운 높은 집이라는 뜻으로, 겉모습은 그럴 듯하나 기초가 약하여 무너질 염려가 있을 때나 실현 불가능한 일을 비유.

㈐ 문화적 기반이 없는 국제화란 사상누각에 불과하다.

斯文亂賊

이 사	글월 문	어지러울 난	도둑 적
斤 12	文 4	乙 13	貝 13

유교(儒敎)를 어지럽히는 도적이라는 뜻으로, 어긋나는 언동으로 교리를 어지럽히고 유교 사상에 어긋나는 언행을 하는 사람.

㈐ 학문은 다른 의견이 나와야 발달하는 법입니다. 사문난적이라고 몰아치는 세상은 벌써 지나가지 않았어요?

死生決斷

죽을 사	날 생	결단할 결	끊을 단
歹 6	生 5	水 7	斤 18

죽고 사는 것을 가리지 않고 끝장을 내려고 덤벼듦.

㈐ 난 이번 일에 사생결단의 각오를 하고 뛰어들었다

沙鉢通文

모래 사	바리때 발	통할 통	글월 문
水 7	金 13	辵 11	文 4

주동자가 누군지 드러나지 않게 관계자의 이름을 동글게 빙 둘러 적은 통지문.

㈐ 고조할아버지의 필적으로 된 이 사발통문은 몇 구절 빼고는 해독할 수 없는 어려운 한문투성이였다.

四書三經	四通五達
四书三经[sì shū sān jīng]	四通五达[sì tōng wǔ dá]
四柱單子	事必歸正
四柱单子[sì zhù dān zi]	事必归正[shì bì guī zhèng]
四柱八字	山紫水明
四柱八字[sì zhù bā zì]	山紫水明[shān zǐ shuǐ míng]

四通五達

넉 사	통할 통	다섯 오	이를 달
口 5	辵 11	二 4	辵 13

이리저리 여러 곳으로 길이 통한다는 뜻으로, 길이나 교통망, 통신망 등이 사방으로 막힘없이 통함.

㊤ 사달오통(四達五痛) 사통팔달(四通八達)

㊁ 이 지역은 서울의 동서남북 어디와도 쉽게 연결되는 사통오달하는 교통의 중심지라고 할 수 있다.

四書三經

넉 사	쓸 서	석 삼	경서 경
口 5	曰 10	一 3	糸 13

유교(儒敎)의 경전(經典)인 사서(四書), 즉 논어(論語), 맹자(孟子), 중용(中庸), 대학(大學)과 삼경(三經), 즉 시경(詩經), 서경(書經), 역경(易經 또는 주역周易)을 통틀어 이르는 말.

㊁ 오늘날의 젊은 세대는 플라톤이나 아리스토텔레스의 저서는 읽으면서도 사서삼경은 낡았다고 읽지 않는다.

事必歸正

일 사	반드시 필	돌아갈 귀	바를 정
亅 8	心 5	止 18	止 5

모든 일은 반드시 바른길로 돌아가게 마련임. 처음에는 옳고 그르고를 가리지 못하여 그릇되더라도 모든 일은 결국에 가서는 반드시 옳은 방향으로 돌아감.

㊤ 인과응보(因果應報) 종두득두(種豆得豆) 사불범정(邪不犯正) 사불범정(邪不犯正)

㊁ 나는 오늘날까지 사필귀정의 신념 하나로 버티며 살아왔다.

四柱單子

넉 사	기둥 주	홀 단	아들 자
口 5	木 9	口 12	子 3

혼인을 정하고 신랑집에서 난 해, 달, 날, 시의 사주(四柱)를 적어서 신부집으로 보내는 간지(干支)를 말함.

㊤ 사주(四柱) 주단(柱單)

㊁ 양가는 사주단자를 서로 맞바꾸고 혼인날을 정했다.

山紫水明

뫼 산	자주빛 자	물 수	밝을 명
山 3	糸 11	水 4	日 8

산빛이 곱고 강물이 맑다는 뜻으로, 산수가 아름다움을 이르는 말.

㊤ 청풍명월(淸風明月) 강호연파(江湖煙波) 산자수려(山紫水麗) 연하일휘(煙霞日輝) 산명수청(山明水淸) 산명수자(山明水紫)

㊂ 충북 단양군은 예로부터 산자수명한 산수의 고장으로 이름이 나 있습니다.

四柱八字

넉 사	기둥 주	여덟 팔	글자 자
口 5	木 9	八 2	子 6

타고난 운수. 사람이 태어난 해와 달과 날과 시간을 간지(干支)로 나타내면 여덟 글자가 되는데, 이 속에 일생의 운명이 정해져 있다고 본다.

㊁ 자, 내가 운수를 봐 줄 테니, 사주팔자를 한번 말해 보라고.

山戰水戰

山战水战[shān zhàn shuǐ zhàn]

三可宰相

三可宰相[sān kě zǎi xiàng]

山川草木

山川草木[shān chuān cǎo mù]

三綱五倫

三纲五伦[sān gāng wǔ lún]

殺身成仁

杀身成仁[shā shēn chéng rén]

三顧草廬

三顾草庐[sān gù cǎo lú]

三可宰相

석 삼	옳을 가	재상 재	서로 상
一 3	口 5	宀 10	目 9

이러하든 저러하든 모두 옳다고 함. 세 사람의 주장이 모두 옳다고 했던 황희정승의 말에서 연유한 것으로 마음이 매우 너그러운 사람을 뜻함.

㊀ 삼가정승(三可政丞)

㊀ '넌 틀렸어, 내가 맞아'보다는 삼가재상의 지혜가 필요한 시기라고 느껴집니다.

山戰水戰

뫼 산	싸울 전	물 수	싸울 전
山 3	戈 16	水 4	戈 16

산에서의 싸움과 물에서의 싸움이라는 뜻으로, 세상일의 온갖 고난을 다 겪어 세상일에 경험이 많음을 말함.

㊀ 백전노장(百戰老將) 만고풍상(萬古風霜)

㊀ 형사 생활 십오 년, 김형사는 이 방면에서 산전수전 다 겪은 몸이었다.

三綱五倫

석 삼	벼리 강	다섯 오	인륜 륜
一 3	糸 14	二 4	人 10

유교(儒敎) 도덕의 바탕이 되는 원칙. 삼강(三綱); 군위신강(君爲臣綱), 부위부강(夫爲婦綱), 부위자강(父爲子綱). 오륜(五倫); 군신유의(君臣有義), 부자유친(父子有親), 부부유별(夫婦有別), 장유유서(長幼有序), 붕우유신(朋友有信)

㊀ 유교사회에서는 삼강오륜이 사회 규범화되어 있었다.

山川草木

뫼 산	내 천	풀 초	나무 목
山 3	巛 3	艸 10	木 4

산천과 초목 곧 산과 물과 나무와 풀이라는 뜻으로, 자연을 일컫는 말.

㊀ 청풍명월(淸風明月)

㊀ 담력이 대단하고 용병술이 뛰어나서 그의 위세는 산천초목이 벌벌 떨 정도로 당당했다.

三顧草廬

석 삼	돌아볼 고	풀 초	오두막집 려
一 3	頁 21	艸 10	广 19

중국 삼국 시대, 촉한의 유비가 제갈량을 자기 인재로 쓰기 위해 그 집을 세 번이나 찾아갔다는 데서, 인재를 맞아들이기 위해 끈기있게 노력한다는 말.

㊀ 삼고지례(三顧之禮) 군신수어(君臣水魚)

㊀ 회사의 미래를 위해서라면 삼고초려라도 해서 그 분을 모셔 와야만 합니다.

㊀ 삼국지(三國志) · 촉지(蜀志)

殺身成仁

죽일 살	몸 신	이룰 성	어질 인
殳 11	身 7	戈 7	人 4

자신을 죽여 인(仁)을 이룬다는 뜻으로, 자기의 몸을 희생하여 옳은 도리를 행함.

㊀ 멸사봉공(滅私奉公) 사생취의(捨生取義) 살신입절(殺身立節) 분골쇄신(粉骨碎身)

㊀ 이 힘든 경기 속에서 우리 회사가 살아남기 위해서는 살신성인하는 자세가 필요합니다.

㊀ 논어(論語) · 위령공편(衛靈公篇)

森羅萬象

森罗万象[sēn luó wàn xiàng]

三人成虎

三人成虎[sān rén chéng hǔ]

三水甲山

三水甲山[sān shuǐ jiǎ shān]

三日天下

三日天下[sān rì tiān xià]

三旬九食

三旬九食[sān xún jiǔ shí]

三從之道

三从之道[sān cóng zhī dào]

三人成虎			
석 삼	사람 인	이룰 성	범 호
一 3	人 2	戈 7	虍 8

세 사람이면 없던 호랑이도 만든다는 뜻으로 근거 없는 말도 여럿이 하면 곧이듣게 됨.

㊌ 시유호(市有虎) 삼인언이성호(三人言而成虎) 증삼살인(曾參殺人) 시호삼전(市虎三傳)

㊞ 귀가 얇은 사람은 삼인성호에 넘어가는 일이 비일비재하다.

出전 전국책(戰國策)

森羅萬象			
많고 성할 삼	벌릴 라	일만 만	모양 상
木 12	网 19	艹 13	豕 12

우주 속에 모든 사물과 온갖 현상.

㊌ 우주만물(宇宙萬物) 만휘군상(萬彙群象)

㊞ 사람들은 모든 삼라만상이 어떤 보이지 않는 초자연적인 힘에 지배되고 운행되는 것으로 믿어 왔다.

出전 법구경(法句經)

三日天下			
석 삼	해 일	하늘 천	아래 하
一 3	日 4	大 4	一 3

삼일 동안 천하를 얻었다는 말로, 아주 짧은 기간 동안 정권을 잡았다가 곧 물러나게 됨을 비유. 갑신정변(甲申政變)이 3일 만에 실패했으므로 이를 일컫는 말.

㊌ 오일경조(五日京兆) 백일천하(百日天下)

㊞ 개화당의 삼일천하라더니, 이들은 하루해를 못 넘겨서 사면초가로구나.

三水甲山			
석 삼	물 수	갑옷 갑	뫼 산
一 3	水 4	田 5	山 3

험한 오지를 말함. 함경도에 있는 지세가 험한 삼수(三水)와 갑산(甲山)이 교통이 불편하여 가기 어려운 곳이라는 뜻에서 '몹시 어려운 지경'을 비유. 조선 시대 귀양지의 하나였다.

㊞ 나중에야 삼수갑산을 가더라도 가는 한이 있어도 이 복수를 포기할 수는 없다.

三從之道			
석 삼	좇을 종	갈 지	길 도
一 3	彳 11	丿 4	辵 13

여자가 시집가기 전에는 아버지를, 시집가서는 남편을, 남편이 죽은 뒤에는 아들을 따르는 도리.

㊌ 삼종지의(三從之義) 삼종지법(三從之法) 삼종의탁(三從依託) 삼종지덕(三從之德)

㊞ 삼종지도 강요하는 호주제도의 존폐 논쟁은 어제오늘의 일이 아니다.

出전 의례(儀禮)·상복전(喪服傳)

三旬九食			
석 삼	열흘 순	아홉 구	밥 식
一 3	日 6	乙 2	食 9

삼순(三旬), 곧 한 달에 아홉 번 밥을 먹는다는 뜻으로, 집안이 가난하여 먹을 것이 없을 정도로 매우 빈궁한 생활.

㊌ 불폐풍우(不蔽風雨) 부중생어(釜中生魚) 상루하습(上漏下濕) 이순구식(二旬九食)

㊞ 그 집에서는 작년 홍수에 농사를 망치고 사실 이즈음은 삼순구식해야 하는 형편이다.

三尺童子

三尺童子[sān chǐ tóng zǐ]

霜風高節

霜风高节[shuāng fēng gāo jié]

傷弓之鳥

伤弓之鸟[shāng gōng zhī niǎo]

塞翁之馬

塞翁之马[sài wēng zhī mǎ]

桑田碧海

桑田碧海[sāng tián bì hǎi]

生面不知

生面不知[shēng miàn bù zhī]

霜風高節

서리 상	바람 풍	높을 고	마디 절
雨 17	風 9	高 10	竹 15

어떠한 난관이나 어려움에 처해도 결코 굽히지 않는 높은 절개.

㈜ 세한송백(歲寒松柏) 설중송백(雪中松柏) 오상고절 (傲霜孤節)

㈖ 서리와 바람에도 굽히지 않는 높은 절개라는 뜻! 상풍고절은 춘향전에 등장합니다.

三尺童子

석 삼	자 척	아이 동	아들 자
一 3	尸 4	立 12	子 3

키가 석 자(1자 = 30㎝)밖에 되지 않는 어린아이라는 뜻으로, 철모르는 어린아이나 혹은 오처럼 어리석은 사람을 가리키는 말.

㈖ 이순신 장군은 삼척동자도 다 아는 우리나라의 위인인데 그걸 모르다니.

塞翁之馬

변방 새	늙은이 옹	갈 지	말 마
土 13	羽 10	丿 4	馬 10

새옹(塞翁)이란 노인의 말. 기르던 말이 달아나 준마를 데려왔는데 그의 아들이 말을 타다 다리가 부러져 전쟁에 나가지 않아 목숨을 구했다는 고사로, 인생의 길흉화복은 변화가 많아 예측하기 어렵다는 뜻.

㈜ 새옹득실(塞翁得失) 전화위복(轉禍爲福)

㈖ 인간만사 새옹지마라더니 일이 이렇게 풀리는구나.

㈜출전㈜ 회남자(淮南子)

傷弓之鳥

다칠 상	활 궁	갈 지	새 조
人 13	弓 3	丿 4	鳥 11

활에 상처를 입은 새는 굽은 나무만 보아도 놀란다. 어떤 일로 한 번 혼이 난 뒤에 그것을 두려워하는 마음.

㈜ 징갱취제(懲羹吹虀) 오우천월(吳牛喘月) 경궁지조 (驚弓之鳥) 경현지조(驚弦之鳥)

㈖ 어려운 일을 당하더라도 마음을 굳세게 먹어 상궁지조를 피해야 한다.

㈜출전㈜ 전국책(戰國策)

生面不知

날 생	얼굴 면	아닐 부	알 지
生 5	面 9	一 4	矢 8

이전에 만나 본 적이 없는 처음 보는 사람.

㈜ 안면부지(顔面不知)

㈖ 그 남자는 나와는 아무 인연이 없는 생면부지의 사람이다.

桑田碧海

뽕나무 상	밭 전	푸를 벽	바다 해
木 10	田 5	石 14	水 10

뽕나무밭이 변하여 푸른 바다가 된다는 뜻으로, 세상일의 변천이 심함을 비유.

㈜ 상해지변(桑海之變) 창상지변(滄桑之變) 벽해상전 (碧海桑田) 능곡지변(陵谷之變)

㈖ 허허벌판이었던 곳에 주택이 빈틈없이 들어섰으니 상전벽해가 따로 없구나.

㈜출전㈜ 갈홍(葛洪) · 신선전(神仙傳)

生巫殺人

生巫杀人[shēng wū shā rén]

先公後私

先公后私[xiān gōng hòu sī]

生不如死

生不如死[shēng bù rú sǐ]

雪上加霜

雪上加霜[xuě shàng jiā shuāng]

先見之明

先见之明[xiān jiàn zhī míng]

說往說來

说往说来[shuō wǎng shuō lái]

先公後私

먼저 선	공변될 공	뒤 후	사사로울 사
儿 6	八 4	彳 9	禾 7

공적인 일을 먼저 하고 사사로운 일은 나중에 함.
[유] 지공무사 (至公無私) 멸사봉공 (滅私奉公) 대의멸친
(大義滅親)
[예] 그분은 선공후사와 근검절약을 온몸으로 실천해
국민 모두의 귀감이 됐다.
[출전] 사기(史記)

生巫殺人

날 생	무당 무	죽일 살	사람 인
生 5	工 7	殳 11	人 2

선무당이 사람을 잡듯이, 기술과 경험이 적은 사람이
일을 한다고 나섰다가 도리어 화를 초래함.
[예] 자격증도 없는 사람이 수리를 하겠다고 나서니, 생
무살인하는 꼴이다.

雪上加霜

눈 설	윗 상	더할 가	서리 상
雨 11	一 3	力 5	雨 17

눈 위에 또 서리가 내린다는 뜻으로, 어려운 일이나
불행이 겹쳐서 일어남을 비유.
[유] 전호후랑(前虎後狼) 병상첨병(病上添病)
[반] 금상첨화(錦上添花)
[예] 늦잠에 차까지 밀리다니 설상가상이다.
[출전] 전등록(傳燈錄)

生不如死

날 생	아닐 불	같을 여	죽을 사
生 5	一 4	女 6	歹 6

몹시 곤란한 지경에 빠져 삶이 차라리 죽음만 같지 못
하다는 뜻.
[예] 전쟁으로 인해 국민의 삶이 생불여사하니 그 사정
이 얼마나 어렵겠습니까.

說往說來

말씀 설	갈 왕	말씀 설	올 래
言 14	彳 8	言 14	人 8

무슨 일의 시비를 따지느라고 무슨 일의 옳고 그름을
따지느라고 말로 옥신각신함.
[유] 언왕언래(言往言來) 언왕설래(言往說來) 언삼어사
(言三語四) 언거언래(言去言來)
[예] 아침부터 그들은 재개발 문제로 설왕설래했지만
결론을 내지 못했다.

先見之明

먼저 선	볼 견	갈 지	밝을 명
儿 6	見 7	丿 4	日 8

앞을 내다보는 안목 미래를 내다보는 밝은 지혜라는
뜻으로, 장래를 미리 예측함.
[유] 천리안(千里眼) 독견지명(獨見之明)
[예] 율곡 선생은 전쟁에 대한 선견지명이 있었기 때문
에 강병설을 주장했다.
[출전] 후한서(後漢書)

纖纖玉手

纤纤玉手[xiān xiān yù shǒu]

勢如破竹

势如破竹[shì rú pò zhú]

洗踏足白

洗踏足白[xǐ tà zú bái]

誠心誠意

诚心诚意[chéng xīn chéng yì]

世俗五戒

世俗五戒[shì sú wǔ jiè]

聲東擊西

声东击西[shēng dōng jī xī]

勢如破竹

형세 세	같을 여	깨뜨릴 파	대 죽
力 13	女 6	石 10	竹 6

기세가 대나무를 쪼개는 것과 같다는 뜻으로, 기세가 맹렬하여 대항할 적이 없는 모양.

[유] 파죽지세(破竹之勢) 요원지화(燎原之火) 영인이해(迎刃而解)

[예] 우리나라의 축구는 연승행진으로 세여파죽할 정도이다.

纖纖玉手

가늘 섬	가늘 섬	구슬 옥	손 수
糸 23	糸 23	玉 5	手 4

가녀리고 가녀린 옥같은 손이라는 말로, 가냘프고 고운 여자의 손.

[예] 그녀는 가늘고 흰 섬섬옥수로 노리개를 매만졌다.

誠心誠意

정성 성	마음 심	정성 성	뜻 의
言 14	心 4	言 14	心 13

참되고 성실한 마음과 뜻.

[유] 교언영색(巧言令色)

[예] 고객 한 사람 한 사람을 만날 때마다 성심성의를 다해 일하다보니 계약이 이어졌다.

洗踏足白

씻을 세	밟을 답	발 족	흰 백
水 9	足 15	足 7	白 5

상전의 빨래에 종의 발꿈치가 희게 된다는 말로, 남을 위하여 한일이 자신에게도 이롭게 되었다는 뜻. 일을 하고도 아무런 보수를 받지 못하였을 때에 일컫는 말.

[예] 서로가 돕는 형국이라 세답족백의 편익이 없다고 할 수 없다.

聲東擊西

소리 성	동녘 동	칠 격	서녘 서
耳 17	木 8	手 17	襾 6

동쪽에서 소리를 내고 서쪽에서 적을 친다는 뜻으로, 동쪽을 치는 듯이 하면서 실제로는 서쪽을 치는 병법의 하나. 상대를 기만하여 공격함을 비유.

[예] 왜군들은 남문 쪽에서 공격하는 척하면서 성 뒤의 북문을 뚫고 들어가는 성동격서의 전법을 썼다.

[출전] 통전(通典)·병전(兵典)

世俗五戒

인간 세	풍속 속	다섯 오	경계할 계
一 5	人 9	二 4	戈 7

신라(新羅) 26대 진평왕(眞平王) 때 원광법사(圓光法師)가 지은 화랑(花郞)의 계율(戒律)이다. 사군이충(事君以忠), 사친이효(事親以孝), 교우이신(交友以信), 임전무퇴(臨戰無退), 살생유택(殺生有擇)

[예] 청소년들에게 원광은 세속오계를 가르쳐 높은 의기를 권장하였다.

歲寒松柏

岁寒松柏[suì hán sōng bǎi]

騷人墨客

骚人墨客[sāo rén mò kè]

笑裏藏刀

笑里藏刀[xiào lǐ cáng dāo]

笑中有劍

笑中有剑[xiào zhōng yǒu jiàn]

所願成就

所愿成就[suǒ yuàn chéng jiù]

小貪大失

小贪大失[xiǎo tān dà shī]

<table>
<tr><td colspan="4" align="center"><h2>騷人墨客</h2></td></tr>
<tr><td>떠들 소
馬 20</td><td>사람 인
人 2</td><td>먹 묵
土 15</td><td>손님 객
宀 9</td></tr>
</table>

시문(詩文)·서화(書畵)를 일삼는 사람이란 뜻으로, 문사(文士), 시인(詩人), 서예가(書藝家), 화가(畵家) 등 풍류(風流)를 아는 사람.

㈜ 시인묵객(詩人墨客)

㈖ 관훈고서방은 지방의 장사꾼들에서부터 학자, 예술가, 시인묵객 등 수많은 사람들이 드나드는 사랑방이다.

<table>
<tr><td colspan="4" align="center"><h2>歲寒松柏</h2></td></tr>
<tr><td>해 세
止 13</td><td>찰 한
宀 12</td><td>소나무 송
木 8</td><td>측백 백
木 9</td></tr>
</table>

추운 겨울의 소나무와 잣나무라는 뜻으로, 어떤 역경 속에서도 지조를 굽히지 않는 사람 또는 그 지조를 비유.

㈜ 설중송백(雪中松柏) 상풍고절(霜風高節)

㈖ 어떤 역경 속에서도 세한송백과 같이 변하지 않는 모습을 갖추어야 한다.

<table>
<tr><td colspan="4" align="center"><h2>笑中有劍</h2></td></tr>
<tr><td>웃을 소
竹 10</td><td>가운데 중
丨 4</td><td>있을 유
月 6</td><td>찰 검
刀 15</td></tr>
</table>

웃음 속에 칼이 들어 있다는 뜻으로, 겉으로는 친절하지만 내심으로는 헤치려 함을 이르는 말.

㈜ 표리부동(表裏不同) 양질호피(羊質虎皮) 구밀복검(口蜜腹劍) 면종복배(面從腹背) 소리장도(笑裏藏刀) 동상각몽(同床各夢) 사이비(似而非)

㈖ 그는 소중유검한 사람이라 조심해야 한다.

<table>
<tr><td colspan="4" align="center"><h2>笑裏藏刀</h2></td></tr>
<tr><td>웃을 소
竹 10</td><td>속 리
衣 13</td><td>감출 장
艸 18</td><td>칼 도
刀 2</td></tr>
</table>

웃음 속에 칼을 감춘다는 뜻으로, 겉으로는 웃으면서 속으로는 음험한 생각을 품고 남을 해치는 것을 비유.

㈜ 구밀복검(口蜜腹劍) 면종복배(面從腹背) 양두구육(羊頭狗肉) 양질호피(羊質虎皮)

㈖ 그의 친절에는 소리장도 계책을 숨기고 있다.

㈜ 구당서(舊唐書)

<table>
<tr><td colspan="4" align="center"><h2>小貪大失</h2></td></tr>
<tr><td>작을 소
小 3</td><td>탐낼 탐
貝 11</td><td>큰 대
大 3</td><td>잃을 실
大 5</td></tr>
</table>

작은 것을 탐하다가 오히려 큰 것을 잃음.

㈜ 교각살우(矯角殺牛) 과유불급(過猶不及) 수주탄작(隨珠彈雀) 교왕과직(矯枉過直)

㈖ 눈앞의 이익에만 집착하면 소탐대실의 우를 범할 수 있다.

㈜ 북제유주(北齊劉晝)·신론(新論)

<table>
<tr><td colspan="4" align="center"><h2>所願成就</h2></td></tr>
<tr><td>바 소
戶 8</td><td>원할 원
頁 19</td><td>이룰 성
戈 7</td><td>나아갈 취
尢 12</td></tr>
</table>

원하던 바를 이룸.

㈖ 그렇게 아들 낳기를 원하시더니, 소원성취 하셨습니다.

所向無敵

所向无敌[suǒ xiàng wú dí]

損者三友

损者三友[sǔn zhě sān yǒu]

束手無策

束手无策[shù shǒu wú cè]

送舊迎新

送旧迎新[sòng jiù yíng xīn]

損者三樂

损者三乐[sǔn zhě sān lè]

松都三絕

松都三绝[sōng dū sān jué]

<table>
<tr><td colspan="4" align="center"><h2>損者三友</h2></td></tr>
<tr><td>덜 손</td><td>놈 자</td><td>석 삼</td><td>벗 우</td></tr>
<tr><td>手 13</td><td>老 9</td><td>一 3</td><td>又 4</td></tr>
</table>

사귀면 손해가 되는 세 가지 친구로서, 무슨 일에나 안이한 길만을 취하는 사람, 남에게 아첨하는 사람, 입에 발린 말뿐이고 성의가 없는 사람.

[반] 익자삼우(益者三友)

[예] 부모님은 아첨하며 번지르르하게 말하는 친구는 손자삼우라며 어울리지 못하게 했다.

[출전] 논어(論語)

<table>
<tr><td colspan="4" align="center"><h2>所向無敵</h2></td></tr>
<tr><td>바 소</td><td>향할 향</td><td>없을 무</td><td>대적할 적</td></tr>
<tr><td>戶 8</td><td>口 6</td><td>火 12</td><td>攴 15</td></tr>
</table>

나아가는 곳마다 적이 없음.

[예] 우리 군대는 소향무적이라 나아가는 곳마다 맞서 싸울 적이 없다.

[출전] 후한서(後漢書)

<table>
<tr><td colspan="4" align="center"><h2>送舊迎新</h2></td></tr>
<tr><td>보낼 송</td><td>오랠 구</td><td>맞을 영</td><td>새 신</td></tr>
<tr><td>辵 10</td><td>臼 18</td><td>辵 8</td><td>斤 13</td></tr>
</table>

묵은해를 보내고 새해를 맞음.

[예] 연말연시를 맞아 보내는 카드에는 대개 송구영신이라는 문구가 들어간다.

<table>
<tr><td colspan="4" align="center"><h2>束手無策</h2></td></tr>
<tr><td>묶을 속</td><td>손 수</td><td>없을 무</td><td>꾀 책</td></tr>
<tr><td>木 7</td><td>手 4</td><td>火 12</td><td>竹 12</td></tr>
</table>

양손이 묶인 듯이 어찌 할 방책이 없어 꼼짝 못하게 된다는 뜻으로, 뻔히 보면서 어찌할 바를 모르고 꼼짝 못한다는 뜻.

[유] 속수(束手)

[예] 그가 고집을 부리기 시작하면 누구의 말도 듣지 않으니 우리도 속수무책입니다.

<table>
<tr><td colspan="4" align="center"><h2>松都三絶</h2></td></tr>
<tr><td>소나무 송</td><td>도읍 도</td><td>석 삼</td><td>뛰어날 절</td></tr>
<tr><td>木 8</td><td>邑 12</td><td>一 3</td><td>糸 12</td></tr>
</table>

황진이가 칭한 말로 송도의 세 가지 유명한 존재, 곧 서화담, 황진이, 박연폭포(朴淵瀑布)를 말함.

[예] 송도에서 세 가지 유명한 것 하면 서경덕, 황진이, 박연폭포라고 하여 송도삼절이라고 불리운다.

<table>
<tr><td colspan="4" align="center"><h2>損者三樂</h2></td></tr>
<tr><td>덜 손</td><td>놈 자</td><td>석 삼</td><td>좋아할 요</td></tr>
<tr><td>手 13</td><td>老 9</td><td>一 3</td><td>木 15</td></tr>
</table>

좋아해서 해로운 일 세 가지로서, 교만하고 사치함을 좋아하는 일, 편안하게 놀기를 즐기는 일, 잔치를 베풀고 즐기기를 좋아하는 일을 두고 이름.

[반] 익자삼요(益者三樂)

[예] 어진 벗이냐 그릇된 벗이냐 하는 것은 실상에서는 대개 이 익자삼요, 손자삼요와 맞물려 있다.

宋襄之仁

宋襄之仁[sòng xiāng zhī rén]

首鼠兩端

首鼠兩端[shǒu shǔ liǎng duān]

首丘初心

首丘初心[shǒu qiū chū xīn]

漱石枕流

漱石枕流[shù shí zhěn liú]

手不釋卷

手不释卷[shǒu bú shì juàn]

袖手傍觀

袖手旁观[xiù shǒu páng guān]

首鼠兩端

머리 수	쥐 서	두 양	끝 단
首 9	鼠 13	入 8	立 14

쥐가 구멍에서 머리만 내밀고 요리조리 엿본다는 뜻으로, 어느 쪽으로 결정짓지 못하고 망설이는 상태.

[유] 좌첨우고(左瞻右顧) 좌면우고(左眄右顧) 우유부단(優柔不斷)

[예] 이익이 되는 쪽을 택하려고 눈치를 보는 수서양단은 결코 안 된다.

[출전] 사기(史記)

宋襄之仁

송나라 송	도울 양	갈 지	어질 인
宀 7	衣 17	丿 4	人 4

너무 착하기만 하고 실속이 없음. 송나라의 양공(襄公)이 적을 불쌍히 여겨 공자 목이(公子目夷)의 진언을 받아들이지 않아 오히려 초나라에 패배 당함으로써 세상 사람의 조소를 받았다는 고사에서 유래.

[예] 후세 사람들은 송양지인이라며 쓸데없는 인정을 베풀었다고 두고두고 비웃었다.

[출전] 팔십사략(十八史略)

漱石枕流

양치질할 수	돌 석	베개 침	흐를 류
水 14	石 5	木 8	水 9

돌로 양치질하고 흐르는 물을 베개 삼는다는 뜻으로, 실수를 인정하려 들지 않거나 남에게 지지 않으려고 억지를 부리는 것을 비유.

[유] 추주어륙(推舟於陸) 견강부회(牽强附會)

[예] 말실수를 하면 바로 인정해야지 수석침류 식으로 자기변명을 늘어놓다 보면 더 추해진다.

[출전] 진서(晉書)·손초전(孫楚傳)

首丘初心

머리 수	언덕 구	처음 초	마음 심
首 9	一 5	刀 7	心 4

여우가 죽을 때 제가 살던 굴이 있는 언덕 쪽으로 머리를 둔다는 뜻으로, 고향을 그리워하는 마음을 말함. 근본을 잊지 않음.

[유] 호사수구(狐死首丘) 호마의북풍(胡馬依北風) 간운보월(看雲步月) 호마망북(胡馬望北)

[예] 수구초심이라고 나이가 드니 고향 생각이 더 난다.

[출전] 예기(禮記)·단궁상편(檀弓上篇)

袖手傍觀

소매 수	손 수	곁 방	볼 관
衣 10	手 4	人 12	見 25

팔짱을 끼고 보고만 있다는 뜻으로, 어떤 일을 당하여 마땅히 해야 할 일에 아무런 간여도 하지 않고 그대로 옆에서 보고만 있는 것.

[유] 오불관언(吾不關焉)

[예] 정부 관련 부처들은 대책을 마련하지 못하고 수수방관만 하고 있었다.

手不釋卷

손 수	아닐 불	풀 석	책 권
手 4	一 4	釆 20	卩 8

손에서 책을 놓지 않는다는 뜻으로, 늘 책을 가까이하여 학문을 열심히 함.

[유] 독서삼매(讀書三昧) 불치하문(不恥下問) 위편삼절(韋編三絶)

[예] 유 도령은 어려서부터 수불석권하더니 이른 나이에 과거에 급제하였다.

[출전] 오지(吳志)

修身齊家

修身齐家[xiū shēn qí jiā]

守株待兔

守株待兔[shǒu zhū dài tù]

水魚之交

水鱼之交[shuǐ yú zhī jiāo]

壽則多辱

寿则多辱[shòu zé duō rǔ]

羞惡之心

羞恶之心[xiū wù zhī xīn]

唇亡齒寒

唇亡齿寒[chún wáng chǐ hán]

<table>
<tr><td colspan="4" align="center"><h2>守株待兎</h2></td></tr>
<tr><td>지킬 수
宀 6</td><td>그루터기 주
木 10</td><td>기다릴 대
彳 9</td><td>토끼 토
儿 7</td></tr>
</table>

나무등걸에 걸려 죽은 토끼를 보고 나무 그루터기를 지키면서 다시 토끼가 오기만 마냥 기다린다. 한 가지 일에만 얽매여 발전을 모르는 어리석음을 비유.

㈜ 각주구검(刻舟求劍) 미생지신(尾生之信)

㈖ 앉아서 복을 기다리는 수주대토와 같은 관행과 방식으로는 급변하는 이 시대에 생존하기 어렵다.

[출전] 한비자(韓非子)·오두편(五蠹篇)

<table>
<tr><td colspan="4" align="center"><h2>修身齊家</h2></td></tr>
<tr><td>닦을 수
人 10</td><td>몸 신
身 7</td><td>가지런할 제
齊 14</td><td>집 가
宀 10</td></tr>
</table>

자기의 몸을 닦고 집안을 자로 잡음.

㈜ 수신제가치국평천하(修身齊家治國平天下)

㈖ 유교에서는 수신제가한 후에 평천하하라고 가르치고 있다.

[출전] 논어(論語)

<table>
<tr><td colspan="4" align="center"><h2>壽則多辱</h2></td></tr>
<tr><td>목숨 수
士 14</td><td>곧 즉
刀 9</td><td>많을 다
夕 6</td><td>욕될 욕
辰 10</td></tr>
</table>

오래 살면 욕됨이 많다는 뜻으로, 오래 살수록 고생이나 망신이 많음을 말함.

㈖ 할머님은 수즉다욕이라는 말씀을 종종 하신다.

[출전] 장자(莊子)·천지편(天地篇)

<table>
<tr><td colspan="4" align="center"><h2>水魚之交</h2></td></tr>
<tr><td>물 수
水 4</td><td>물고기 어
魚 11</td><td>갈 지
丿 4</td><td>사귈 교
亠 6</td></tr>
</table>

물과 물고기의 사귐이란 뜻으로, 임금과 신하 또는 부부 사이처럼 매우 친밀한 관계, 서로 떨어질 수 없는 친한 사이.

㈜ 관포지교(管鮑之交) 어수지친(魚水之親) 군신수어(君臣水魚)

㈖ 영화감독과 배우는 서로 수어지교라 할 수 있다.

[출전] 삼국지(三國志)

<table>
<tr><td colspan="4" align="center"><h2>脣亡齒寒</h2></td></tr>
<tr><td>입술 순
肉 11</td><td>망할 망
亠 3</td><td>이 치
齒 15</td><td>찰 한
宀 12</td></tr>
</table>

입술이 없으면 이가 시림. 가까운 사이에 있는 하나가 망하면 다른 하나도 그 영향을 받아 온전하기 어려움.

㈜ 순치지세(脣齒之勢) 순치보거(脣齒輔車) 가도멸괵(假道滅虢) 조지양익(鳥之兩翼)

㈖ 순망치한이라고 부모가 없으니 어린 애들이 저리 고생을 한다.

[출전] 춘추좌씨전(春秋左氏傳)

<table>
<tr><td colspan="4" align="center"><h2>羞惡之心</h2></td></tr>
<tr><td>부끄러울 수
羊 11</td><td>미워할 오
心 12</td><td>갈 지
丿 4</td><td>마음 심
心 4</td></tr>
</table>

사단(四端)의 하나. 자기의 옳지 못함을 부끄러워하고, 남의 옳지 못함을 미워하는 마음.

사단(四端); 측은지심(惻隱之心), 수오지심(羞惡之心), 사양지심(辭讓之心), 시비지심(是非之心)

㈖ 우리 모두가 수오지심을 갖는다면 사회는 맑아질 것이다.

乘勝長驅

乘胜长驱[chéng shèng cháng qū]

尸位素餐

尸位素餐[shī wèi sù cān]

市道之交

市道之交[shì dào zhī jiāo]

始終一貫

始终一贯[shǐ zhōng yī guàn]

是非之心

是非之心[shì fēi zhī xīn]

食少事煩

食少事烦[shí shǎo shì fán]

尸位素餐

주검 시	자리 위	본디 소	먹을 찬
尸 3	人 7	糸 10	食 16

벼슬의 책임은 다하지 못하면서 자리를 차지하고 녹만 받아먹음. 복지부동(伏地不動)을 말함.
[유] 절위소찬(竊位素餐) 시소(尸素) 시록(尸祿)
[예] 지난날 몇몇 정치가들은 민생은 돌보지 않고 당리당략에만 치우쳐 시위소찬하는 경우가 많았다.
[출전] 한서(漢書)·주운전(朱雲傳)

乘勝長驅

탈 승	이길 승	길 장	몰 구
丿 10	力 12	長 8	馬 21

싸움에서 이긴 기세를 타고 계속 적을 몰아침.
[예] 신인 선수가 승승장구하며 결승까지 올라왔다.

始終一貫

처음 시	끝날 종	한 일	꿸 관
女 8	糸 11	一 1	貝 11

처음부터 끝까지 똑같은 방침이나 태도로 관철함.
[유] 종시일관(終始一貫) 시종여일(始終如一) 수미일관(首尾一貫)
[반] 용두사미(龍頭蛇尾)
[예] 그는 시종일관 책임을 회피하는 발언을 했다.

市道之交

저자 시	길 도	갈 지	사귈 교
巾 5	辶 13	丿 4	亠 6

시장과 길거리에서 이루어지는 교제라는 뜻으로, 이익이 있으면 서로 합하고, 이익이 없으면 헤어지는 시정의 장사꾼과 같은 교제.
[반] 지란지교(芝蘭之交) 관포지교(管鮑之交) 고산유수(高山流水)
[예] 요즘 사람들은 우정보다는 교분을 나누는데 시도지교하는 경향이 많다.

食少事煩

밥 식	적을 소	일 사	번거로울 번
食 9	小 4	丿 8	火 13

먹을 것(생기는 소득)은 적고 할 일은 많음.
[예] 식소사번이라고 가족이 많다 보면 할 일이 많다.

是非之心

옳을 시	아닐 비	갈 지	마음 심
日 9	非 8	丿 4	心 4

사단(四端)의 하나. 시비를 가릴 줄 아는 마음.
[예] 사단(四端)은 맹자에서 유래한 것으로 인(仁)에서 우러나오는 측은지심(惻隱之心), 의(義)에서 우러나오는 수오지심(羞惡之心), 예(禮)에서 우러나오는 사양지심(辭讓之心), 지(智)에서 우러나오는 시비지심(是非之心)을 말함.
[출전] 맹자(孟子)

識字憂患

识字忧患[shí zì yōu huàn]

新陳代謝

新陈代谢[xīn chén dài xiè]

信賞必罰

信赏必罚[xìn shǎng bì fá]

神出鬼沒

神出鬼没[shén chū guǐ mò]

身言書判

身言书判[shēn yán shū pàn]

身土不二

身土不二[shēn tǔ bú èr]

新陳代謝

새 신	묵을 진	대신할 대	물러날 사
斤 13	阜 11	人 5	言 17

묵은 것이 없어지고 새로운 것이 대신 생김. 영양분을 섭취하고 불필요한 것을 배설함.

⑪ 물질대사(物質代謝) 물질교환(物質交換) 물질교대(物質交代)

⑩ 신진대사가 좋아야 건강합니다.

識字憂患

알 식	글자 자	근심 우	근심 환
言 19	子 6	心 15	心 11

학식이 있는 것이 도리어 근심을 일으키게 된다. 도리를 알고 있는 까닭으로 도리어 불리하게 되어 차라리 모르는 편이 나을 때를 있음.

⑩ 세상살이의 이치를 알아 갈수록 앞날이 더욱 걱정되니 이는 식자우환이 아닌가.

출전 삼국지(三國志)

神出鬼沒

귀신 신	날 출	귀신 귀	빠질 몰
示 10	凵 5	鬼 10	水 7

귀신처럼 나타났다가 귀신처럼 홀연히 사라짐. 자유자재로 출몰하여 그 변화를 헤아릴 수 없고 소재를 알 수 없다는 뜻.

⑩ 그 탈옥수는 경찰들을 농락이라도 하듯 신출귀몰하며 전국을 누비고 다녔다.

출전 회남자(淮南子)

信賞必罰

믿을 신	상줄 상	반드시 필	형벌 벌
人 9	貝 15	心 5	网 14

공로가 있는 사람에게는 반드시 상을 주고, 죄가 있는 사람에게는 반드시 벌을 준다는 뜻으로, 상과 벌을 공정하고 엄격하게 주는 일을 말함.

⑩ 지위 고하를 막론하고 각자의 업무에 대한 신상필벌을 명확히 하여 공정하고 책임감 있는 사회를 만들어야 한다.

身土不二

몸 신	흙 토	아닐 불	두 이
身 7	土 3	一 4	二 2

몸과 땅은 서로 다르지 않고 하나라는 뜻으로, 제 땅에서 산출된 것(농산물 등)이라야 우리 체질에 잘 맞는다는 말.

⑩ 역시 쌀은 국산쌀이라 생각합니다. 신토불이 화이팅!

身言書判

몸 신	말씀 언	쓸 서	판단할 판
身 7	言 7	曰 10	刀 7

예전에, 인물을 평가할 때나 선택하는 네 가지 조건. 신(身)-인물이 잘남, 언(言)-말씨의 예절, 서(書)-생각을 바른 글과 글씨로 표현하는 능력, 판(判)-사물에 대한 판단이 옳은가를 보아야 한다.

⑩ 그는 신언서판을 두루 구족한 일등 신랑감이었다.

출전 당서(唐書)

<table>
<tr>
<td>

實事求是

实事求是[shí shì qiú shì]

</td>
<td>

深思熟考

深思熟考[shēn sī shú kǎo]

</td>
</tr>
<tr>
<td>

實踐躬行

实践躬行[shí jiàn gōng xíng]

</td>
<td>

十伐之木

十伐之木[shí fá zhī mù]

</td>
</tr>
<tr>
<td>

心機一轉

心机一转[xīn jī yī zhuǎn]

</td>
<td>

十匙一飯

十匙一饭[shí chí yī fàn]

</td>
</tr>
</table>

<table>
<tr><th colspan="4">深思熟考</th></tr>
<tr><td>깊을 심
水 11</td><td>생각 사
心 9</td><td>익을 숙
火 15</td><td>생각할 고
老 6</td></tr>
</table>

깊이 생각하고 깊이 고찰함. 신중을 기하여 곰곰이 생각함.

㈜ 심사숙려(深思熟慮)

㈜ 아파트나 자동차를 선택할 때 심사숙고하는 것이 좋을 것이다.

<table>
<tr><th colspan="4">實事求是</th></tr>
<tr><td>열매 실
宀 14</td><td>일 사
亅 8</td><td>구할 구
水 7</td><td>옳을 시
日 9</td></tr>
</table>

사실에 토대하여 진리를 탐구함. 고증(考證)의 정확을 존중하는 과학적, 객관주의적 학문 태도를 말함.

㈜ 고롱현허(古弄玄虛)

㈜ 학문하는 사람이 가져야 할 가장 중요한 태도는 실사구시의 자세다.

㈜ 한서(漢書)

<table>
<tr><th colspan="4">十伐之木</th></tr>
<tr><td>열 십
十 2</td><td>칠 벌
人 6</td><td>갈 지
亅 4</td><td>나무 목
木 4</td></tr>
</table>

'열 번 찍어 안 넘어가는 나무가 없다'는 뜻으로, 어떤 어려운 일이라도 여러 번 계속하여 끊임없이 노력하면 기어이 이루어 내고야 만다는 뜻.

㈜ 점적천석(點滴穿石) 적토성산(積土成山) 우공이산(愚公移山)

㈜ 그는 십벌지목이라며 그녀를 열심히 쫓아다녀 결혼하게 되었다.

<table>
<tr><th colspan="4">實踐躬行</th></tr>
<tr><td>실제 실
宀 14</td><td>밟을 천
足 15</td><td>몸 궁
身 10</td><td>행할 행
行 6</td></tr>
</table>

남에게 시키지 않고 실제로 몸소 이행함. 말로 하지 않고 실천함.

㈜ 우리 학교가 지향하는 인재상은 실천궁행하는 학생이다.

<table>
<tr><th colspan="4">十匙一飯</th></tr>
<tr><td>열 십
十 2</td><td>술가락 시
匕 11</td><td>하나 일
一 1</td><td>밥 반
食 13</td></tr>
</table>

열 사람이 한 술(숟가락)씩 보태면 한 사람 먹을 분량이 된다는 뜻으로, 여러 사람이 힘을 합하면 한 사람쯤은 구제하기 쉽다는 뜻.

㈜ 수적성천(水滴成川)

㈜ 독불장군(獨不將軍) 고장난명(孤掌難鳴)

㈜ 투병생활을 하고 있는 후배를 돕기 위해 십시일반 성금을 모금해 학교에 전달했다.

<table>
<tr><th colspan="4">心機一轉</th></tr>
<tr><td>마음 심
心 4</td><td>기회 기
木 16</td><td>한 일
一 1</td><td>구를 전
車 18</td></tr>
</table>

어떠한 동기에 의하여 이제까지의 먹었던 마음과 생각을 완전히 바꿈.

㈜ 그는 심기일전하여 학업에 매진했다.

阿鼻叫喚

阿鼻叫唤[ā bí jiào huàn]

惡戰苦鬪

恶战苦斗[è zhàn kǔ dòu]

啞然失色

哑然失色[yǎ rán shī sè]

安分知足

安分知足[ān fèn zhī zú]

我田引水

我田引水[wǒ tián yǐn shuǐ]

安貧樂道

安贫乐道[ān pín lè dào]

惡戰苦鬪

악할 악	싸움 전	괴로울 고	싸울 투
心 12	戈 16	艸 9	鬥 20

어려운 싸움과 괴로운 다툼이라는 뜻으로, 불리한 상황에서 강력한 적을 만나 죽을 힘을 다해 싸움. 곤란한 상태에서 괴로워하면서도 노력을 계속함.

[유] 고전악투(苦戰惡鬪)

[예] 시간과의 싸움을 벌이고 있는 수재민들은 여전히 악전고투 중이다.

[출전] 삼국지연의(三國志寅義)

阿鼻叫喚

언덕 아	코 비	부르짖을 규	부를 환
阜 8	鼻 14	口 5	口 12

아비지옥(阿鼻地獄)과 규환지옥(叫喚地獄)이라는 뜻으로, 여러 사람이 비참한 지경에 처하여 그 고통에서 헤어나려고 비명을 지르며 몸부림침을 형용. 심한 참상을 말함.

[유] 아비세계(阿鼻世界) 무간지옥(無間地獄)

[예] 지진현장을 가보니 아비규환이 따로 없다.

[출전] 법화경(法華經)

安分知足

편안할 안	나눌 분	알 지	넉넉할 족
宀 6	刀 4	矢 8	足 7

자기 분수를 지키며 만족을 앎. 다른 데 마음을 두지 아니함.

[유] 안빈낙도(安貧樂道)

[예] 새해에는 우리 모두가 안분지족의 삶을 살았으면 합니다.

啞然失色

벙어리 아	그러할 연	잃을 실	빛 색
口 11	火 12	大 5	色 6

몹시 놀라서 얼굴빛이 변함.

[유] 대경실색(大驚失色) 악연실색(愕然失色)

[예] 현장에 도착한 경찰은 눈앞에 벌어진 광경에 그만 아연실색하고 말았다.

安貧樂道

편안할 안	가난할 빈	즐거울 낙	길 도
宀 6	貝 11	木 15	辶 13

생활이 구차하고 궁색한 속에서 그것에 구속되지 않고 평안하게 분수를 지키면서 즐기는 마음으로 살아감.

[유] 청빈낙도(淸貧樂道) 안분지족(安分知足)

[예] 우리나라 사람들은 예로부터 안빈낙도를 생활철학으로 삼고 많은 것을 절제하며 살아왔다.

我田引水

나 아	밭 전	끌 인	물 수
戈 7	田 5	弓 4	水 4

자기 논에만 물을 끌어넣는다는 뜻으로, 자기의 이익을 먼저 생각하고 행동함. 또는 억지로 자기에게 유리하도록 행동하거나 생각하는 것.

[유] 역지사지(易地思之) 견강부회(牽强附會) 자기합리화(自己合理化)

[예] 자기에게 불리할 때에만 원칙을 내세우는 그녀의 태도는 아전인수 그 자체였다.

眼下無人

眼下无人[yǎn xià wú rén]

藥房甘草

药房甘草[yào fáng gān cǎo]

暗中摸索

暗中摸索[àn zhōng mō suǒ]

弱肉強食

弱肉强食[ruò ròu qiáng shí]

暗行御史

暗行御史[àn xíng yù shǐ]

曖昧模糊

暧昧模糊[ài mèi mó hu]

藥房甘草

약 약	방 방	달 감	풀 초
艸 19	戶 8	甘 5	艸 10

한약에 감초가 빠지지 않고 들어가듯이 무슨 일이나 빠짐없이 끼어드는 사람이나 사물.

[예] 그는 성질이 급하여 침착하지 못하고 약방감초처럼 무슨 일에나 나서기 좋아한다.

眼下無人

눈 안	아래 하	없을 무	사람 인
目 11	一 3	火 12	人 2

눈 아래에 사람이 없다는 뜻으로, 사람됨이 교만하여 남을 업신여김. 태도가 몹시 거만하여 남을 사람같이 대하지 않는 것.

[유] 안중무인(眼中無人) 방약무인(傍若無人)

[예] 그 친구의 가장 아쉬운 점은 안하무인하는 태도다.

弱肉强食

약할 약	고기 육	굳셀 강	먹을 식
弓 10	肉 6	弓 12	食 9

약한 자는 강한 자에게 먹힘이란 뜻으로, 생존경쟁의 살벌함을 나타냄.

[유] 적자생존(適者生存) 우승열패(優勝劣敗)

[예] 투자에 대한 기본기가 튼튼하지 못하다면 약육강식의 법칙이 지배하는 주식시장에서 살아남을 수 없다.

[출전] 한유(韓愈)

暗中摸索

어두울 암	가운데 중	찾을 모	찾을 색
日 13	丨 4	手 14	糸 10

어둠 속에서 손을 더듬어 물건을 찾는다라는 뜻, 확실한 방법은 모르는 채 어림짐작으로 시도해 봄.

[유] 암중모착(暗中摸捉) 맹자단청(盲者丹靑) 군맹평상(群盲評象)

[예] 해적들에게 납치된 선원들은 나름대로 탈출할 방법을 암중모색하였다.

[출전] 수당가화(隨唐嘉話)

曖昧模糊

희미할 애	어두울 매	모호할 모	풀칠할 호
日 19	日 9	木 15	米 15

사물의 이치가 희미하고 분명치 않음.

[예] 검찰 측의 입장은 그를 소환하겠다는 것인지 말겠다는 것인지 애매모호했다.

暗行御史

어두울 암	다닐 행	거느릴 어	역사 사
日 13	行 6	彳 11	口 5

조선 시대, 임금의 특명을 받아 지방 정치의 잘잘못과 백성의 사정을 비밀리에 살펴서 부정 관리를 징계하던 임시 관리.

[예] 조선 시대의 암행어사는 지방 수령의 정치와 고장의 인심을 살피는 것이 주된 임무였다.

羊頭狗肉

羊头狗肉[yáng tóu gǒu ròu]

良藥苦口

良药苦口[liáng yào kǔ kǒu]

梁上君子

梁上君子[liáng shàng jūn zǐ]

兩者擇一

两者择一[liǎng zhě zé yī]

兩手兼將

两手兼将[liǎng shǒu jiān jiāng]

養虎遺患

养虎遗患[yǎng hǔ yí huàn]

良藥苦口

좋을 양	약 약	쓸 고	입 구
艮 7	艸 19	艸 9	口 3

좋은 약은 입에 쓰나 병 치료에 좋다는 말로, 바르게 충언하는 귀에 거슬리지만 자신을 이롭게 한다.

양약고어구 이어병(良藥苦於口 利於病)

충언역어이 이어행(忠言逆於耳 利於行)

[예] 양약고구라고, 나를 위해 쓴소리를 해주는 벗의 말을 귀담아 들어야 한다.

[출전] 사기(史記)

羊頭狗肉

양 양	머리 두	개 구	고기 육
羊 6	頁 16	犬 8	肉 6

밖에는 양 머리를 걸어놓고 실제로는 싸구려 개고기를 판다, 겉으로는 훌륭한 듯이 내세우지만 속은 보잘 것없음.

[유] 인면수심(人面獸心) 표리부동(表裏不同) 구밀복검(口蜜腹劍) 현옥매석(衒玉賣石)

[예] 앞에서 공정한 사회를 말하고 뒤에서 딴 짓을 한다면 양두구육이나 다름없다. [출전] 항언록(恒言錄)

兩者擇一

두 양	놈 자	가릴 택	한 일
入 8	老 9	手 16	一 1

둘 중에서 하나를 가림.

[유] 이자택일(二者擇一) 이자선일(二者選一)

[예] 국제통화기금(IMF)은 경제를 개혁하든지 아니면 또다시 침체에 빠져들든지 양자택일하라고 촉구했다.

梁上君子

들보 양	위 상	임금 군	아들 자
木 11	一 3	口 7	子 3

대들보 위에 있는 군자(君子)라는 뜻으로, 집안에 들어온 좀도둑을 미화하여 점잖게 부르거나 천장 속의 쥐를 달리 일컫는 말.

[예] 도둑놈을 때론 양상군자로 높여 부른다.

[출전] 후한서(後漢書)

養虎遺患

기를 양	범 호	남길 유	근심 환
食 15	虍 8	辵 16	心 11

범을 길러 화근을 남긴다, 은혜를 베풀어 준 이로부터 도리어 해를 입게 되듯 스스로 화를 자초했다는 말.

[유] 자작자수(自作自受) 인랑입실(引狼入室) 양호우환(養虎憂患) 양호후환(養虎後患)

[예] 악한 사람이 순간 약한 모습을 보인다고 동정해서 돕는다면 양호유환의 우를 범하는 것이다.

[출전] 사기(史記)·항우본기(項羽本紀)

兩手兼將

두 양	손 수	겸할 겸	장수 장
入 8	手 4	八 10	寸 11

장기(將棋)에서 두 개의 말이 동시에 장을 부르게 되는 일. 하나의 표적에 대하여 두 방향에서 공격해 들어감.

[유] 진퇴유곡(進退維谷) 진퇴양난(進退兩難)

[예] 한방다이어트가 주목 받고 있는 비결은 다이어트를 하면서 건강도 돌볼 수 있는 양수겸장의 방법이기 때문이다.

魚頭肉尾

鱼头肉尾[yú tóu ròu wěi]

語不成說

语不成说[yǔ bù chéng shuō]

魚魯不辨

鱼鲁不辨[yú lǔ bù biàn]

焉敢生心

焉敢生心[yān gǎn shēng xīn]

漁父之利

渔父之利[yú fù zhī lì]

言文一致

言文一致[yán wén yī zhì]

語不成說

말씀 어	아닐 불	이룰 성	말씀 설
言 14	一 4	戈 7	言 14

말이 사리와 이치에 맞지 않아 말이 도무지 되지 않음. 말이 하나의 일관된 논의로 되지 못함.

[유] 불성설(不成說) 만불성설(萬不成說)

[예] 역전이 기대되는 마당에 물러선다는 건 어불성설이다.

魚頭肉尾

고기 어	머리 두	고기 육	꼬리 미
魚 11	頁 16	肉 6	尸 7

물고기는 머리 쪽이 맛이 있고, 짐승 고기는 꼬리 쪽이 맛이 있다는 말.

[유] 어두봉미(魚頭鳳尾)

[예] 생선은 어두육미라고 하는데, 고등어만큼은 예외다.

焉敢生心

어찌 언	감히 감	날 생	마음 심
火 11	攴 12	生 5	心 4

어찌 감히 그런 마음을 먹을 수 있으랴의 뜻으로 감히 바랄 수도 없음.

[유] 감불생의(敢不生意) 감불생심(敢不生心)

[예] 우리 형편에 고급 아파트는 언감생심 꿈도 못 꾼다.

魚魯不辨

고기 어	미련할 로	아닐 불	분별할 변
魚 11	魚 15	一 4	辛 16

어(魚)자와 노(魯)자를 구별(區別)하지 못한다는 뜻으로, 몹시 무식함을 비유.

[유] 일자무식(一字無識) 숙맥불변(菽麥不辨) 목불식정(目不識丁)

[예] 문장의 상하 문맥도 제대로 파악하지 못하고 있으니 그야말로 어로불변의 수준이다.

言文一致

말씀 언	글월 문	한 일	이를 치
言 7	文 4	一 1	至 10

말과 글이 서로 어긋남이 없음. 말할 때의 표현과 글로 나타낼 때의 표현이 꼭 일치함.

[유] 어문일치(語文一致)

[예] 개화기에 글을 말하는 대로 쓰자는 언문일치 운동이 일어나고부터 점차로 구어체 문장을 쓰게 되었다.

漁父之利

고기잡을 어	사내 부	어조사 지	이로울 리
水 14	父 4	丿 4	刀 7

도요새가 조개를 쪼아먹으려다 물고 물리어 서로 다투고 있을 때 어부가 와서 쉽게 둘을 잡았다는 고사로, 둘이 다투는 사이 엉뚱한 제3자가 이익을 봄.

[유] 방휼지쟁(蚌鷸之爭) 어인지공(漁人之功)

[예] 두 후보의 어리석음 때문에 당선 가능성이 없었던 다른 후보가 어부지리를 얻었다.

[출전] 전국책(戰國策)·연책(燕策)

<table>
<tr><td>

言語道斷

言语道断[yán yǔ dào duàn]

</td><td>

如履薄冰

如履薄冰[rú lǚ bó bīng]

</td></tr>
<tr><td>

言中有骨

言中有骨[yán zhōng yǒu gǔ]

</td><td>

與民同樂

与民同乐[yǔ mín tóng lè]

</td></tr>
<tr><td>

嚴冬雪寒

严冬雪寒[yán dōng xuě hán]

</td><td>

與世推移

与世推移[yǔ shì tuī yí]

</td></tr>
</table>

如履薄氷

같을 여	밟을 리	엷을 박	얼음 빙
女 6	尸 15	艸 17	水 5

얇은 살얼음을 밟는 것과 같이 매우 위험함. 아슬아슬하고 위험한 일을 비유적으로 이름.
- ㊤ 이빙(履氷)
- ㊐ 성장은 포기할 수 없는 목표다. 여리박빙의 자세로 경제를 운용해야 한다.
- [출전] 시경(詩經)

言語道斷

말씀 언	말씀 어	길 도	끊을 단
言 7	言 14	辵 13	斤 18

말할 길이 끊어졌다는 뜻으로, 어이가 없어서 말문이 막힘. 또는 그러한 상태나 일.
- ㊤ 언어동단(言語同斷) 도단(道斷)
- ㊐ 그렇게 게으른 사람이 재벌이 되었다니 언어도단이 아닐 수 없다.
- [출전] 영락경(瓔珞經)

與民同樂

더불어 여	백성 민	한가지 동	즐거울 락
臼 14	氏 5	口 6	木 15

임금이 백성과 더불어 즐거움을 같이 나눔.
- ㊤ 여민해락(與民偕樂)
- ㊐ 세종대왕은 항상 백성을 하늘처럼 섬기고 백성과 동고동락했다.
- [출전] 맹자(孟子)

言中有骨

말씀 언	가운데 중	있을 유	뼈 골
言 7	ㅣ 4	月 6	骨 10

말 속에 뼈가 있다는 뜻으로, 예사로운 표현 속에 만만치 않은 깊은 속뜻이 들어 있다는 말.
- ㊤ 언중유향(言中有響) 언중유언(言中有言)
- ㊐ 언중유골이라더니 너 그게 무슨 소리냐. 그냥 해 버리는 말만은 아닌 듯싶구나.

與世推移

같이할 여	세상 세	옮길 추	옮길 이
臼 14	一 5	手 11	禾 11

세상의 변화에 따라 함께 변함.
- ㊤ 격세지감(隔世之感) 상전벽해(桑田碧海) 창해상전(滄海桑田) 능곡지변(陵谷之變)
- ㊐ 여세추이라, 세상을 따라서 의학도 변해야 한다.
- [출전] 한비자(韓非子)

嚴冬雪寒

엄할 엄	겨울 동	눈 설	찰 한
口 20	冫 5	雨 11	宀 12

눈 내리는 몹시 심한 추위.
- ㊤ 융동설한(隆冬雪寒)
- ㊐ 뼈를 에는 엄동설한에 집을 나갔으니 오죽 고생이 심하겠느냐.

易地思之[yì dì sī zhī]

炎凉世态[yán liáng shì tài]

缘木求鱼[yuán mù qiú yú]

拈华微笑[niān huá wēi xiào]

砚田笔耕[yàn tián bǐ gēng]

荣枯盛衰[róng kū shèng shuāi]

炎凉世態

뜨거울 염	서늘할 량	세상 세	모양 태
火 8	冫 10	一 5	心 14

뜨거웠다가 차가워지는 세태라는 뜻으로, 권세가 있을 때에는 아첨하여 쫓고 권세가 떨어지면 푸대접하는 세속의 인심.

⑪ 염부한기(炎附寒棄)

⑩ 평민이었을 때는 거들떠보지도 않다가 높은 벼슬에 오르니까 온갖 아첨과 문안 인사가 들어오니 염량세태가 바로 이런 것이구나.

易地思之

바꿀 역	땅 지	생각 사	갈 지
日 8	土 6	心 9	丿 4

처지나 입장을 서로 바꾸어 놓고 생각함. 상대방의 처지에서 생각해 봄.

⑫ 아전인수(我田引水)

⑩ 역지사지해서 생각해 본다면, 내 입장을 이해할 수 있을 것이다.

拈華微笑

집을 염	꽃 화	작을 미	웃을 소
手 8	艸 12	彳 13	竹 10

석가가 연꽃을 들어 대중에게 보였을 때 가섭만이 그 뜻을 깨달아 미소를 지었다는 데서 유래. 말로 하지 않고 마음에서 마음으로 전하는 것을 뜻함.

⑪ 이심전심(以心傳心) 교외별전(敎外別傳) 불립문자(不立文字) 심심상인(心心相印)

⑩ 석굴암 부처님이 내게 염화미소를 지으셨다.

⑩ 전등록(傳燈錄)

緣木求魚

인할 연	나무 목	구할 구	물고기 어
糸 15	木 4	水 7	魚 11

나무에 올라 물고기를 구한다는 뜻으로, 불가능한 일을 무리해서 굳이 하려 함을 비유. 방법을 그르치면 아무것도 얻을 수 없음.

⑪ 사어지천(射魚指天) 건목수생(乾木水生)

⑩ 실업자가 늘고 있는 상황에서 소비 심리가 개선되기를 바라는 것은 연목구어나 마찬가지다.

⑩ 맹자(孟子)·양혜왕상(梁惠王上)

榮枯盛衰

영화 영	마를 고	성할 성	쇠할 쇠
木 14	木 9	皿 12획	衣 10

영화롭고 마르고 성하고 쇠함이란 뜻으로, 세월이 흐름에 따라 개인이나 사회가 번영하고 쇠멸함.

⑪ 흥망성쇠(興亡盛衰)

⑩ 이 나라의 영고성쇠는 청년들에게 달렸다.

硯田筆耕

벼루 연	밭 전	붓 필	밭갈 경
石 12	田 5	竹 12	耒 10

벼루를 밭으로 삼고, 붓으로 간다는 뜻으로, 문필(文筆)로써 생활함을 비유.

⑩ 연암(燕岩) 박지원(朴趾源)은 가난한 살림살이에 시달리면서 문자 그대로 연전필경의 문필생활로 일관해 왔다.

迎刃而解

迎刃而解[yíng rèn ér jiě]

五里霧中

五里雾中[wǔ lǐ wù zhōng]

五車之書

五车之书[wǔ chē zhī shū]

寤寐不忘

寤寐不忘[wù mèi bù wàng]

五更燈火

五更灯火[wǔ gēng dēng huǒ]

吾鼻三尺

吾鼻三尺[wú bí sān chǐ]

五里霧中

다섯 오	마을 리	안개 무	가운데 중
二 4	里 7	雨 19	ㅣ 4

짙은 안개가 5리나 끼어 있는 속에 있다는 뜻으로, 일에 대하여 방향이나 상황을 알 길이 없어 일의 갈피를 잡기 어려움.

유 피해자가 계속 늘어 가는데도 수사 당국은 범인의 단서조차 찾지 못하고 오리무중에 빠졌다.

출전 후한서(後漢書)

迎刃而解

맞이할 영	칼날 인	말이을 이	풀 해
辵 8	刀 3	而 6	角 13

일의 해결이 극히 쉬운 것을 비유.

유 영인자해(迎刃自解)

예 영인이해의 메시지를 전하려 했으나 컴퓨터 고장으로 인해서 결국 어렵게 되었습니다.

寤寐不忘

잠깰 오	잠잘 매	아닐 불	잊을 망
宀 14	宀 12	一 4	心 7

밤낮으로 자나깨나 잊지 못함.

유 전전불매(輾轉不寐) 전전반측(輾轉反側) 오매사복(寤寐思服)

예 그렇게도 오매불망하던 그 사람을 만났다.

五車之書

다섯 오	수레 거	갈 지	글 서
二 4	車 7	丿 4	曰 10

다섯 수레에 가득 실을 만큼 장서(藏書)가 많음.

유 오거서(五車書) 한우충동(汗牛充棟)

예 옛말에 남자라면 모름지기 수레 다섯에 실을 만큼의 책을 읽어야 한다는 남아수독(男兒須讀) 오거지서(五車之書)라는 말이 있다.

출전 장자(莊子)

吾鼻三尺

나 오	코 비	석 삼	자 척
口 7	鼻 14	一 3	尸 4

오비체수삼척(吾鼻涕垂三尺)의 준말로, '내 코가 석 자'라는 속담으로, 내 일도 감당하기 어려워 남의 사정을 돌볼 여유가 없다.

예 내 처지가 오비삼척인데 남을 돌볼 기력이 있겠나?

출전 순오지(旬五志)

五更燈火

다섯 오	고칠 경	등잔 등	불 화
二 4	曰 7	火 16	火 4

밤새워 열심히 공부함을 뜻함.

예 열심히 오경등화해서 시험을 잘 봤다.

烏飛梨落

乌飞梨落[wū fēi lí luò]

吳越同舟

吴越同舟[wú yuè tóng zhōu]

傲霜孤節

傲霜孤节[ào shuāng gū jié]

五臟六腑

五脏六腑[wǔ zàng liù fǔ]

吳牛喘月

吴牛喘月[wú niú chuǎn yuè]

烏合之卒

乌合之卒[wū hé zhī zú]

<table>
<tr><td>

吳越同舟

오나라 오	월나라 월	같을 동	배 주
口 7	走 12	口 6	舟 6

원수 사이인 오나라 군사와 월나라 군사가 같은 배를 타게 되었다. 서로 나쁜 관계에 있는 사람들이 같은 처지에 놓여 어쩔 수 없이 협력해야 하는 상태가 됨.

[유] 동주제강(同舟濟江) 동주상구(同舟相救)

[반] 각자위정(各自爲政)

[예] 집권당을 몰아내고자 야당들이 오월동주 힘을 합 쳤다. [출전] 손자(孫子)·구지편(九地篇)

</td><td>

烏飛梨落

까마귀 오	날 비	배나무 이	떨어질 락
火 10	飛 9	木 11	艸 13

까마귀 날자 배 떨어진다는 뜻으로, 어떤 일이 마침 다른 일과 공교롭게 때가 같아 관계가 있는 것처럼 의심을 받거나 난처한 처지에 서게 됨을 비유.

[예] 그는 기업의 사장직을 그만두면서 국세청의 고위 인사로 가게 되었는데 많은 사람들에게는 오비이락으로 비쳐졌다.

[출전] 순오지(旬五志)

</td></tr>
<tr><td>

五臟六腑

다섯 오	내장 장	여섯 육	장부 부
二 4	肉 22	八 4	肉 12

내장(內臟)의 총칭. 오장과 육부를 분노 따위의 심리상태가 일어나는 몸 안의 장소로서 이르는 말.

[유] 장부(臟腑)

[예] 그가 일하는 모습을 보면 너무 답답해서 오장육부가 다 뒤집힐 정도다.

</td><td>

傲霜孤節

거만할 오	서리 상	외로울 고	절개 절
人 13	雨 17	子 8	竹 15

서릿발 날리는 심한 추위 속에서도 굴하지 않고 홀로 꼿꼿이 지키는 절개. 충신 또는 국화를 말함.

[유] 세한고절(歲寒孤節)

[예] 불의에 당당히 맞서는 그의 모습을 보면서, 사람들은 오상고절의 기개라고 칭찬했다.

</td></tr>
<tr><td>

烏合之卒

까마귀 오	합할 합	갈 지	군사 졸
火 10	口 6	丿 4	十 8

까마귀가 모인 것 같은 무리라는 뜻, 까마귀 떼와 같이 조직도 질서도 없이 어중이떠중이가 모인 군중.

[유] 와합지졸(瓦合之卒) 오합지중(烏合之衆)

[반] 백만웅사(百萬雄師)

[예] 이 모임의 성격을 한마디로 말하면 오합지졸이라고 할 수 있다.

[출전] 후한서(後漢書)

</td><td>

吳牛喘月

오나라 오	소 우	헐떡거릴 천	달 월
口 7	牛 4	口 12	月 4

오나라의 소가 달을 보고 헐떡인다는 뜻, 공연한 일에 지레 겁먹고 허둥거리는 사람을 두고 이르는 말.

[유] 징갱취제(懲羹吹齏) 상궁지조(傷弓之鳥) 경궁지조(驚弓之鳥) 기우(杞憂)

[예] 쥐가 고양이 모양 인형을 보고 놀라다니 오우천월과 같은 일이다.

[출전] 세설신어(世說新語)

</td></tr>
</table>

玉骨仙風

玉骨仙风[yù gǔ xiān fēng]

玉石混淆

玉石混淆[yù shí hùn xiáo]

屋上架屋

屋上架屋[wū shàng jià wū]

溫故知新

温故知新[wēn gù zhī xīn]

玉石俱焚

玉石俱焚[yù shí jù fén]

蝸角之爭

蜗角之争[wō jiǎo zhī zhēng]

玉石混淆

옥 옥	돌 석	섞을 혼	뒤섞일 효
玉 5	石 5	水 11	水 11

옥과 돌이 함께 뒤섞여 있다는 뜻으로, 선과 악, 좋은 것과 나쁜 것이 함께 섞여 있음.

㈜ 옥석혼교(玉石混交) 옥석동가(玉石同架) 옥석동궤(玉石同匱) 옥석구분(玉石俱焚)

㈐ 연말 증권가에서는 내년 증시를 나타내는 사자성어로 옥석혼효를 꼽았다.

㈜ 포박자(抱朴子)

玉骨仙風

구슬 옥	뼈 골	신선 선	모습 풍
玉 5	骨 10	人 5	風 9

살빛이 썩 희고 고결하여 신선과 같은, 남다르게 뛰어난 풍채와 골격.

㈐ 그는 이목구비가 빼어난 옥골선풍이라 만인의 시선을 끈다.

溫故知新

복습할 온	옛 고	알 지	새 신
水 13	攴 9	矢 8	斤 13

옛것을 익히고 그것을 통하여 새것을 앎. 옛 학문을 되풀이하여 연구하고, 현실에 대처할 수 있는 새로운 학문을 이해해야 비로소 남의 스승이 될 자격이 있다.

㈜ 전복후계(前覆後戒) 학우고훈(學于古訓)

㈐ 역사를 공부하고 고전을 읽는 건 온고지신을 실천하기 위함이다.

㈜ 논어(論語) · 위정편(爲政篇)

屋上架屋

지붕 옥	위 상	건너지를 가	지붕 옥
尸 9	一 3	木 9	尸 9

지붕 위에 또 지붕을 얹는다. 헛수고를 하거나 필요 없는 일을 부질없이 거듭함.

옥상옥(屋上屋) 옥하가옥(屋下架屋: 지붕 밑에 지붕을 또 걸쳐놓은 것)

㈐ 외교안보정책 총괄기구를 이중 삼중으로 두는 건 불합리하다. 옥상가옥이 될 우려가 크다.

蝸角之爭

달팽이 와	뿔 각	갈 지	다툴 쟁
虫 15	角 7	丿 4	爪 8

달팽이의 촉각위에서 싸운다는 뜻으로 하찮은 일로 벌이는 싸움. 작은 나라끼리의 싸우는 일.

㈜ 만촉지쟁(蠻觸之爭) 와우지쟁(蝸牛之爭) 와우각상(蝸牛角上) 와각지세(蝸角之勢)

㈐ 요즘 방송사는 시청률을 두고 와각지쟁을 벌인다.

㈜ 장자(莊子) · 칙양편(則陽篇)

玉石俱焚

구슬 옥	돌 석	함께 구	탈 분
玉 5	石 5	人 10	火 12

옥과 돌이 함께 불타 버린다는 뜻으로, 착한 사람이나 악한 사람이나 선악의 구분없이 함께 화를 당함.

㈜ 옥석혼효(玉石混淆) 옥석동쇄(玉石同碎) 옥석동궤(玉石同櫃)

㈐ 총선 후보의 옥석구분은 유권자 몫이다.

㈜ 서경(書經)

臥薪嘗膽

卧薪尝胆[wò xīn cháng dǎn]

樂山樂水

乐山乐水[yào shān yào shuǐ]

外柔內剛

外柔内刚[wài róu nèi gāng]

窈窕淑女

窈窕淑女[yǎo tiǎo shū nǚ]

要領不得

要领不得[yào lǐng bù dé]

欲速不達

欲速不达[yù sù bù dá]

樂山樂水

좋아할 요	뫼 산	좋아할 요	물 수
木 15	山 3	木 15	水 4

지자요수 인자요산(智者樂水 仁者樂山)의 준말. 지혜 있는 자는 사리에 통달하여 물과 같이 막힘이 없으므로 물을 좋아하고 어진 자는 의리에 밝고 산과 같이 중후하여 변하지 않으므로 산을 좋아한다는 뜻. 산수 경치를 좋아함.
예 군자는 요산요수를 즐긴다.
출전 논어(論語)

臥薪嘗膽

누울 와	섶나무 신	맛볼 상	쓸개 담
臣 8	艸 17	口 14	肉 17

원수를 갚고자 일부러 땔나무 위에서 자고 쓰디쓴 곰의 쓸개를 씹는다. 목적을 달성하기 위해 온갖 괴로움을 참고 견딤.
유 절치액완(切齒扼腕) 절치부심(切齒腐心)
반 불념구악(不念舊惡)
예 우리 팀은 작년 예선 탈락의 수모를 씻고자 와신상담의 노력을 기울여 왔다. 출전 사기(史記)

窈窕淑女

고요할 요	정숙할 조	맑을 숙	계집 녀
穴 10	穴 11	水 11	女 3

마음씨가 고요하고 자태가 아름다운 여자. 얌전하고 조용한 여자.
예 어릴 때는 선머슴 같더니 나이가 들면서 요조숙녀가 되었다.

外柔內剛

밖 외	부드러울 유	안 내	굳셀 강
夕 5	木 9	入 4	刀 10

겉으로 보기에는 부드럽고 순하게 보이나 속은 꿋꿋하고 강함.
반 외강내유(內剛外柔)
예 물음이 있을 때나 답하는 그의 어조는 외유내강을 지닌 군자의 자세였다.
출전 역경(易經)

欲速不達

하고자할 욕	빠를 속	아닐 부	통달할 달
欠 11	辶 11	一 4	辶 13

일을 너무 빨리 하고자 서두르면 도리어 목적에 도달하지 못함. 어떤 일을 급하게 하면 도리어 이루지 못함.
예 욕속부달이라, 마라톤 시합에서 초반 오버를 해서 결국 결승점에 도착하지 못했다.
출전 논어(論語)·자로편(子路篇)

要領不得

구할 요	요소 령	아닐 부	얻을 득
襾 9	頁 14	一 4	彳 11

말이나 글의 요령을 잡을 수 없음. 요령은 사물의 주요한 부분이나 줄거리를 말함.
예 그를 이해하려고 무던히 애를 썼지만 요령부득이었다.
출전 사기(史記)

龍頭蛇尾

龙头蛇尾[lóng tóu shé wěi]

龍虎相搏

龙虎相搏[lóng hǔ xiāng bó]

龍門點額

龙门点额[lóng mén diǎn é]

愚公移山

愚公移山[yú gōng yí shān]

龍蛇飛騰

龙蛇飞腾[lóng shé fēi téng]

迂餘曲折

迂余曲折[yū yú qū zhé]

龍虎相搏

용 용	범 호	서로 상	잡을 박
龍 16	虍 8	目 9	手 13

용과 호랑이가 서로 싸운다는 뜻으로, 두 강자가 서로 승패를 겨룸을 비유.

ⓤ 양웅상쟁(兩雄相爭)

ⓔ 마스터들은 자신의 최고 기술로 용호상박의 결투를 선보이고 있다.

龍頭蛇尾

용 용	머리 두	뱀 사	꼬리 미
龍 16	頁 16	虫 11	尸 7

머리는 용이고 꼬리는 뱀, 처음 출발은 야단스러운데 끝은 보잘것없이 흐지부지되는 것.

ⓤ 작심삼일(作心三日) 유두무미(有頭無尾)

ⓑ 시종일관(始終一貫)

ⓔ 새해 계획을 거창하게 세웠으나 용두사미로 끝났다.

ⓒ 전등록(傳燈錄)

愚公移山

어리석을 우	귀인 공	옮길 이	뫼 산
心 13	八 4	禾 11	山 3

어리석은 우공이 산을 옮긴다. 어떤 일이든 꾸준하게 열심히 하면 반드시 목적을 달성할 수 있음.

ⓤ 마부작침(磨斧作針) 수적천석(水滴穿石) 적소성대(積小成大) 철저성침(鐵杵成針)

ⓔ 나는 우공이산을 좌우명 삼아 묵묵히 일한다.

ⓒ 열자(列子)·탕문편(湯問篇)

龍門點額

용 용	문 문	점 점	이마 액
龍 16	門 8	黑 17	頁 18

용문 아래에 모인 물고기가 뛰어오르면 용이 되고, 오르지 못하면 이마에 상처만 입게 된다는 뜻으로, 과거에 낙방한 사람을 비유.

ⓤ 점액(點額)

ⓑ 등용문(登龍門)

ⓔ 등용문의 드센 물살을 거슬러 올라 용이 될 것인가, 아니면 용문점액의 상처를 입고 추락할 것인가.

迂餘曲折

멀 우	남을 여	굽을 곡	꺾을 절
辵 7	食 16	曰 6	手 7

이리저리 굽음. 여러 가지로 뒤얽힌 복잡한 사정이나 변화.

ⓔ 그들이 결혼하기까지에는 많은 우여곡절이 있었다.

龍蛇飛騰

용 용	뱀 사	날 비	오를 등
龍 16	虫 11	飛 9	馬 20

용과 뱀이 하늘로 날아오르다라는 뜻으로, 용과 뱀이 살아 움직이는 것과 같이 글씨가 활기차게 잘 쓰였음.

ⓔ 글씨가 용사비등한 필체로 쓰여 있었다.

優柔不斷

优柔不断[yōu róu bù duàn]

旭日昇天

旭日升天[xù rì shēng tiān]

牛耳讀經

牛耳读经[niú ěr dú jīng]

元亨利貞

元亨利贞[yuán hēng lì zhēn]

羽化登仙

羽化登仙[yǔ huà dēng xiān]

遠禍召福

远祸召福[yuǎn huò zhào fú]

<table>
<tr><td>

旭日昇天

아침해 욱	해 일	오를 승	하늘 천
日 6	日 4	日 8	大 4

아침 해가 떠오른다는 뜻으로, 떠오르는 아침 해처럼 왕성한 기세나 세력이 성대해짐을 비유.
[반] 서산낙일(西山落日)
[예] 최근 우리 증시를 포함해서 글로벌 증시의 상승지세가 욱일승천의 모양이다.

</td><td>

優柔不斷

머뭇거릴 우	순할 유	아닐 부	끊을 단
人 17	木 9	一 4	斤 18

줏대없이 어물어물하기만 하고 딱 잘라 결단을 내리지 못함. 결단력이 부족한 것.
[반] 일도양단(一刀兩斷) 일도할단(一刀割斷)
[예] 이러지도 저러지도 못하는 나의 우유부단이 죽도록 싫었다.

</td></tr>
<tr><td>

元亨利貞

으뜸 원	형통할 형	이로울 이	곧을 정
儿 4	亠 7	刀 7	貝 9

역학(易學)에서 말하는 천도(天道)의 네 원리라는 뜻으로, 생물이 시작되어서(元), 형통하고(亨), 조화를 이루어(利), 성숙하는(貞) 원리(原理)로 하늘의 네 가지 덕을 말함.
[예] 세상을 잘 살려면 무엇보다도 사물의 근본 이치에 따라 행하여야 한다는 원형이정이 제일이라.

</td><td>

牛耳讀經

소 우	귀 이	읽을 독	경서 경
牛 4	耳 6	言 22	糸 13

'쇠귀에 경 읽기'란 뜻으로, 우둔한 사람은 아무리 가르치고 일러주어도 알아듣지 못함.
[유] 우이송경(牛耳誦經) 마이동풍(馬耳東風) 대우탄금(對牛彈琴) 풍과이(風過耳)
[예] 그 친구 고집이 워낙 세서 자네가 그렇게 말해도 우이독경일걸세.
[출전] 동언해(東言解)

</td></tr>
<tr><td>

遠禍召福

멀 원	재앙 화	부를 소	복 복
辵 14	示 14	口 5	示 14

화를 멀리하고 복을 불러들임.
[예] 동지는 묵은 것을 보내고 새것을 맞음에 있어 잡귀와 재앙을 쫓고 복을 구하는 원화소복의 의미를 갖고 있는 민간풍습이다.

</td><td>

羽化登仙

깃 우	될 화	오를 등	신선 선
羽 6	匕 4	癶 12	人 5

날개가 돋아 신선이 되어 하늘에 오른다는 뜻으로, 죽음을 높게 이르는 말. 술이 거나하게 취하여 기분이 좋음.
[유] 우화(羽化)
[예] 지금 내 마음은 우화등선 하늘에 올라앉은 기분이다.
[출전] 소식(蘇軾)·적벽부(赤壁賦)

</td></tr>
</table>

危機一髮

危机一发[wēi jī yī fà]

流芳百世

流芳百世[liú fāng bǎi shì]

韋編三絕

韦编三绝[wéi biān sān jué]

有備無患

有备无患[yǒu bèi wú huàn]

柔能制剛

柔能制刚[róu néng zhì gāng]

由奢入儉

由奢入俭[yóu shē rù jiǎn]

流芳百世

흐를 유	꽃다울 방	일백 백	대 세
水 9	艸 8	白 6	一 5

향기가 백 대에 걸쳐 흐른다는 뜻으로, 꽃다운 이름이 후세에 길이 전함.

유 유방(流芳)

반 유취만년(遺臭萬年)

예 일신을 초개와 같이 국가에 바친 의·열사들의 애국적 삶은 한민족과 더불어 유방백세할 것이다.

危機一髮

위태할 위	기회 기	한 일	터럭 발
卩 6	木 16	一 1	髟 15

조금도 마음을 놓을 수 없는 절박한 순간. 당장 끊어질 듯한 위험한 순간.

유 누란지위(累卵之危) 백척간두(百尺竿頭)

예 기차와 부딪치는 위기일발의 순간에 그는 철길 위의 어린아이를 가까스로 밀쳐 내었다.

출전 한유(韓愈)·여맹상서(與孟尚書)

有備無患

있을 유	갖출 비	없을 무	근심 환
月 6	人 12	火 12	心 11

준비가 있으면 근심이 없다라는 뜻으로, 미리 준비가 되어 있으면 우환을 당하지 아니함.

유 곡돌사신(曲突徙薪) 거안사위(居安思危)

반 사후약방문(死後藥方文)

예 지휘관은 휘하 군인들에게 유비무환의 자세를 당부했다.

출전 춘추좌씨전(春秋左氏傳)

韋編三絶

가죽 위	엮을 편	석 삼	끊을 절
韋 9	糸 15	一 3	糸 12

종이가 없던 옛날에는 대나무에 글자를 써서 책으로 만들어 사용했었는데, 공자가 책을 하도 많이 읽어서 그것을 엮어 놓은 끈이 세 번이나 끊어졌단 데에서, 한 권의 책을 몇 십 번이나 되풀이해서 읽음을 비유.

예 공자가 이룬 위대한 문화적 업적에는 위편삼절 같은 피나는 노력이 숨어 있었다.

출전 사기(史記) 공자세가(孔子世家)

由奢入儉

말미암을 유	사치할 사	들 입	검소할 검
田 5	大 12	入 2	人 15

사치를 떠나 검소하게 살고자 힘씀.

예 사치하지 아니하고 검소하도록 힘쓰는 유사입검이야말로 가정경제 뿐만 아니라 나라경제에도 옳은 일이다.

柔能制剛

부드러울 유	능할 능	누를 제	굳셀 강
木 9	肉 10	刀 8	刀 10

부드러운 것이 능히 강한 것을 이긴다는 뜻으로, 약한 것을 보이고 적의 허술한 틈을 타 능히 강한 것을 제압함을 비유.

유 약능제강(弱能制剛) 유능승강(柔能勝剛)

예 유도는 유능제강을 바탕으로 남녀노소 할 것 없이 모두 즐길 수 있는 운동이다.

출전 삼략(三略), 유능승강(柔能勝剛)

流言蜚語

流言蜚语[liú yán fēi yǔ]

唯我獨尊

唯我独尊[wéi wǒ dú zūn]

類類相從

类类相从[lèi lèi xiāng cóng]

遊手徒食

游手徒食[yóu shǒu tú shí]

悠悠自適

悠悠自适[yōu yōu zì shì]

遺臭萬年

遗臭万年[yí chòu wàn nián]

<table><tr><td colspan="4" align="center"><h2>唯我獨尊</h2></td></tr><tr><td>오직 유
口 11</td><td>나 아
戈 7</td><td>홀로 독
犬 16</td><td>높을 존
寸 12</td></tr></table>

천상천하 유아독존의 줄임말로 석가모니의 탄생게로 이 세상의 모든 사람은 존귀하다는 말. 변하여, 자기만 잘 났다고 자부하는 독선적인 태도의 비유.
[예] 천상천하유아독존(天上天下唯我獨尊)은 세상의 개개인은 모두가 존귀하다는 뜻이다.
[출전] 단응본기경(端應本起經)

<table><tr><td colspan="4" align="center"><h2>流言蜚語</h2></td></tr><tr><td>흐를 유
水 9</td><td>말씀 언
言 7</td><td>바퀴 비
虫 14</td><td>말씀 어
言 14</td></tr></table>

아무 근거없이 널리 퍼진 소문. 터무니없이 떠도는 뜬 소문. 蜚는 飛와 같은 뜻.
[유] 부언유설(浮言流說) 부언낭설(浮言浪說) 가담항설(街談巷說) 유언비문(流言蜚文)
[예] 선거철에는 종종 상대 후보를 비방하는 유언비어가 떠돈다.

<table><tr><td colspan="4" align="center"><h2>遊手徒食</h2></td></tr><tr><td>놀 유
辵 13</td><td>손 수
手 4</td><td>무리 도
彳 10</td><td>밥 식
食 9</td></tr></table>

아무 일도 하지 아니하고 놀고먹음
[유] 무위도식(無爲徒食)
[예] 젊은 사람이 날마다 유수도식해서 되겠나.

<table><tr><td colspan="4" align="center"><h2>類類相從</h2></td></tr><tr><td>무리 유
頁 19</td><td>무리 유
頁 19</td><td>서로 상
目 9</td><td>좇을 종
彳 11</td></tr></table>

사물은 같은 무리끼리 따르고, 같은 사람은 서로 찾아 모인다는 뜻. 끼리끼리 사귐.
[유] 초록동색(草綠同色) 동병상련(同病相憐)
[예] 유유상종이라고 하더니 고만고만한 녀석들끼리 모였다.

<table><tr><td colspan="4" align="center"><h2>遺臭萬年</h2></td></tr><tr><td>끼칠 유
辵 16</td><td>냄새 취
自 10</td><td>일만 만
艸 13</td><td>해 년
干 6</td></tr></table>

냄새가 만 년에까지 남겨진다는 뜻으로, 더러운 이름을 영원히 장래에까지 남김.
[유] 유취만재(油臭萬載)
[반] 유방백세(流芳百世)
[예] 유방백세는 못 할 지라도 유취만년의 대통령은 되지 말아야 한다.

<table><tr><td colspan="4" align="center"><h2>悠悠自適</h2></td></tr><tr><td>한가할 유
心 11</td><td>한가할 유
心 11</td><td>스스로 자
自 6</td><td>갈 적
辵 15</td></tr></table>

여유가 있어 한가롭고 걱정이 없는 모양이라는 뜻으로, 속세에 속박됨이 없이 자기가 하고 싶은 대로 자유롭고 마음 편히 삶.
[유] 매처학자(梅妻鶴子) 동산고와(東山高臥) 유연자적(悠然自適)
[예] 그는 시골에서 유유자적하며 전원생활을 즐기고 있었다.

殷鑑不遠

殷鉴不远[yīn jiàn bù yuǎn]

吟風弄月

吟风弄月[yín fēng nòng yuè]

隱忍自重

隐忍自重[yǐn rěn zì zhòng]

泣斬馬謖

泣斩马谡[qì zhǎn mǎ sù]

陰德陽報

阴德阳报[yīn dé yáng bào]

意氣揚揚

意气扬扬[yì qì yáng yáng]

吟風弄月

읊을 음	바람 풍	희롱할 농	달 월
口 7	風 9	廾 7	月 4

바람을 읊고 달을 보고 시를 짓는다는 뜻으로, 시를 짓고 흥취를 자아내며 풍류를 즐김.

㈔ 음풍영월(吟風詠月) 당구풍월(堂狗風月)

㈖ 장기나 두고 술이나 마시며 음풍농월하던 시절은 이제 다 지나갔다.

殷鑑不遠

은나라 은	거울 감	아닐 불	멀 원
殳 10	金 22	一 4	辵 14

은나라 왕이 거울삼아야 할 멸망의 선례는 먼 데 있지 않다. 남의 실패를 자신의 경계로 삼으라는 말.

㈔ 상감불원(商鑑不遠) 복거지계(覆車之戒)

㈖ 금융위기에 대해 그는 은감불원처럼 현재를 거울 삼아 미래의 위기를 극복하는 데 지혜를 발휘하도록 당부했다.

㈜ 시경(詩經) · 대아(大雅) · 탕편(蕩篇)

泣斬馬謖

울 읍	벨 참	말 마	일어날 속
水 8	斤 11	馬 10	言 17

중국 촉나라 제갈량이 사랑하는 부하 마속이 군령을 어기자, 군의 질서를 세우기 위해 울면서 그의 목을 베었다. 원칙을 위하여 자기가 아끼는 사람을 버림.

㈔ 일벌백계(一罰百戒)

㈖ 법 집행에 있어서 사사로운 감정이 개입되어선 안 되고 읍참마속의 심정으로 죄를 물어야 한다.

㈜ 삼국지(三國志) · 마속전(馬謖傳)

隱忍自重

숨길 은	참을 인	스스로 자	무거울 중
阜 17	心 7	自 6	里 9

밖으로 드러내지 아니하고 마음속으로 괴로움을 참고 감추어 몸가짐을 신중히 함.

㈘ 경거망동(輕擧妄動)

㈖ 은인자중 일 년, 이제 뜻을 펼칠 때가 되었다.

意氣揚揚

뜻 의	기운 기	오를 양	오를 양
心 13	气 10	手 12	手 12

바라던 대로 되어 의기가 드높아 아주 자랑스럽게 뽐 내는 모양.

㈔ 득의양양(得意揚揚)

㈖ 낚시를 하러 가신 아버지가 대어 두 마리를 들고 의기양양해서 돌아오셨다.

㈜ 사기(史記)

陰德陽報

그늘 음	덕 덕	볕 양	갚을 보
阜 11	彳 15	阜 12	土 12

남 모르게 덕을 쌓은 사람은 반드시 그 일이 뒤에 드러 나서 그 보답을 받음.

㈖ 옛날부터 남몰래 덕을 닦은 사람은 비록 사람들이 몰라준다 하더라도 하늘이 알아주어 음덕양보의 복을 받는다.

意氣衝天

意气冲天[yì qì chōng tiān]

異口同聲

异口同声[yì kǒu tóng shēng]

意氣投合

意气投合[yì qì tóu hé]

以卵擊石

以卵击石[yǐ luǎn jī shí]

以古爲鑑

以古为鉴[yǐ gǔ wéi jiàn]

耳目口鼻

耳目口鼻[ěr mù kǒu bí]

<table><tr><td colspan="4" align="center">

異口同聲

</td></tr>
<tr><td>다를 이</td><td>입 구</td><td>같을 동</td><td>소리 성</td></tr>
<tr><td>田 12</td><td>口 3</td><td>口 6</td><td>耳 17</td></tr></table>

입은 다르지만 하는 말은 같다는 뜻으로, 여러 사람의 말이 한결같음을 이르는 말.
㊇ 이구동음(異口同音) 여출일구(如出一口)
㋭ 모든 사람이 그를 이구동성으로 칭찬한다.

<table><tr><td colspan="4" align="center">

意氣衝天

</td></tr>
<tr><td>뜻 의</td><td>기운 기</td><td>찌를 충</td><td>하늘 천</td></tr>
<tr><td>心 13</td><td>气 10</td><td>行 15</td><td>大 4</td></tr></table>

사람이 뜻한 바를 이루어 만족한 마음이 하늘을 찌를 찌를 듯이 솟아오름.
㋭ 적군을 무찌른 군사들은 의기충천한 모습으로 소리를 지르며 입성하였다.

<table><tr><td colspan="4" align="center">

以卵擊石

</td></tr>
<tr><td>써 이</td><td>알 란</td><td>칠 격</td><td>돌 석</td></tr>
<tr><td>人 5</td><td>卩 7</td><td>手 17</td><td>石 5</td></tr></table>

계란으로 바위치기. 약한 것으로 강한 것을 당해 내려는 어리석음을 비유.
㊇ 홍로점설(紅爐點雪) 배수여신(杯水輿薪) 이란투석(以卵投石)
㋭ 혼자서 여러 명을 상대하며 싸운다는 것은 이란격석일 뿐이다.

<table><tr><td colspan="4" align="center">

意氣投合

</td></tr>
<tr><td>뜻 의</td><td>기운 기</td><td>던질 투</td><td>합할 합</td></tr>
<tr><td>心 13</td><td>气 10</td><td>手 7</td><td>口 6</td></tr></table>

의기를 합함. 서로의 마음이나 뜻이 맞음.
㊇ 지기투합(志氣投合) 지기상합(志氣相合) 의기상투(意氣相投) 의가상합(意氣相合)
㋭ 내가 그녀와 의기투합하게 될 줄은 꿈에도 생각하지 못했다.

<table><tr><td colspan="4" align="center">

耳目口鼻

</td></tr>
<tr><td>귀 이</td><td>눈 목</td><td>입 구</td><td>코 비</td></tr>
<tr><td>耳 6</td><td>目 5</td><td>口 3</td><td>鼻 14</td></tr></table>

귀, 눈, 입, 코를 아울러 이르는 말. 귀, 눈, 입, 코 등을 중심으로 본 얼굴의 생김새.
㋭ 그는 표정이 풍부하고 이목구비가 시원시원하다.

<table><tr><td colspan="4" align="center">

以古爲鑑

</td></tr>
<tr><td>써 이</td><td>옛 고</td><td>할 위</td><td>거울 감</td></tr>
<tr><td>人 5</td><td>口 5</td><td>爪 12</td><td>金 22</td></tr></table>

옛것을 오늘의 거울로 삼는다는 뜻으로, 옛 성현의 말씀을 거울로 삼아 행동함.
㊇ 부답복철(不踏覆轍) 전복후계(前覆後戒) 전거가감(前車可鑑) 온고지신(溫故知新)
㋭ 우리는 과거의 역사를 되짚어 거울로 삼는 이고위감의 자세를 가져야 한다.
㋷ 정관정요(貞觀政要)

以實直告

以实直告[yǐ shí zhí gào]

泥田鬪狗

泥田斗狗[ní tián dòu gǒu]

二律背反

二律背反[èr lǜ bèi fǎn]

益者三樂

益者三乐[yì zhě sān yào]

以心傳心

以心传心[yǐ xīn chuán xīn]

益者三友

益者三友[yì zhě sān yǒu]

泥田鬪狗

진흙 이	밭 전	싸움 투	개 구
水 8	田 5	鬪 20	犬 8

진탕에서 싸우는 개라는 뜻으로, 명분이 서지 않는 일로 몰골사납게 싸움. 또는 강인한 성격을 말함.
예 선거 전 후보자들의 이전투구로 혼란스럽다.

以實直告

써 이	사실 실	바를 직	알릴 고
人 5	宀 14	目 8	口 7

사실 그대로 고함.
유 종실직고(從實直告) 이실고지(以實告之) 실진무휘(實陣無諱)
예 저놈이 아직도 몽둥이맛을 덜 본 모양이구나. 이실직고를 않으니.

益者三樂

더할 익	놈 자	석 삼	좋아할 요
皿 10	老 9	一 3	木 15

사람이 좋아하여 유익한 세 가지 곧, 예악(禮樂)을 적당히 좋아하고, 남의 착함을 말하기 좋아하고, 착한 벗이 많음을 좋아하는 것.
반 손자삼요(損者三樂)
예 사람 마음에 익자삼요와 손자삼요가 함께 공존하고 있다.
출전 논어(論語)

二律背反

두 이	법 율	등 배	되돌릴 반
二 2	彳 9	肉 9	又 4

두 가지 규율이 서로 반대된다는 뜻으로, 서로 모순되는 두 명제가 동등한 타당성을 가지고 주장되는 일.
유 자기모순(自己矛盾) 자가당착(自家撞着)
예 친구 간의 의리를 모르고 이율배반적인 그 녀석은 친구라고 부르기조차 싫다.

益者三友

이로울 익	놈 자	석 삼	벗 우
皿 10	老 9	一 3	又 4

사귀어 자기에게 유익한 세 부류의 벗, 정직한 벗, 신의·성실이 있는 벗, 지식이 있는 벗을 말함.
유 삼익우(三益友)
반 손자삼우(損者三友)
예 익자삼우를 만나는 것도 좋지만 자신이 그런 친구가 되도록 애써야 한다.
출전 논어(論語)·계씨편(季氏篇)

以心傳心

써 이	마음 심	전할 전	마음 심
人 5	心 4	人 13	心 4

마음과 마음이 통하고, 말을 하지 않아도 의사가 전달됨.
유 염화시중(拈華示衆) 교외별전(敎外別傳) 불립문자(不立文字) 심심상인(心心相印)
예 두 사람 사이에는 어느덧 이심전심으로 우정이 싹트고 있었다.
출전 전등록(傳燈錄)

人口膾炙

人口脍炙[rén kǒu kuài zhì]

人死留名

人死留名[rén sǐ liú míng]

因果應報

因果应报[yīn guǒ yìng bào]

仁者無敵

仁者无敌[rén zhě wú dí]

人面獸心

人面兽心[rén miàn shòu xīn]

因敗爲成

因败为成[yīn bài wéi chéng]

人死留名

사람 인	죽을 사	머무를 유	이름 명
人 2	歹 6	田 10	口 6

사람은 죽어서 이름을 남긴다는 뜻으로, 사람의 삶이 헛되지 아니하면 그 이름이 길이 남음을 이르는 말.

[유] 호사유피(虎死留皮) 표사유피(豹死留皮)

[예] 시대에 도움과 이로움을 준 사람으로 기억될 때 인사유명의 가치가 있는 것이다.

人口膾炙

사람 인	입 구	회 회	구울 자
人 2	口 3	肉 17	火 8

사람들의 입맛에 맞는 생선회와 육회, 잘 구운 고기라는 뜻으로 널리 세상 사람들의 입에 오르내리는 이야깃거리가 됨.

[예] 훌륭한 인재를 많이 배출해 인구회자가 될 수 있는 장학재단이 되기를 기원합니다.

仁者無敵

어질 인	놈 자	없을 무	대적할 적
人 4	老 9	火 12	攴 15

어진 사람은 널리 사람을 사랑하므로 천하에 적대할 사람이 없음.

[예] 인자무적이라고 하지만 자상하고 어진 사람도 비정한 정치 현실에서는 적들에 둘러싸여 고립무원이 될 수 있다.

[출전] 맹자(孟子)·양혜왕장구상(梁惠王章句上)

因果應報

인할 인	결과 과	응할 응	갚을 보
口 6	木 8	心 17	土 12

원인과 결과는 서로 물고 물린다는 뜻으로, 선을 행하면 선의 결과가, 악을 행하면 악의 결과가 반드시 뒤따름.

[유] 출이반이(出爾反爾) 종두득두(種豆得豆)

[예] 놀부가 벌을 받게 되는 것은 말하자면 인과응보이다.

因敗爲成

인할 인	패할 패	할 위	이룰 성
口 6	攴 11	爪 12	戈 7

실패한 것을 계기로 성공하게 됨.

[예] 인패위성이라는 말이 있다. 실패의 원인을 철저하게 분석하고 반성한다면 이는 성공을 위한 귀중한 자양분이 되는 것이다.

人面獸心

사람 인	낯 면	짐승 수	마음 심
人 2	面 9	犬 19	心 4

얼굴은 사람의 모습을 하였으나 마음은 짐승과 같다는 뜻으로, 사람의 도리를 지키지 못하고 마음이나 행동이 몹시 흉악한 사람을 이름.

[유] 인비인(人非人) 표리부동(표리부동)

[예] 그는 그야말로 인면수심의 파렴치 인간이었다.

[출전] 한서(漢書)·소무전(蘇武專)

一舉兩得

一举两得[yī jǔ liǎng dé]

日暖風和

日暖风和[rì nuǎn fēng hé]

日久月深

日久月深[rì jiǔ yuè shēn]

一刀兩斷

一刀两断[yī dāo liǎng duàn]

一口二言

一口二言[yī kǒu èr yán]

一網打盡

一网打尽[yī wǎng dǎ jìn]

日暖風和

해 일	따뜻할 난	바람 풍	화할 화
日 4	日 13	風 9	口 8

날씨가 따뜻하고 바람이 온화함.
예 바다는 그렇게 풍랑이 심한데도 섬에 올라가 보니까 거기는 일난풍화 하였다.

一擧兩得

한 일	움직일 거	두 양	얻을 득
一 1	手 18	入 8	彳 11

한 가지 일로 두 가지 이익을 얻음. 꿩 먹고 알 먹는다. 도랑 치고 가재 잡는다. 님도 보고 뽕도 딴다.
유 일전쌍조(一箭雙鵰) 일거양전(一擧兩全)
반 일거양실(一擧兩失)
예 조개를 잡았는데 그 안에서 진주가 나왔으니 그야말로 일거양득이다.
출전 사기(史記)

一刀兩斷

한 일	칼 도	두 양	끊을 단
一 1	刀 2	入 8	斤 18

단숨에 한칼로 쳐서 두 동강이를 낸다는 뜻으로, 머뭇거리지 않고 일이나 행동을 과감히 결정함을 비유.
유 일도할단(一刀割斷)
반 우유부단(優柔不斷)
예 지금은 꾸물거리기보다는 일도양단이 필요할 때다.
출전 주자어록(朱子語錄)

日久月深

날 일	오랠 구	달 월	깊을 심
日 4	丿 3	月 4	水 11

날이 오래되고 달이 깊어 간다는 뜻으로, 날이 갈수록 바라는 마음이 더욱 간절해짐을 말함.
유 일취월장(日就月將)
예 그녀는 열다섯 살 때부터 일구월심으로 명창이 되기를 바랐다.

一網打盡

한 일	그물 망	칠 타	다할 진
一 1	糸 14	手 5	皿 14

그물을 한번 던져 물고기를 잡는다는 뜻으로, 한꺼번에 모두 잡아들인다는 의미.
예 그는 부하들에게 범죄자들의 일망타진을 명령했다.
출전 송사(宋史)·인종기(仁宗紀)

一口二言

한 일	입 구	두 이	말씀 언
一 1	口 3	二 2	言 7

한 입으로 두 말을 한다는 뜻으로, 말을 이랬다저랬다 함.
유 일구양설(一口兩說) 일구양설(一口兩舌)
예 그는 일구이언을 밥 먹듯 하여 아무도 그를 믿지 않게 되었다.

一目瞭然

一目了然[yī mù liǎo rán]

一瀉千里

一泻千里[yī xiè qiān lǐ]

一罰百戒

一罚百戒[yī fá bǎi jiè]

一石二鳥

一石二鸟[yī shí èr niǎo]

一絲不亂

一丝不乱[yī sī bù luàn]

一笑一少

一笑一少[yī xiào yī shào]

<table>
<tr><td colspan="5" align="center">

一瀉千里

</td></tr>
<tr><td>한 일
一 1</td><td>쏟을 사
水 18</td><td>일천 천
十 3</td><td>거리 리
里 7</td></tr>
</table>

한 번 쏟아져 단번에 천 리를 간다. 말이나 일의 진행이 조금도 거침없이 빨리 진행되거나 문장이나 글이 명쾌함.

[유] 구천직하(九天直下)
[반] 지지부진(遲遲不進)
[예] 그는 일사천리로 회의를 진행했다.
[출전] 복혜전서(福惠全書)

<table>
<tr><td colspan="5" align="center">

一目瞭然

</td></tr>
<tr><td>한 일
一 1</td><td>눈 목
目 5</td><td>밝을 요
目 17</td><td>그럴 연
火 12</td></tr>
</table>

한 번 보고도 환하게 알 수 있을 만큼 분명함.
[예] 강의 계획서에서는 다음 학기 강의 내용이 일목요연하게 정리되어 있었다.

<table>
<tr><td colspan="5" align="center">

一石二鳥

</td></tr>
<tr><td>한 일
一 1</td><td>돌 석
石 5</td><td>두 이
二 2</td><td>새 조
鳥 11</td></tr>
</table>

한 개의 돌을 던져 두 마리의 새를 맞추어 떨어뜨린다는 뜻으로, 한 가지 일을 해서 두 가지 이익을 얻음을 비유.

[유] 일전쌍조(一箭雙鵰) 일거양득(一擧兩得)
[예] 여럿이 모여 일을 하니 능률도 오르고 시간도 절약되는 일석이조의 효과가 있습니다.

<table>
<tr><td colspan="5" align="center">

一罰百戒

</td></tr>
<tr><td>한 일
一 1</td><td>형벌 벌
网 14</td><td>일백 백
白 6</td><td>경계할 계
戈 7</td></tr>
</table>

한 사람을 벌주어 백 사람을 경계한다는 뜻으로, 여러 사람의 경각심을 불러일으키기 위하여 무서운 벌로 다스림.

[유] 징일여백(懲一勵百) 이일경백(以一警百) 읍참마속(泣斬馬謖)
[예] 회장은 예전엔 용인해 줄 만한 사안도 일벌백계 차원에서 엄중 문책하겠다고 밝혔다.

<table>
<tr><td colspan="5" align="center">

一笑一少

</td></tr>
<tr><td>한 일
一 1</td><td>웃을 소
竹 10</td><td>한 일
一 1</td><td>적을 소
小 4</td></tr>
</table>

한 번 웃으면 그만큼 더 젊어짐.
[예] 일소일소(一笑一少), 일노일로(一怒一老)라는 말이 있다. 매우 의미있는 말이다.

<table>
<tr><td colspan="5" align="center">

一絲不亂

</td></tr>
<tr><td>한 일
一 1</td><td>실 사
糸 12</td><td>아니 불
一 4</td><td>어지러울 란
乙 13</td></tr>
</table>

한 오라기의 실도 흐트러지지 않았다는 뜻으로, 질서나 체계 따위가 잘 잡혀 있어서 조금도 흐트러짐이 없음.
[예] 구령에 맞추어 학생들은 일사불란하게 움직였다.

一心同體

一心同体[yī xīn tóng tǐ]

一葉片舟

一叶片舟[yī yè piàn zhōu]

一魚濁水

一鱼浊水[yī yú zhuó shuǐ]

一衣帶水

一衣带水[yī yī dài shuǐ]

一葉知秋

一叶知秋[yī yè zhī qiū]

一以貫之

一以贯之[yī yǐ guàn zhī]

一葉片舟

한 일	잎 엽	조각 편	배 주
一 1	艹 13	片 4	舟 6

한 척의 조그마한 조각배
⑩ 일엽주(一葉舟) 일엽소선(一葉小船)
⑩ 처음 현해탄을 넘을 때는, 젊은 시절이어서 가슴이 마구 뛰더군. 망망대해, 연락선이 일엽편주 같았다.

一心同體

한 일	마음 심	한가지 동	몸 체
一 1	心 4	口 6	骨 23

한 마음 한 몸처럼 뜻을 합쳐 굳게 결속함.
⑩ 이체동심(異體同心)
⑩ 노사가 일심동체가 되어 쓰러져 가던 회사를 일드켰다.

一衣帶水

한 일	옷 의	띠 대	물 수
一 1	衣 6	巾 11	水 4

한줄기의 띠와 같이 작은 냇물이나 강물. 또는 겨우 냇물 하나를 사이에 둔 가까운 이웃.
⑩ 지호지간(指呼之間) 지척지간(咫尺之間)
⑩ 일본은 한·일 관계를 일의대수라고 외치기 전에 독도, 위안부 문제 등 성의있는 자세를 보여야 한다.
[출전] 남사(南史)

一魚濁水

한 일	고기 어	흐릴 탁	물 수
一 1	魚 11	水 16	水 4

물고기 한 마리가 큰물을 흐리게 한다는 뜻으로, 한 사람의 악행으로 인하여 여러 사람이 그 피해를 받게 되는 것을 비유.
⑩ 성실하고 최선을 다하는 절대 다수의 직원들 사이에 일어탁수가 번복되지 않기를 기원한다.

一以貫之

한 일	써 이	꿰뚫을 관	갈 지
一 1	人 5	貝 11	ノ 4

하나의 이치로써 그것을 꿰뚫었다는 뜻으로, 처음부터 끝까지 변하지 않음. 막힘없이 끝까지 밀고 나감.
⑩ 일관(一貫)
⑩ 일이관지의 태도를 견지하다.

一葉知秋

한 일	잎 엽	알 지	가을 추
一 1	艹 13	矢 8	禾 9

나뭇잎 하나가 떨어짐을 보고 가을이 옴을 안다는 뜻으로, 한 가지의 일을 보고 장차 있을 일을 짐작함.
⑩ 일엽낙지천하추(一葉落知天下秋)
⑩ 일엽지추라, 큰 사건이 일어나기 전에는 전조 같은 것이 반드시 나타난다.
[출전] 회남자(淮南子)

一長一短

一长一短[yī cháng yī duǎn]

一寸光陰

一寸光阴[yī cùn guāng yīn]

一場春夢

一场春梦[yī cháng chūn mèng]

日就月將

日就月将[rì jiù yuè jiāng]

一觸即發

一触即发[yī chù jí fā]

一波萬波

一波万波[yī bō wàn bō]

一寸光陰

한 일	마디 촌	빛 광	그늘 음
一 1	寸 3	儿 6	阜 11

매우 짧은 시간. 촌각(寸刻). 일촌광음불가경(一寸光陰不可輕)은 아주 짧은 시간이라도 헛되이 보내지 말라는 뜻.
例 일촌광음이라도 아껴야 할 만큼 중요한 시기이다.

一長一短

한 일	길 장	한 일	짧을 단
一 1	長 8	一 1	矢 12

사람은 누구나 장점도 있고 단점도 함께 가지고 있다는 말.
例 두 가지 견해 중 어떤 견해를 선택해도 각각 일장일단이 있다.

日就月將

해 일	이룰 취	달 월	나아갈 장
日 4	尤 12	月 4	寸 11

날마다 달마다 성장하고 발전한다는 뜻으로, 학업이 날이 가고 달이 갈수록 진보함을 이름.
類 일장월취(日將月就) 괄목상대(刮目相對) 일구월심(日久月深)
例 그가 한번 마음을 먹고 공부에 전념하니 일취월장이었다.

一場春夢

한 일	마당 장	봄 춘	꿈 몽
一 1	土 12	日 9	夕 14

한바탕의 봄꿈처럼 허망하고 덧없는 부귀영화란 뜻으로, 인생의 허무함을 비유.
類 백일몽(白日夢) 남가일몽(南柯一夢) 한단지침(邯鄲之枕) 일취지몽(一炊之夢) 무산지몽(巫山之夢)
例 세월이 일장춘몽이다. 엊그제 같은 일들이 이십 년 전, 삼십 년 전의 일이라니.

一波萬波

한 일	물결 파	일만 만	물결 파
一 1	水 8	艸 13	水 8

한 사건이 그 사건에 그치지 않고 잇달아 많은 사건으로 번짐.
例 사건은 거기서 그치지 않고 일파만파로 퍼져 나갔다.

一觸卽發

한 일	닿을 촉	곧 즉	필 발
一 1	角 20	卩 9	癶 12

한 번 닿기만 하여도 곧 폭발한다는 뜻으로, 조그만 자극에도 큰 일이 벌어질 것 같은 아슬아슬한 상태.
類 풍전등화(風前燈火) 누란지위(累卵之危) 초미지급(焦眉之急) 명재경각(命在頃刻)
例 그는 거대한 불만과 불안에 사로잡혀 건드리면 폭발할 듯한 일촉즉발의 상태에 놓여 있다.

一敗塗地

一败涂地 [yī bài tú dì]

一攫千金

一攫千金 [yī jué qiān jīn]

一片丹心

一片丹心 [yī piàn dān xīn]

臨渴掘井

临渴掘井 [lín kě jué jǐng]

一筆揮之

一笔挥之 [yī bǐ huī zhī]

臨機應變

临机应变 [lín jī yìng biàn]

一攫千金

한 일	불잡을 확	일천 천	황금 금
一 1	手 23	十 3	金 8

한꺼번에 많은 돈을 얻는다는 뜻으로, 노력함이 없이 한꺼번에 많은 재물을 얻음. 벼락부자가 되는 것.
예 일확천금을 꿈꾸며 복권을 사는 사람들.

一敗塗地

한 일	패할 패	칠할 도	땅 지
一 1	攴 11	土 13	土 6

싸움에 한 번 패하여 땅바닥에 떨어져 으깨어진다는 뜻으로, 한 번 싸우다가 여지없이 패배하여 다시는 일어날 수 없게 됨.
예 원래 사기도 떨어진데다가 장수를 잃은 군사들은 불의의 습격을 받아서 일패도지를 당했다.
출전 사기(史記)

臨渴掘井

임할 임	목마를 갈	팔 굴	우물 정
臣 17	水 12	手 11	二 4

목마른 자가 우물 판다라는 뜻으로, 미리 준비없이 일을 당하여 허둥지둥 서두른다는 의미.
유 임경굴정(臨耕掘井)
예 외적의 침입을 받고서야 방비책을 논하니 이야말로 임갈굴정이 아닙니까.
출전 동언해(東言解)

一片丹心

한 일	조각 편	붉을 단	마음 심
一 1	片 4	、 4	心 4

한 조각의 붉은 마음이란 뜻으로, 오직 한 가지에 변함 없는 마음을 이르는 말.
예 임 향한 나의 일편단심은 변하지 않을 것이다.

臨機應變

임할 임	기회 기	응할 응	변할 변
臣 17	木 16	心 17	言 23

그때그때의 일의 형편에 따라서 융통성있게 대응함. 뜻밖의 일을 재빨리 그 자리에서 알맞게 대처하는 일.
유 임시응변(臨時應變) 수시응변(隨時應變) 수기응변(隨機應變)
예 임기응변으로 위기를 넘기다.
출전 남사(南史)

一筆揮之

한 일	붓 필	휘두를 휘	갈 지
一 1	竹 12	手 12	丿 4

글씨를 단숨에 힘차고 시원하게 쭉 써 내림.
예 일필휘지로 휘갈긴 듯한 그의 작품은 폭포의 웅장함을 연상시킨다.

臨戰無退

临战无退[lín zhàn wú tuì]

自强不息

自强不息[zì qiáng bù xī]

立身揚名

立身扬名[lì shēn yáng míng]

自激之心

自激之心[zì jī zhī xīn]

自家撞着

自家撞着[zì jiā zhuàng zhe]

自愧之心

自愧之心[zì kuì zhī xīn]

自强不息

스스로 자	굳셀 강	아닐 불	숨쉴 식
自 6	弓 12	一 4	心 10

스스로 힘을 쓰고 가다듬어 쉬지 아니함.

[유] 자강불식(自彊不息)

[예] 나는 금년을 자강불식의 해로 정하고 공부에 매진하기로 했다.

[출전] 역경(易經)

臨戰無退

임할 임	싸울 전	없을 무	물러날 퇴
臣 17	戈 16	火 12	辵 10

삼국 통일의 원동력이 된 화랑(花郞)의 세속오계(世俗五戒)의 하나. 싸움에 임하여 물러섬이 없음.

[예] 오늘 전투에서 보여 준 임전무퇴의 기상과 투혼은 청사에 길이 빛날 것이다.

自激之心

스스로 자	과격할 격	갈 지	마음 심
自 6	水 16	丿 4	心 4

자기가 일을 해놓고 그 일에 대하여 스스로 미흡하게 여기는 마음.

[유] 자곡지심(自曲之心)

[예] 이 집에는 소용없는 존재가 되었는가 싶어서 자격지심도 나고 섭섭하기도 하였다.

立身揚名

설 입	몸 신	올릴 양	이름 명
立 5	身 7	手 12	口 6

사회적으로 인정을 받고 출세하여 이름을 세상에 드날림. 후세에 이름을 떨쳐 부모를 영광되게 해 드리는 것.

[유] 등달(騰達) 입신출세(立身出世) 등용문(登龍門)

[예] 예전에는 낮은 신분으로 입신양명을 할 수 없었다.

自愧之心

스스로 자	부끄러울 괴	갈 지	마음 심
自 6	心 13	丿 4	心 4

스스로 부끄럽게 여기는 마음.

[유] 자괴심(自愧心)

[예] 원작을 다시 살펴보았더니 이렇게 깊이 있는 것을 이런 신파조로밖에 못 만들었나 하는 자괴지심 때문에 괴로워했다.

自家撞着

스스로 자	집 가	칠 당	붙을 착
自 6	宀 10	手 15	羊 11

자기의 언행이 전후 모순되어 일치하지 않음.

[유] 자기모순(自己矛盾) 이율배반(二律背反) 모순당착(矛盾撞着)

[예] 이 논문은 처음의 주장을 스스로 부인하는 자가당착에 빠졌다.

[출전] 선림유취(禪林類聚)

自給自足

自给自足[zì jǐ zì zú]

自手成家

自手成家[zì shǒu chéng jiā]

自問自答

自问自答[zì wèn zì dá]

自繩自縛

自绳自缚[zì shéng zì fù]

子孫萬代

子孙万代[zǐ sūn wàn dài]

自業自得

自业自得[zì yè zì dé]

自手成家

스스로 자	손 수	이룰 성	집 가
自 6	手 4	戈 7	宀 10

물려받은 재산 없이 스스로의 힘으로 일가를 이룸. 곧, 스스로의 힘으로 사업을 이룩하거나 큰 일을 이룸.

㊤ 입신출세(立身出世) 적수성가(赤手成家) 적수기가(赤手起家)

㊁ 그는 빈농의 아들로 태어나 자수성가해 대기업의 사장이 되었다.

自給自足

스스로 자	넉넉할 급	스스로 자	넉넉할 족
自 6	糸 12	自 6	足 7

교환에 의하지 않고 자기가 필요한 것을 스스로 생산하여 충당함.

㊁ 농경 사회는 필요한 대부분의 것을 자급자족했다.

自繩自縛

자기 자	줄 승	자기 자	묶을 박
自 6	糸 19	自 6	糸 16

자기가 꼰 새끼줄로 자기를 묶다는 말로, 자기가 자기를 망치게 한다는 뜻. 불교에서, 스스로 번뇌를 일으켜 괴로워함.

㊤ 자업자득(自業自得)

㊁ 당장의 눈앞에 이익만을 생각하는 어리석음으로 자승자박의 우를 범하지 맙시다.

自問自答

스스로 자	물을 문	스스로 자	대답할 답
自 6	口 11	自 6	竹 12

스스로 묻고 스스로 대답한다는 뜻으로, 마음속으로 대화함을 이르는 말.

㊁ 그는 인생이란 도대체 무엇인가에 대해 자문자답을 계속했다.

自業自得

자기 자	업 업	자기 자	얻을 득
自 6	木 13	自 6	彳 11

자기가 저지른 일의 죄과를 자기 자신이 받음.

㊤ 자승자박(自繩自縛) 자작지얼(自作之孽) 자작자수(自作自受) 자업자박(自業自縛) 양호유환(養虎遺患)

㊁ 애초에 잘못은 자기에게 있었으니 자업자득이지요.

㊂ 정법염경(正法念經)

子孫萬代

아들 자	손자 손	일만 만	대 대
子 3	子 10	艸 13	人 5

자자손손의 썩 많은 세대가 계속해서 이어져 나감.

㊁ 우리가 오늘 땀을 흘려서 창조하고 건설하여 놓은 것은 자손만대의 번영을 위한 것이다.

自中之亂

自中之乱[zì zhōng zhī luàn]

自畫自讚

自画自赞[zì huà zì zàn]

自初至終

自初至终[zì chū zhì zhōng]

作心三日

作心三日[zuò xīn sān rì]

自暴自棄

自暴自弃[zì bào zì qì]

張三李四

张三李四[zhāng sān lǐ sì]

自畵自讚

자기 자	그림 화	자기 자	기릴 찬
自 6	畵 13	自 6	讚 26

자기가 그린 그림을 자기가 칭찬한다는 뜻으로, 자기의 행위를 스스로 자랑함.

유 모수자천(毛遂自薦)

예 자화자찬처럼 들릴지는 모르겠지만 이 작품은 내가 심혈을 기울인 것이다.

自中之亂

자기 자	가운데 중	갈 지	어지러울 란
自 6	ㅣ 4	㇏ 4	乙 13

같은 패 안에서 일어나는 싸움. 갈치가 갈치 꼬리 문다.

유 소장지우(蕭牆之憂) 소장지변(蕭牆之變) 소장지란(蕭牆之亂) 내홍(內訌) 내쟁(內爭)

예 돈이 좀 생기면 서로 먹으려고 자중지란을 일으키니, 그것들을 데리고 무슨 일을 한단 말이요.

作心三日

지을 작	마음 심	석 삼	날 일
人 7	心 4	一 3	日 4

한번 결심한 것이 삼일이 못간다는 뜻으로, 결심이 얼마 되지 않아 흐지부지 된다는 말.

유 조령석개(朝令夕改) 조령모개(朝令暮改) 조개모변(朝改暮變)

예 올해 금연 선언을 하였으나 작심삼일이었다.

自初至終

부터 자	처음 초	이를 지	끝날 종
自 6	刀 7	至 6	糸 11

처음부터 끝까지 이르는 동안의 과정이나 그 사실.

유 종두지미(鐘頭至尾) 전후수말(前後首末) 자초지말(自初至末) 자두지미(自頭至尾)

예 이 일이 왜 이렇게 되었는지 자초지종을 털어놓아라.

張三李四

성 장	석 삼	성 이	넉 사
弓 11	一 3	木 7	口 5

장씨의 삼남(三男)과 이씨의 사남(四男)이란 뜻으로, 성명이나 신분이 뚜렷하지 못한 평범한 사람을 가리킴.

유 필부필부(匹夫匹婦) 초동급부(樵童汲婦) 우부우부(愚夫愚婦) 선남선녀(善男善女)

예 이 땅에 살아가는 장삼이사들의 이런저런 고뇌는 다르면서 또한 비슷할 것이다.

自暴自棄

스스로 자	사나울 포	스스로 자	버릴 기
自 6	日 15	自 6	木 12

절망 상태에 빠져서 자신을 스스로 해치고 스스로 버림. 절망상태에 빠져 비관한 끝에 좋지 않은 줄 알면서도 몸가짐이나 행동을 되는 대로 취함.

반 발분도강(發憤圖强)

예 그 환자는 치료를 받아도 완치될 수 없을 것이라고 자포자기하면서 퇴원을 요청했다.

출전 맹자(孟子)·이루상편(離妻上篇)

才勝薄德

才胜薄德[cái shèng bó dé]

適者生存

适者生存[shì zhě shēng cún]

賊反荷杖

贼反荷杖[zéi fǎn hè zhàng]

電光石火

电光石火[diàn guāng shí huǒ]

積小成大

积小成大[jī xiǎo chéng dà]

前代未聞

前代未闻[qián dài wèi wén]

適者生存

맞을 적	놈 자	살 생	있을 존
辵 15	老 9	生 5	子 6

생존경쟁의 세계에서 주위 환경의 변화에 잘 적응한 것만이 살아남고 그렇지 못한 것은 차차 쇠퇴, 멸망해 가는 자연 도태의 현상을 말함.
㈜ 우승열패(優勝劣敗) 약육강식(弱肉强食)
㈒ 생태계의 기본 원리는 약육강식이나 적자생존이 아니라, 공생과 상부상조의 원리라는 주장이 있다.

才勝薄德

재주 재	나을 승	적을 박	덕 덕
手 3	力 12	艸 17	彳 15

재주는 다른 사람보다 낫지만 덕이 부족함을 뜻함.
㈒ 재주가 덕을 이기는 재승박덕한 아이로 키우느니, 차라리 재주가 남보다 모자라더라도 덕성을 가진 아이로 키우고 싶었다.

電光石火

번개 전	빛 광	돌 석	불 화
雨 13	儿 6	石 5	火 4

번갯불이나 부싯돌의 불이 번쩍이는 것처럼, 극히 짧은 시간이나 아주 신속한 동작을 말함. 일이 매우 빠른 것을 가리키는 말.
㈒ 그의 뇌리에 한 가닥 불길한 생각이 전광석화처럼 스치고 지나갔다.

賊反荷杖

도둑 적	되돌릴 반	멜 하	지팡이 장
貝 13	又 4	艸 11	木 7

도둑이 도리어 몽둥이를 든다는 뜻으로, 잘못한 사람이 잘 한 사람을 나무라는 경우를 말함.
㈜ 객반위주(客反爲主)
㈒ 사고를 낸 사람이 피해자에게 큰소리를 치다니, 정말 적반하장도 유분수다.

前代未聞

앞 전	시대 대	아닐 미	들을 문
刀 9	人 5	木 5	耳 14

지난 시대에는 들어 본 적이 없다는 뜻으로, 매우 놀라운 것이나 새로운 일을 이르는 말.
㈜ 희대미문(稀代未聞) 최초(最初) 전고미문(前古未聞) 미증유(未曾有)
㈒ 기록에 따르면 이 저서는 전대미문의 방대한 역사서이지만 지금은 유실되어 전하지 않는다.

積小成大

쌓을 적	작을 소	이룰 성	큰 대
禾 16	小 3	戈 7	大 3

작은 것도 많이 쌓이면 큰 것을 이룸.
㈜ 적진성산(積塵成山) 점적천석(點滴穿石) 적토성산(積土成山) 우공이산(愚公移山)
㈒ 불쌍한 이웃을 돕기 위해 조금씩 모은 쌀이 벌써 두 가마니가 되었으니 그야말로 적소성대이다.

前途洋洋

前途洋洋[qián tú yáng yáng]

輾轉反側

辗转反侧[zhǎn zhuǎn fǎn cè]

前無後無

前无后无[qián wú hòu wú]

轉禍爲福

转祸为福[zhuǎn huò wéi fú]

戰戰兢兢

战战兢兢[zhàn zhàn jīng jīng]

絶世美人

绝世美人[jué shì měi rén]

輾轉反側			
돌아누울 전	구를 전	뒤집을 반	기울 측
車 17	車 18	又 4	人 11

이리 뒤척 저리 뒤척 한다는 뜻으로, 걱정거리로 마음이 괴로워 잠을 이루지 못함을 이르는 말. 원래는 미인을 사모하여 잠을 이루지 못함을 이르는 표현임.
[유] 전전불매(輾轉不寐) 오매불망(寤寐不忘)
[예] 밤새도록 잠을 못 이루고 전전반측하다.
[출전] 시경(詩經)

前途洋洋			
앞 전	길 도	바다 양	바다 양
刀 9	辶 11	水 9	水 9

앞길이 바다와 같음. 앞길이나 앞날이 크게 열리어 장래가 매우 밝음. 희망이 있음.
[예] 그는 전도양양한 젊은이이다.

轉禍爲福			
구를 전	재앙 화	할 위	복 복
車 18	示 14	爪 12	示 14

화가 바뀌어 오히려 복이 된다는 뜻으로, 어떤 불행한 일이라도 끊임없는 노력과 강인한 의지로 힘쓰면 불행을 행복으로 바꾸어 놓을 수 있다는 말.
[유] 화전위복(禍轉爲福) 새옹지마(塞翁之馬)
[예] 현재의 어려움을 전화위복의 계기로 삼다.
[출전] 전국책(戰國策)

前無後無			
앞 전	없을 무	뒤 후	없을 무
刀 9	火 12	彳 9	火 12

전에도 없었고 앞으로도 있을 수 없음.
[유] 광전절후(曠前絕後) 공전절후(空前絕後)
[예] 그 학자의 연구는 역사에 길이 남을 전무후무의 업적이라 할 만하다.

絶世美人			
뛰어날 절	세상 세	아름다울 미	사람 인
糸 12	一 5	羊 9	人 2

세상에 다시없을 만큼 빼어나게 아름다운 미인.
[유] 절세가인(絕世佳人) 화용월태(花容月態) 단순호치(丹脣皓齒) 경국지색(傾國之色)
[예] 그녀는 활짝 핀 꽃에 비유될 정도로 보기 드문 절세미인이었다.

戰戰兢兢			
두려워할 전	두려워할 전	두려워할 긍	두려워할 긍
戈 16	戈 16	儿 14	儿 14

전전(戰戰)은 겁을 먹고 벌벌 떠는 것. 긍긍(兢兢)은 조심해 몸을 움츠리는 것으로 어떤 위기감에 떠는 심정을 비유. 매우 두려워하여 겁내는 모양.
[유] 소심익익(小心翼翼) 전전율율(戰戰慄慄)
[예] 그는 자신에게 예기치 못한 탈이라도 생길까 봐 전전긍긍이었다.
[출전] 시경(詩經)의 소아편(小雅篇)

絕長補短

绝长补短[jué cháng bǔ duǎn]

漸入佳境

渐入佳境[jiàn rù jiā jìng]

切磋琢磨

切磋琢磨[qiē cuō zhuó mó]

頂門一鍼

顶门一针[dǐng mén yī zhēn]

切齒腐心

切齿腐心[qiè chǐ fǔ xīn]

井中之蛙

井中之蛙[jǐng zhōng zhī wā]

漸入佳境

점점 점	들 입	좋을 가	지경 경
水 14	入 2	人 8	土 14

들어갈수록 경치가 아름다워진다는 뜻으로, 일이 점점 더 좋거나 재미있는 지경으로 들어가는 것. 시간이 지날수록 하는 짓이나 몰골이 더욱 꼴불견임을 비유.

㉑ 지리산은 깊이 들어갈수록 점입가경이다.

㈜ 진서(晉書) 고개지전(顧愷之傳)

絶長補短

끊을 절	길 장	더할 보	짧을 단
糸 12	長 8	衣 12	矢 12

긴 것을 잘라서 짧은 것에 보태어 부족함을 채운다는 뜻으로, 알맞게 맞춤. 장점으로 단점의 부족한 것을 보충함.

㉠ 절장보단(截長補短) 단장보단(斷長補短) 절장속단(絶長續短)

㉑ 나와 그 친구는 성격이 대조적이지만 절장보단의 관계를 잘 유지하고 있다.

頂門一鍼

정수리 정	문 문	한 일	침 침
頁 11	門 8	一 1	金 17

정수리에 침 하나를 꽂는다는 뜻으로, 상대방 잘못에 대해 정신을 차리도록 급소를 찌르는 듯한 따끔한 충고나 교훈을 이름.

㉠ 촌철살인(寸鐵殺人) 정상일침(頂上一鍼) 정문금추(頂門金錐)

㉑ 정문일침과도 같은 아낌없는 격려를 감사하게 생각합니다.

切磋琢磨

끊을 절	갈 차	쫄 락	갈 마
刀 2	石 10	玉 8	石 11

옥돌을 자르고 줄로 쓸고 끌로 쪼고 갈아 빛을 낸다는 뜻으로, 학문이나 인격을 갈고 닦음.

㉠ 타산지석(他山之石) 절마(切磨) 공옥이석(攻玉以石)

㉑ 절차탁마를 하며 공부할 시간이 부족하다.

㈜ 시경(詩經)

井中之蛙

우물 정	가운데 중	갈 지	개구리 와
二 4	ㅣ 4	ノ 4	虫 12

우물안 개구리라는 뜻, 견문이 좁고 세상 물정을 너무 모름.

㉠ 좌정관천(坐井觀天) 정저지와(井底之蛙) 관중규표(管中窺豹) 정중관천(井中觀天) 촉견폐일(蜀犬吠日)

㉑ 그는 그저 좁은 땅에서 허세만 부리는 정중지와였습니다.

㈜ 장자(莊子) 추수편(秋水篇)

切齒腐心

갈 절	이 치	썩을 부	마음 심
刀 4	齒 15	肉 14	心 4

몹시 분하여 이를 갈면서 속을 썩임.

㉠ 절치액완(切齒扼腕) 회계지치(會稽之恥) 와신상담(臥薪嘗膽)

㉑ 그는 이유 없이 매를 맞은 것이 분해 절치부심하였다.

<table>
<tr><td>

諸子百家

诸子百家[zhū zǐ bǎi jiā]

</td><td>

朝變夕改

朝变夕改[zhāo biàn xī gǎi]

</td></tr>
<tr><td>

糟糠之妻

糟糠之妻[zāo kāng zhī qī]

</td><td>

朝三暮四

朝三暮四[zhāo sān mù sì]

</td></tr>
<tr><td>

朝令暮改

朝令暮改[zhāo lìng mù gǎi]

</td><td>

朝雲暮雨

朝云暮雨[zhāo yún mù yǔ]

</td></tr>
</table>

朝變夕改

아침 조	변할 변	저녁 석	고칠 개
月 12	言 23	夕 3	攴 7

아침에 영을 내리고 저녁에 다시 고친다는 뜻으로, 계획이나 결정 따위를 자주 뜯어고치는 것을 이름.

[유] 조석변개(朝夕變改) 조변모개(朝變暮改) 조령모개(朝令暮改)

[예] 교통 법령을 한 달도 되지 않아 바꾸다니 조변석개도 이만저만이 아니다.

諸子百家

여러 제	아들 자	일백 백	집 가
言 16	子 3	白 6	宀 10

춘추전국시대의 여러 학자와 학설을 통틀어 이름. 공자(孔子) · 관자(管子) · 노자(老子) · 맹자(孟子) · 장자(長子) · 묵자(墨子) · 열자(列子) · 한비자(韓非子) · 윤문자(尹文子) · 손자(孫子) 등의 총칭(總稱)

[예] 그는 경전과 제자백가의 사상까지 두루 섭렵했다.

朝三暮四

아침 조	석 삼	저물 모	넉 사
月 12	一 3	日 15	口 5

아침에 세 개, 저녁에 네 개라고 속이듯이 간사한 꾀를 써서 남을 속여 희롱함. 당장 눈앞에 나타나는 차별만을 알고 그 결과가 같음을 모름.

[유] 가기이방(可欺以方) 혹세무민(惑世誣民)

[예] 회사 측에서는 근본적인 대책을 제시하기보다는 조삼모사로 우리를 구슬릴 것이다.

[출전] 열자(列子)의 황제편(黃帝篇)

糟糠之妻

지게미 조	겨 강	갈 지	아내 처
米 17	米 17	丿 4	女 8

지게미와 쌀겨로 끼니를 이을 때의 아내라는 뜻으로, 몹시 가난하고 천할 때에 고생을 함께 겪어 온 아내를 말함.

[유] 빈천지지(貧賤之知) 조강부처(糟糠夫妻)

[예] 자고로 조강지처 내치고 잘된 집구석 하나도 없다.

[출전] 후한서(後漢書) 송홍전(宋弘傳)

朝雲暮雨

아침 조	구름 운	저물 모	비 우
月 12	雨 12	日 15	雨 8

아침에는 구름, 저녁에는 비라는 뜻으로, 남녀간의 애정이 깊음을 비유하는 말.

[유] 무산지몽(巫山之夢)

[예] 이번 공연은 춘향가중 사랑가, 이별가, 조운모우의 순서로 공연을 펼칠 예정이다.

[출전] 송옥(宋玉)의 고당부(高唐賦)

朝令暮改

아침 조	영 령	저물 모	고칠 개
月 12	人 5	日 15	攴 7

아침에 명령을 내렸다가 저녁에 다시 고친다. 계획이나 결정 따위를 자꾸 바꾸어서 갈피를 잡기가 어려움.

[유] 고려공사삼일(高麗公事三日) 조변석개(朝變夕改) 작심삼일(作心三日)

[예] 교통 정책을 조령모개해서는 운전자들에게 큰 혼란을 가져다줄 것이다.

[출전] 사기(史記) 평준서(平準書)

<table>
<tr>
<td>

鳥足之血

鸟足之血[niǎo zú zhī xuè]

</td>
<td>

縱橫無盡

纵横无尽[zòng héng wú jìn]

</td>
</tr>
<tr>
<td>

種豆得豆

种豆得豆[zhòng dòu dé dòu]

</td>
<td>

坐不安席

坐不安席[zuò bù ān xí]

</td>
</tr>
<tr>
<td>

宗廟社稷

宗庙社稷[zōng miào shè jì]

</td>
<td>

左衝右突

左冲右突[zuǒ chōng yòu tū]

</td>
</tr>
</table>

縱橫無盡

세로 종	가로 횡	없을 무	다할 진
糸 17	木 16	火 12	皿 14

자유자재로 행동하여 거침이 없는 상태.
예 그는 자장면을 배달하는 오토바이를 타고 온 동네를 종횡무진 누볐다.

鳥足之血

새 조	발 족	갈 지	피 혈
鳥 11	足 7	ノ 4	血 6

'새발의 피'란 뜻으로, 물건의 분량이 아주 적음을 나타냄. 아주 적어서 비교가 안 됨.
유 제잠(蹄涔)
예 아군의 피해는 적군의 피해에 비하면 조족지혈에 불과했다.

坐不安席

앉을 좌	아닐 불	편안할 안	자리 석
土 7	一 4	宀 6	巾 10

앉은 자리가 편안하지 않음. 마음이 불안하거나 걱정스러워 한자리에 오래 앉아 있지 못함.
예 회사에 감원이 있을 거란 소문이 돌자 모두들 좌불안석이었다.

種豆得豆

씨 종	콩 두	얻을 득	콩 두
禾 14	豆 7	彳 11	豆 7

콩 심은 데 콩 나고 팥 심는 데 팥 난다는 뜻으로, 뿌린 대로 걷음. 원인에 따라 결과가 생긴다.
유 종과득과(種瓜得瓜) 인과응보(因果應報) 인과보응(因果報應)
예 종두득두라, 지금 내 모습은 내가 살아온 결과이며 누구의 탓도 아닌 내 흔적의 결과이다.
출전 명심보감(明心寶鑑)

左衝右突

왼 좌	찌를 충	오른쪽 우	부딪칠 돌
工 5	行 15	口 5	穴 9

이리저리 닥치는 대로 마구 치고 받음. 아무에게나 구분하지 않고 함부로 맞닥뜨림.
유 좌우충돌(左右衝突) 동충서돌(東衝西突)
예 그는 좌충우돌하는 다혈질의 성격 때문에 문제를 일으키기도 한다.

宗廟社稷

종묘 종	사당 묘	토지의 신 사	기장 직
宀 8	广 15	示 8	禾 15

왕실과 나라를 함께 이르는 말. 역대 왕들의 신주를 모신 종묘(宗廟)와 토지신과 곡식신을 모신 사직(社稷)을 말하는데, 국가를 대신하는 말임.
예 세자 저하께서는 이 나라의 종묘사직을 이어 갈 분이십니다.

主客顛倒

主客颠倒[zhǔ kè diān dǎo]

走馬看山

走马看山[zǒu mǎ kàn shān]

晝耕夜讀

昼耕夜读[zhòu gēng yè dú]

酒池肉林

酒池肉林[jiǔ chí ròu lín]

走馬加鞭

走马加鞭[zǒu mǎ jiā biān]

竹馬故友

竹马故友[zhú mǎ gù yǒu]

<table>
<tr><td colspan="4" align="center"><h1>走馬看山</h1></td></tr>
<tr><td>달릴 주
走 7</td><td>말 마
馬 10</td><td>볼 간
目 9</td><td>뫼 산
山 3</td></tr>
</table>

말을 타고 달리면서 산천을 구경한다는 말로, 바빠서 자세히 살펴보지 않고 대강 보고 지나침을 뜻함.

㈜ 주마간화(走馬看花) 박이부정(博而不精) 피육지견(皮肉之見)

㉠ 그곳을 다 구경하려면 약 세 시간 정도가 걸리나 대부분의 관광객은 주마간산으로 지나친다.

[출전] 등과후(登科後)

<table>
<tr><td colspan="4" align="center"><h1>主客顚倒</h1></td></tr>
<tr><td>주인 주
、 5</td><td>손님 객
宀 9</td><td>넘어질 전
頁 19</td><td>넘어질 도
人 10</td></tr>
</table>

주인은 손님처럼 손님은 주인처럼 행동을 바꾸어 한다. 입장이 서로 뒤바뀌거나 일의 주가 되는 중요한 것과 대수롭지 않은 것을 잘못 이해하거나 차례가 뒤바뀜.

㈜ 본말전도(本末顚倒) 객반위주(客反爲主)

㉠ 주객전도라더니 위로를 받아야 할 분이 위로를 주시는군요.

<table>
<tr><td colspan="4" align="center"><h1>酒池肉林</h1></td></tr>
<tr><td>술 주
酉 10</td><td>못 지
水 6</td><td>고기 육
肉 6</td><td>수풀 림
木 8</td></tr>
</table>

땅을 파서 술을 담아놓아 술은 연못을 이루고 나무마다 고기를 매달아 고기는 숲을 이룬다는 뜻으로, 매우 호화스러운 술잔치로 방탕한 생활을 함.

㈜ 육산포림(肉山脯林)

㉠ 임금이 정치를 돌보지 않고 주지육림에 빠져 있으니 나라의 앞날이 걱정이다.

[출전] 사기(史記) · 은본기(殷本紀)

<table>
<tr><td colspan="4" align="center"><h1>晝耕夜讀</h1></td></tr>
<tr><td>낮 주
日 11</td><td>밭갈 경
耒 10</td><td>밤 야
夕 8</td><td>읽을 독
言 22</td></tr>
</table>

낮에는 농사짓고 밤에는 공부한다는 뜻으로, 바쁜 틈을 타서 어렵게 공부함을 이르는 말.

㈜ 청경우독(晴耕雨讀)

㉠ 일은 점점 늘고 해야 할 공부는 쌓였으니 주경야독을 하는 수밖에 없겠네요.

<table>
<tr><td colspan="4" align="center"><h1>竹馬故友</h1></td></tr>
<tr><td>대나무 죽
竹 6</td><td>말 마
馬 10</td><td>연고 고
攴 9</td><td>벗 우
又 4</td></tr>
</table>

대나무를 말처럼 타고 놀던 옛 친구라는 뜻으로, 어릴 때부터 가까이 지내며 자란 친구를 이르는 말.

㈜ 총죽지교(葱竹之交) 죽마지우(竹馬之友) 죽마구우(竹馬舊友)

㉠ 십 년 만에 죽마고우를 만나니 여간 기쁜 게 아니로구나.

[출전] 세설신어(世說新語)

<table>
<tr><td colspan="4" align="center"><h1>走馬加鞭</h1></td></tr>
<tr><td>달릴 주
走 7</td><td>말 마
馬 10</td><td>더할 가
力 5</td><td>채찍 편
革 18</td></tr>
</table>

달리는 말에 채찍질을 더 한다라는 뜻으로, 열심히 하는 사람을 더욱 잘하도록 격려함을 말함.

㉠ 이번에 상을 탄 김대리는 주마가편의 뜻으로 알고 더욱 열심히 노력하겠다고 소감을 밝혔다.

[출전] 순오지(旬五志)

衆寡不敵

众寡不敌[zhòng guǎ bù dí]

芝蘭之室

芝兰之室[zhī lán zhī shì]

衆口難防

众口难防[zhòng kǒu nán fáng]

指鹿爲馬

指鹿为马[zhǐ lù wéi mǎ]

芝蘭之交

芝兰之交[zhī lán zhī jiāo]

支離滅裂

支离灭裂[zhī lí miè liè]

芝蘭之室			
지초 지	난초 란	갈 지	집 실
艸 8	艸 21	丿 4	宀 9

향기가 풍기는 방이라는 뜻으로, 선인군자를 이름.
[예] 옛날 우리 동양 사람의 글귀에 선한 사람과 같이 있게 되는 것은 마치 지란지실에 들어간 것과 같다 하는 말이 있다.

衆寡不敵			
무리 중	적을 과	아닐 부	대적할 적
血 12	宀 14	一 4	攴 15

적은 수효로 많은 수효의 적을 대적하지 못한다는 뜻. 적은 사람으로는 많은 사람을 이기지 못함.
[유] 과부적중(寡不敵衆)
[예] 워낙 중과부적이라 물밀듯이 몰려오고 있는 적들을 그들 두 사람의 화력으로는 당해 낼 수가 없었다.
[출전] 맹자(孟子)

指鹿爲馬			
손가락 지	사슴 록	할 위	말 마
手 9	鹿 11	爪 12	馬 10

중국 진나라의 조고(趙高)라는 간신이 황제에게 사슴을 가리켜 말이라고 속여 윗사람을 농락하여 권세를 제 마음대로 휘두르는 짓.
[유] 혹세무민(惑世誣民) 견강부회(牽强附會)
[예] 고 백남기씨 병사 판정은 사실이 아닌 것을 사실로 만들어 강압으로 인정하게 하려는 지록위마이다.
[출전] 사기(史記) · 진시황본기(秦始皇本紀)

衆口難防			
무리 중	입 구	어려울 난	막을 방
血 12	口 3	隹 19	阜 7

여러 사람의 입을 전부 막기 어렵다는 뜻으로, 막기 어려울 정도로 여럿이 마구 지껄임.
[예] 회장의 목소리에 귀를 기울이는 사람은 없고 중구난방으로 저마다 한마디씩 떠들어 대니 회의 진행이 안 된다.
[출전] 십팔사략(十八史略)

支離滅裂			
가를 지	떼놓을 리	멸망할 멸	찢을 렬
支 4	隹 19	水 13	衣 12

갈가리 이리저리 흩어져 갈피를 잡을 수 없음.
[유] 지리분산(支離分散)
[예] 현재 국론이 이처럼 지리멸렬이 된 상태로는 승리할 수 없다.

芝蘭之交			
지초 지	난초 란	갈 지	사귈 교
艸 8	艸 21	丿 4	亠 6

지초와 난초의 사귐이라는 뜻, 벗 사이의 높고 맑은 사귐을 말함.
[유] 관포지교(管鮑之交) 막역지우(莫逆之友) 금란지의(金蘭之誼)
[반] 시도지교(市道之交)
[예] 유안진 시인의 수필 '지란지교를 꿈꾸며'가 청소년들 사이에서 큰 인기를 얻기도 했다.

至上命令

至上命令 [zhì shàng mìng lìng]

知行合一

知行合一 [zhī xíng hé yī]

池魚之殃

池鱼之殃 [chí yú zhī yāng]

指呼之間

指呼之间 [zhǐ hū zhī jiān]

智者樂水

智者乐水 [zhì zhě yào shuǐ]

珍羞盛饌

珍羞盛馔 [zhēn xiū shèng zhuàn]

知行合一

알 지	행할 행	합할 합	한 일
矢 8	行 6	口 6	一 1

앎과 실천은 둘이 아니고 하나이며 참 지식은 반드시 실행이 따라야 한다는 말.
[유] 지행병진(知行竝進) 지행일치(知行一致)
[예] 스승님께서는 나에게 항상 지행합일의 삶을 살라고 말씀하셨다.

至上命令

지극할 지	위 상	목숨 명	영 령
至 6	一 3	口 8	人 5

절대로 복종해야 할 명령.
[예] 여기서 그의 말은 지상명령과도 같다.

指呼之間

손가락 지	부를 호	갈 지	사이 간
手 9	口 8	丿 4	門 12

손짓하여 부르면 대답할 수 있는 가까운 거리.
[유] 지척지간(咫尺之間) 일의대수(一衣帶水)
[예] 서로 지호지간에 기거하면서도 저마다 바쁜 한 주일을 보내느라고 찾아볼 겨를이 없었던 것이다.

池魚之殃

못 지	고기 어	갈 지	재앙 앙
水 6	魚 11	丿 4	歹 9

연못에 사는 물고기의 재앙, 연못의 물로 불을 끄니 물이 줄어서 물고기가 죽는다는 뜻으로 아무런 상관도 없는 데 재앙을 입었다는 뜻.
[유] 횡래지액(橫來之厄) 앙급지어(殃及池魚)
[예] 기름유출 사고는 아무 관계도 없는 피해주민에게 지어지앙과도 같은 일이었다.
[출전] 여씨춘추(呂氏春秋)

珍羞盛饌

보배 진	맛있는 음식 수	많을 성	반찬 찬
玉 9	羊 11	皿 12	食 21

맛이 좋은 음식으로 많이 잘 차린 것을 뜻하여, 성대하게 차린 진귀한 음식.
[예] 평생 그런 진수성찬은 처음 먹어 보았다.

智者樂水

지혜 지	놈 자	좋아할 요	물 수
日 12	老 9	木 15	水 4

슬기로운 사람은 흐르는 물처럼 사리에 통달하여 정체함이 없으므로 마치 물이 자유로이 흐르는 것과 같으므로 물을 좋아한다는 말.
[유] 인자요산(仁者樂山) 요산요수(樂山樂水)
[예] 지자요수, 인자요산(智者樂水, 仁者樂山) 지혜로운 자는 물을 좋아하고 어진 자는 산을 좋아한다.
[출전] 논어(論語)

震天動地

震天动地[zhèn tiān dòng dì]

塵合泰山

尘合泰山[chén hé tài shān]

進退兩難

进退两难[jìn tuì liǎng nán]

此日彼日

此日彼日[cǐ rì bǐ rì]

進退維谷

进退维谷[jìn tuì wéi gǔ]

滄桑之變

沧桑之变[cāng sāng zhī biàn]

塵合泰山

티끌 진	합할 합	클 태	뫼 산
土 14	口 6	水 10	山 3

티끌 모아 태산.
[유] 토적성산(土賊成山) 토적성산(土積成山) 진적위산(塵積爲山) 우공이산(愚公移山) 마부작침(磨斧作針)
[예] 작은 것이 모여 큰 것을 이루니 그야말로 진합태산이다.

震天動地

벼락 진	하늘 천	움직일 동	땅 지
雨 15	大 4	力 11	土 6

하늘이 진동하고 땅이 흔들리다라는 뜻으로, 위력이나 기세를 천하에 떨침.
[예] 그는 최근 여권에서 진천동지할 일이 생길 것이라는 말을 자주하고 있어 관심을 끌고 있다.

此日彼日

이 차	해 일	저 피	날 일
止 6	日 4	彳 8	日 4

오늘 내일 하며 일을 핑계로 자꾸 약속이나 기한을 늦춤.
[유] 차월피월(此月彼月)
[예] 그는 빚을 갚겠다고 얘기만 하고 차일피일 끌기만 한다.

進退兩難

나아갈 진	물러날 퇴	두 양	어려울 난
辵 12	辵 10	入 8	隹 19

나아갈 수도 물러설 수도 없이 꼼짝할 수 없는 궁지에 몰린 처지.
[유] 양수겸장(兩手兼將) 진퇴유곡(進退維谷) 진퇴무로(進退無路) 사면초가(四面楚歌) 낭패불감(狼狽不堪)
[예] 이럴 수도 없고 저럴 수도 없는 진퇴양난의 길에 빠졌다.

滄桑之變

큰바다 창	뽕나무 상	갈 지	변할 변
水 13	木 10	丿 4	言 23

푸른 바다가 뽕밭이 되듯이 시절의 변화가 무상함을 말함.
[유] 상전벽해(桑田碧海) 능곡지변(陵谷之變) 격세지감(隔世之感)
[예] 삼 년을 지낸 오늘에 이렇게 한 사람도 아니 온다는 것은 창상지변이라고 아니할 수 없었다.
[출전] 신선전(神仙傳)

進退維谷

나아갈 진	물러날 퇴	맬 유	골 곡
辵 12	辵 10	糸 14	谷 7

앞으로도 뒤로도 나아가거나 물러설 수도 없는 궁지에 빠진 상태.
[유] 양수겸장(兩手兼將) 진퇴무로(進退無路) 사면초가(四面楚歌) 낭패불감(狼狽不堪)
[예] 앞에는 강이 가로막혀 있고 뒤에서는 적병의 추격이 급하니 진퇴유곡이었다.

滄海一粟

沧海一粟[cāng hǎi yī sù]

天高馬肥

天高马肥[tiān gāo mǎ féi]

冊床退物

册床退物[cè chuáng tuì wù]

千慮一失

千虑一失[qiān lǜ yī shī]

斥和洋夷

斥和洋夷[chì hé yáng yí]

天方地軸

天方地轴[tiān fāng dì zhóu]

天高馬肥

하늘 천	높을 고	말 마	살찔 비
大 4	高 10	馬 10	肉 8

하늘이 높고 말이 살찐다는 뜻으로 오곡백과가 무르익는 가을이 좋은 절기임을 일컬음.
㊌ 등화가친(燈火可親) 등화가친(燈火可親) 신량등화(新凉燈火)
㊞ 가을은 천고마비의 계절이라 황금빛 물결이 일고 있었다.
出典 한서(漢書)의 흉노전(匈奴傳)

滄海一粟

푸를 창	바다 해	한 일	조 속
水 13	水 10	一 1	米 12

큰 바다에 던져진 좁쌀 한 톨이라는 뜻으로, 지극히 작거나 보잘것없는 존재를 의미함. 이 세상에서의 인간 존재의 허무함을 말함.
㊌ 대해일적(大海一滴) 구우일모(九牛一毛)
㊞ 인간은 제 아무리 만물의 영장이라고 해도 광대무변한 우주 속에서는 창해일속에 지나지 않는다.
出典 소식(蘇軾)의 적벽부(赤壁賦)

千慮一失

일천 천	생각할 려	한 일	잃을 실
十 3	心 15	一 1	大 5

천 가지 생각 가운데 한 가지 실책. 지혜로운 사람이라도 여러 생각 가운데 한 가지쯤은 잘못된 것이 있음.
㊌ 지자일실(智者一失)
㊀ 천려일득(千慮一得)
㊞ 한반도 평화의 문제에 있어서는 천려일실의 오류를 범하지 않도록 최선의 노력을 다해야 한다.
出典 사기(史記)

冊床退物

책 책	상 상	물러날 퇴	만물 물
冂 5	广 7	辵 10	牛 8

글만 읽고 세상 물정에는 어두운 사람, 책상물림.
㊌ 백면서생(白面書生)
㊞ 저런 소심하고 세상 물정 어두운 책상퇴물하고 다시는 상종을 하지 않을 참이다.

天方地軸

하늘 천	모 방	땅 지	굴대 축
大 4	方 4	土 6	車 12

하늘 방향이 어디이고 땅의 축이 어디인지 모른다는 뜻으로, 정신이 없어 앞뒤 두서를 잡지 못하고 허둥대거나 두리번거리는 모습. 어리석은 사람이 갈 바를 몰라 덤벙대는 일.
㊌ 천방지방(天方地方)
㊞ 도대체 언제까지 그렇게 어린아이티를 못 벗고 매사에 천방지축으로 행동할 것이냐.

斥和洋夷

물리칠 척	화할 화	바다 양	오랑캐 이
斥 5	口 8	水 9	大 6

서양의 오랑캐와 화해함을 배척하는 쇄국정책(鎖國政策)을 일컫는 말.
㊞ 1866년 병인양요는 척화양이를 내세우며 쇄국하던 흥선 대원군의 천주교 탄압 사건에 대한 보복으로 프랑스 함대가 강화도에 침범한 사건이다.

天生缘分 [tiān shēng yuán fèn]

天壤之差 [tiān rǎng zhī chà]

泉石膏肓 [quán shí gāo huāng]

天佑神助 [tiān yòu shén zhù]

千辛万苦 [qiān xīn wàn kǔ]

天衣无缝 [tiān yī wú fèng]

天壤之差

하늘 천	흙 양	갈 지	다를 차
大 4	土 20	丿 4	工 10

하늘과 땅 사이와 같이 엄청난 차이. 사물이 엄청나게 다름.

㈜ 천양지판(天壤之判) 운니지차(雲泥之差) 소양지차(霄壤之差) 천양현격(天壤懸隔)

㈃ 문외한 눈에는 똑같은 것 같아도 전문가들 보기엔 천양지차가 있다.

天生緣分

하늘 천	날 생	인연 연	나눌 분
大 4	生 5	糸 15	刀 4

하늘에서 정해 준 깊은 인연.

㈜ 천정연분(天定緣分) 천정배필(天定配匹) 천작지합(天作之合) 천생배필(天生配匹)

㈃ 신 씨와 아내가 그렇게도 지극히 서로 위하는 모습을 보면 정말 천생연분이라는 생각이 듭니다.

天佑神助

하늘 천	도울 우	귀신 신	도울 조
大 4	人 7	示 10	力 7

하늘이 돕고 신이 도움.

㈃ 그는 바다에 표류하다가 우연히 고기잡이배를 만나 천우신조로 살아났다고 하였다.

泉石膏肓

샘 천	돌 석	살찔 고	명치끝 황
水 9	石 5	肉 14	肉 7

샘과 돌이 고황에 들었다는 뜻. 고는 심장의 아랫부분, 황은 횡격막의 윗부분이다. 산수를 즐기고 사랑하는 것이 정도에 지나쳐 고치기 어려운 깊은 병과 같음.

㈜ 연하고질(煙霞痼疾) 천석고맹(泉石膏盲)

㈃ 고등학교 국어 시간에 무감각하게 외웠던 천석고황이란 말이 요즈음은 자꾸 새로워지는 것 같다.

㈜ 당서(唐書)

天衣無縫

하늘 천	옷 의	없을 무	꿰맬 봉
大 4	衣 6	火 12	糸 17

선녀의 옷에는 바느질한 자리가 없다는 뜻, 시나 문장이 기교를 부린 흔적이 없어 극히 자연스러워 손댈 곳이 없음. 사물의 완전무결함을 가리킴.

㈃ 작가의 작품을 감상하다보면, 저절로 천의무봉이라는 말이 떠오른다.

㈜ 태평광기(太平廣記)

千辛萬苦

일천 천	매울 신	일만 만	쓸 고
十 3	辛 7	艹 13	艹 9

천 가지 만 가지의 맵고 쓴맛을 다 맛봄. 온갖 고생을 다 하고 무진 애를 씀, 그것을 겪음.

㈜ 천고만난(千苦萬難) 천난만고(千難萬苦)

㈃ 천신만고 끝에 우리는 최고봉에 올랐다.

千紫萬紅

千紫万红[qiān zǐ wàn hóng]

天災地變

天灾地变[tiān zāi dì biàn]

天長地久

天长地久[tiān cháng dì jiǔ]

天眞爛漫

天真烂漫[tiān zhēn làn màn]

千載一遇

千载一遇[qiān zǎi yī yù]

千差萬別

千差万别[qiān chā wàn bié]

天災地變

하늘 천	재앙 재	땅 지	변할 변
大 4	火 7	土 6	言 23

지진·홍수·태풍 따위와 같이, 자연 현상에 의해 빚어지는 재앙.

예 크나큰 천재지변으로 지형까지 변한 고향에 들어선 것처럼 어리둥절했습니다.

千紫萬紅

일천 천	자주빛 자	일만 만	붉을 홍
十 3	糸 11	艸 13	糸 9

울긋불긋한 여러 가지 빛깔이라는 뜻으로, 색색의 꽃이 피어 있는 만발한 꽃 상태를 형용해 이르는 말.

유 만자천홍(萬紫千紅)

예 봄을 맞은 산야는 천자만홍의 화려함으로 겨우내 얼었던 마음을 설레게 한다.

天眞爛漫

하늘 천	참 진	빛날 난	넘칠 만
大 4	目 10	火 21	水 14

천진함이 넘친다는 뜻으로, 조금도 꾸밈없이 아주 순진하고 참됨.

예 그의 천진난만한 미소 때문에 나는 차마 화를 낼 수가 없었다.

天長地久

하늘 천	길 장	땅 지	오랠 구
大 4	長 8	土 6	丿 3

하늘과 땅이 오래도록 변하지 않는다는 뜻으로, 사물이 오래오래 변함이 없이 계속됨을 비유. 무병장수를 빌 때 또는 연인간의 약속을 할 때 사용.

유 천양무구(天壤無窮)

예 신랑과 신부는 천장지구의 변치 않는 아름다운 사랑을 이어 나가기를 기원합니다.

千差萬別

일천 천	다를 차	일만 만	다를 별
十 3	工 10	艸 13	刀 7

여러 가지 사물이 모두 차이가 있고 구별이 아주 많음.

예 요즘 상품은 색상부터 모양과 기능까지 천차만별이어서 어느 것을 사야 좋을지 모를 정도이다.

千載一遇

일천 천	실을 재	한 일	만날 우
十 3	車 13	一 1	辵 13

천 년에 한 번 만난다는 뜻으로, 좀처럼 얻기 어려운 좋은 기회를 말함.

유 천세일시(千歲一時) 천재일시(千載一時) 만세일시(萬歲一時) 천추일시(千秋一時)

예 장엄한 자연을 필름에 담을 수 있었던 천재일우의 기회는 다시 만나기 어려울 것이다.

출전 문선(文選)·삼국명신서찬(三國名臣序贊)

千篇一律[qiān piān yī lǜ]

徹天之冤[chè tiān zhī yuān]

彻头彻尾[chè tóu chè wěi]

辙环天下[zhé huán tiān xià]

铁石肝肠[tiě shí gān cháng]

青山流水[qīng shān liú shuǐ]

徹天之寃

통할 철	하늘 천	갈 지	원한 한
彳 15	大 4	丿 4	宀 11

하늘에 사무치는 크나큰 원한.

㈜ 천추지한(千秋之恨) 철천지원수(徹天之怨讐) 철천지한(徹天之恨)

㈖ 부모님 생전에 효성으로 모시지 못한 것이 철천지한이로구나.

千篇一律

일천 천	책 편	한 일	가락 률
十 3	竹 15	一 1	彳 9

여러 시문의 격조가 비슷비슷하다는 뜻으로 변함없이 모든 사물이 비슷함. 천편일률의 성질을 띤 것.

㈜ 일률천편(一律千篇)

㈖ 학생들이 제출한 글의 대부분은 천편일률적인 내용이었는데 반해 재훈의 글만은 참신하고 기발한 생각이 넘쳤다.

㈜출전 예원호언(藝苑扈言)

轍環天下

바퀴자국 철	고리 환	하늘 천	아래 하
車 19	玉 17	大 4	一 3

수레를 타고 천하를 돌아다닌다는 뜻으로, 여러 나라를 두루 여행함. 공자가 여러 나라를 돌아다니며 교화하던 일을 말함.

㈖ 공자는 13년간 왕도정치(王道政治)를 실현하여 난세를 구제하려는 철환천하를 하였다.

㈜출전 한유(韓愈)·진학해(進學解)

徹頭徹尾

통할 철	머리 두	통할 철	꼬리 미
彳 15	頁 16	彳 15	尸 7

머리에서 꼬리까지 통한다는 뜻으로, 처음부터 끝까지 하나도 빼놓지 않고 샅샅이. 처음부터 끝까지 방침을 바꾸지 않고, 생각을 철저히 관철함을 말함.

㈜ 철상철하(徹上徹下)

㈖ 사전 준비가 철두철미해야 문제가 생기지 않는다.

靑山流水

푸를 청	뫼 산	흐를 유	물 수
靑 8	山 3	水 9	水 4

푸른 산과 흐르는 물이라는 뜻으로, 청산에 흐르는 물처럼 말을 거침없이 잘함을 비유.

㈜ 구여현하(口如懸河) 구약현하(口若懸河)

㈖ 그는 아버지의 질책에 청산유수로 자신의 변명을 늘어놓았다.

鐵石肝腸

쇠 철	돌 석	간 간	창자 장
金 21	石 5	肉 7	肉 13

간장과 위장이 쇠 같고 돌 같다는 뜻으로 굳고 단단한 절개·마음.

㈜ 철심석장(鐵心石腸) 철장석심(鐵腸石心)

㈖ 아무리 철석간장을 지닌 남자라도 그녀의 눈물 앞에서는 무력해진다.

青雲之志

青云之志[qīng yún zhī zhì]

青出於藍

青出于蓝[qīng chū yú lán]

青天白日

青天白日[qīng tiān bái rì]

清風明月

清风明月[qīng fēng míng yuè]

青天霹靂

青天霹雳[qīng tiān pī lì]

樵童汲婦

樵童汲妇[qiáo tóng jí fù]

靑出於藍

푸를 청	날 출	어조사 어	쪽 람
靑 8	凵 5	方 8	艸 18

청색은 쪽 풀에서 뽑아냈으나 그 색이 쪽빛보다 더 푸르다. 스승보다 제자가 더 뛰어나거나 훌륭함을 이름.

[유] 출람지예(出藍之譽) 출람지재(出藍之才) 후생각고 (後生角高)

[예] 청출어람이라더니, 이젠 네 글솜씨가 이 선생보다 낫구나.

[출전] 순자(荀子)·권학편(勸學篇)

靑雲之志

푸를 청	구름 운	갈 지	뜻 지
靑 8	雨 12	丿 4	心 7

청운의 뜻으로 높은 명예나 벼슬 또는 입신출세를 뜻함. 물려받은 재산 없이 스스로의 힘으로 남보다 훌륭하게 출세할 뜻을 갖고 있는 마음.

[유] 능운지지(陵雲之志)

[반] 능운지지(凌雲之志)

[예] 그는 청운지지를 품고 상경해 자수성가했다.

[출전] 장구령(張九齡)의 시 조경견백발(照鏡見白髮)

淸風明月

맑을 청	바람 풍	밝을 명	달 월
水 11	風 9	日 8	月 4

맑은 바람과 밝은 달이라는 뜻으로, 결백하고 온건한 성격 또는 풍자와 해학으로 세상사를 논함을 비유.

[유] 연하일휘(煙霞日輝) 산자수명(山紫水明)

[예] 하늘이 맑고 바람이 서늘하니 과연 청풍명월의 계절이구나.

[출전] 이백(李白)·양양가(襄陽歌)

靑天白日

푸를 청	하늘 천	흰 백	해 일
靑 8	大 4	白 5	日 4

맑게 갠 하늘에 밝게 비치는 해라는 말로, 훌륭한 인물은 세상 사람들이 다 알아본다는 뜻이었으나 지금은 죄의 혐의가 풀림을 뜻함.

[예] 지은 죄가 청천백일에 낱낱이 드러나다.

樵童汲婦

땔나무 초	아이 동	길을 급	며느리 부
木 16	立 12	水 7	女 11

땔나무를 하는 아이와 물을 긷는 여자라는 뜻으로, 보통 사람을 뜻함.

[유] 필부필부(匹夫匹婦) 장삼이사(張三李四) 우부우부 (愚夫愚婦) 선남선녀(善男善女) 갑남을녀(甲男乙女)

[예] 이순신 장군은 한국인이라면 초동급부도 다 아는 영웅이다.

靑天霹靂

푸를 청	하늘 천	벼락 벽	벼락 력
靑 8	大 4	雨 21	雨 24

맑게 갠 하늘에서 갑자기 날벼락이 떨어지듯이, 뜻밖에 생긴 큰 변을 일컫는 말. 돌발적인 사태나 사변을 말함.

[예] 교통사고로 아들이 죽었다는 청천벽력 같은 소식에 유가족들은 넋을 잃었다.

[출전] 육유(陸游)·구월사일계미명기작(九月四日鷄未鳴起作)

草綠同色

草绿同色[cǎo lǜ tóng sè]

寸鐵殺人

寸铁杀人[cùn tiě shā rén]

焦眉之急

焦眉之急[jiāo méi zhī jí]

錐處囊中

锥处囊中[zhuī chù náng zhōng]

初志一貫

初志一贯[chū zhì yī guàn]

秋風落葉

秋风落叶[qiū fēng luò yè]

寸鐵殺人

마디 촌	쇠 철	죽일 살	사람 인
寸 3	金 21	殳 11	人 2

작고 날카로운 쇠붙이로도 사람을 죽일 수 있다는 뜻으로, 짧은 경구로도 사람을 크게 감동시킬 수 있음.

㊌ 정상일침(頂上一鍼) 정문금추(頂門金錐) 정문일침(頂門一針)

㊞ 그의 만화는 촌철살인의 풍자로 인기를 끌고 있다.

출전 학림옥로(鶴林玉露)

草綠同色

풀 초	초록빛 록	한가지 동	빛 색
艸 10	糸 14	口 6	色 6

풀빛과 녹색은 서로 같은 색. 이름은 달라도 성질이나 내용은 같다는 뜻으로 어울려 같이 지내는 것들은 모두 같은 성격의 무리임을 비유.

㊌ 동병상련(同病相憐) 유유상종(類類相從)

㊞ 나는 그래도 아량이 크고 사람을 알아볼 줄 알았더니 당신 또한 초록동색이오 그려!

錐處囊中

송곳 추	곳 처	주머니 낭	가운데 중
金 16	虍 11	口 22	ㅣ 4

주머니 속에 있는 송곳이란 뜻으로, 재능이 아주 빼어난 사람은 숨어 있어도 저절로 남의 눈에 드러난다는 비유.

㊌ 낭중지추(囊中之錐) 모수자천(毛遂自薦)

㊞ 추처낭중이란 말처럼 재능과 능력은 언제가 꼭 발휘할 때가 올 겁니다.

출전 사기(史記)·평원군전(平原君傳)

焦眉之急

그을릴 초	눈썹 미	갈 지	급할 급
火 12	目 9	ノ 4	心 9

눈썹에 불이 붙다. 매우 위급한 상태를 비유한다.

㊌ 풍전등화(風前燈火) 초미지액(焦眉之厄) 소미지급(燒眉之急) 누란지위(累卵之危) 백척간두(百尺竿頭) 위기일발(危機一髮)

㊞ 금융위기가 초미지급의 상태라서 온 나라가 비상이다.

출전 오등회원(五燈會元)

秋風落葉

가을 추	바람 풍	떨어질 낙	잎 엽
禾 9	風 9	艸 13	艸 13

가을바람에 떨어지는 낙엽, 가을바람이 낙엽을 휩쓸어 가듯이 세력 따위가 갑자기 기울거나 시듦을 비유.

㊞ 세계에서 최대의 강병으로 자처하고 있는 일본 군대도 조선 독립군 앞에서는 추풍낙엽이라는 것이다.

初志一貫

처음 초	뜻 지	한 일	꿸 관
刀 7	心 7	一 1	貝 11

처음에 세운 뜻을 이루려고 끝까지 밀고 나감. 처음 품은 뜻을 한결같이 꿰뚫음.

㊞ 신념 하나로 평생을 초지일관 산다는 게 어디 쉬운 일입니까.

春秋筆法

春秋笔法[chūn qiū bǐ fǎ]

取捨選擇

取舍选择[qǔ shě xuǎn zé]

春夏秋冬

春夏秋冬[chūn xià qiū dōng]

醉生夢死

醉生梦死[zuì shēng mèng sǐ]

忠言逆耳

忠言逆耳[zhōng yán nì ěr]

惻隱之心

恻隐之心[cè yǐn zhī xīn]

取捨選擇

취할 취	버릴 사	가릴 선	가릴 택
又 8	手 11	辶 16	手 16

취할 것은 취하고, 버릴 것은 버려서 골라잡음.
[예] 인터넷을 통해 수없이 많은 정보가 쏟아지고 그 정보를 취사선택할 능력을 갖춰야 한다.

春秋筆法

봄 춘	가을 추	붓 필	법 법
日 9	禾 9	竹 12	水 8

중국의 경서인 춘추(春秋)와 같이 엄정하고 비판적인 태도로 대의명분을 밝혀 세우는 역사 서술의 준엄한 논법을 말함.
[예] 사관(士官)은 역사를 기록함에 사실을 숨기지 아니하고 그대로 직필(直筆)하는 춘추필법을 본받아야 한다.

醉生夢死

취할 취	날 생	꿈 몽	죽을 사
酉 15	生 5	夕 14	歹 6

술에 취한 듯 살다가 꿈을 꾸듯이 죽는다는 뜻으로, 아무 의미없이, 이룬 일도 없이 한평생을 흐리멍덩하게 살아감을 비유.
[예] 만일 청년기에 자신의 장래에 대한 설계가 없다면 그는 그저 취생몽사로 생을 마치는 불쌍한 인생이 될 수도 있다.
[출전] 정자어록(程子語錄)

春夏秋冬

봄 춘	여름 하	가을 추	겨울 동
日 9	夂 10	禾 9	冫 5

봄·여름·가을·겨울의 네 계절.
[예] 자연은 춘하추동 그 색을 달리한다.

惻隱之心

슬퍼할 측	불쌍히여길 은	갈 지	마음 심
心 12	阜 17	丿 4	心 4

남의 불행을 불쌍히 여기는 마음. 사단(四端)의 하나로 사람의 본성에서 우러나는 네 가지 마음씨. 인(仁)-측은지심(惻隱之心), 의(義)-수오지심(羞惡之心), 예(禮)-사양지심(辭讓之心), 지(知)-시비지심(是非之心)
[예] 구걸하는 걸인을 동정하는 것은 누구나 가지고 있는 측은지심이다.
[출전] 맹자(孟子)의 공손추상(公孫丑上)

忠言逆耳

충성 충	말씀 언	거스릴 역	귀 이
心 8	言 7	辶 10	耳 6

바른 말은 귀에 거슬린다는 뜻으로, 충고하는 말은 귀에 거슬려서 듣기 싫어함.
[유] 양약고구(良藥쓴口) 금언역이(金言逆耳)
[예] 충언역이라고 좋은 마음에서 해주는 말을 귀담아 듣지를 않는구나.
[출전] 공자가어(孔子家語)

七顛八起

七颠八起[qī diān bā qǐ]

他山之石

他山之石[tā shān zhī shí]

七縱七擒

七纵七擒[qī zòng qī qín]

卓上空論

卓上空论[zhuó shàng kōng lùn]

針小棒大

针小棒大[zhēn xiǎo bàng dà]

貪官汚吏

贪官污吏[tān guān wū lì]

他山之石

다를 타	뫼 산	어조사 지	돌 석
人 5	山 3	丿 4	石 5

다른 산에서 나는 거칠고 나쁜 돌이라도 숫돌로 쓰면 자기의 옥을 갈 수가 있으므로, 다른 사람의 하찮은 언행이라도 자기의 지혜와 덕을 닦는 데 도움이 됨.

[유] 반면교사(反面敎師) 공옥이석(攻玉以石)

[예] 어머니는 지난 일을 타산지석으로 삼아 다시는 똑같은 실수가 다시는 없어야 한다고 말씀하셨다.

[출전] 시경(詩經)

七顚八起

일곱 칠	엎드러질 전	여덟 팔	일어날 기
一 2	頁 19	八 2	走 10

일곱 번 넘어져도 여덟 번째 일어난다는 뜻으로, 실패를 거듭하여도 굴하지 않고 다시 일어서 분투함.

[유] 불요불굴(不搖不屈) 권토중래(捲土重來) 백절불굴(百折不屈)

[예] 칠전팔기의 정신으로 타이틀 방어에 성공했다.

卓上空論

책상 탁	위 상	빌 공	말할 론
十 8	一 3	穴 8	言 15

탁자 위에서만 펼치는 헛된 논설이란 뜻으로, 실현성이 없는 허황된 이론을 일컬음.

[유] 지상병담(紙上兵談) 궤상공론(机上空論) 묘항현령(猫項懸鈴) 묘두현령(猫頭懸鈴)

[예] 정부 관리들은 관료주의적이고 탁상공론적인 자세를 버려야 한다.

七縱七擒

일곱 칠	놓을 종	일곱 칠	사로잡을 금
一 2	糸 17	一 2	手 16

제갈공명의 전술로 일곱 번 놓아주고 일곱 번 잡는다는 말로, 자유자재로운 전술로 상대를 마음대로 함. 무슨 일을 제 마음대로 함을 말함.

[예] 그 고집 센 사람을 마음대로 칠종칠금하다니 정말 그녀는 대단하다.

[출전] 삼국지연의(三國志演義)

貪官汚吏

탐할 탐	벼슬 관	더러울 오	벼슬아치 리
貝 11	宀 8	水 6	口 6

탐욕이 많고 부정을 일삼는 행실이 깨끗하지 못한 벼슬아치.

[예] 백성의 등을 벗겨 먹는 탐관오리들의 악행은 이미 눈 뜨고 볼 수 없을 지경에 이르렀다.

針小棒大

바늘 침	작을 소	몽둥이 봉	큰 대
金 10	小 3	木 12	大 3

바늘만한 것을 몽둥이만하다고 말함이란 뜻으로, 곧 작은 일을 크게 과장하여 말함을 것을 비유.

[예] 별일도 아닌 일을 이렇게 침소봉대하다니!

泰山北斗

泰山北斗[tài shān běi dǒu]

兔死狗烹

兔死狗烹[tù sǐ gǒu pēng]

泰然自若

泰然自若[tài rán zì ruò]

吐哺握髮

吐哺握发[tǔ bǔ wò fā]

太平聖代

太平圣代[tài píng shèng dài]

波瀾萬丈

波澜万丈[bō lán wàn zhàng]

兎死狗烹

토끼 토	죽을 사	개 구	삶을 팽
儿 8	歹 6	犬 8	火 11

사냥하러 가서 토끼를 잡으면 사냥하던 개는 쓸모가 없게 되어 삶아 먹는다는 뜻, 필요할 때 요긴하게 써 먹고 쓸모가 없어지면 가혹하게 버린다는 뜻.

[유] 교토사주구팽(狡兎死走狗烹)

[예] 회사를 위기에서 구한 직원을 토사구팽하는 것은 도의에 어긋난 일이다.

[출전] 사기(史記)·회음후전(淮陰侯傳)

泰山北斗

클 태	뫼 산	북녘 북	별이름 두
水 10	山 3	匕 5	斗 4

중국 제일의 명산인 태산과 북두성이라는 뜻으로, 학문·예술 분야의 대가, 태산과 북두칠성을 여러 사람이 우러러보듯이, 남에게 존경받는 뛰어난 존재.

[예] 학자들도 그를 태산북두라 하며 우러러보았다.

[출전] 신당서(新唐書)·한유전(韓愈傳)

吐哺握髮

토할 토	먹을 포	쥘 악	터럭 발
口 6	口 10	手 12	髟 15

입 속에 있는 밥을 뱉고 머리카락을 움켜쥔다는 뜻으로, 식사 때나 머리를 감을 때에 손님이 오면 황급히 나가서 맞이하듯 민심을 거두어 잡고 정무를 보살피기에 잠시도 편안함이 없음을 말함.

[예] 지도자는 토포악발하는 심정으로 각계의 인물을 면접하고 사람됨을 평가하여 등용하여야 한다.

[출전] 한유(韓愈)·상재상서(上宰相書)

泰然自若

클 태	그러할 연	스스로 자	같을 약
水 10	火 12	自 6	艹 9

심리적으로 충격을 받을 만한 상황인데도 전혀 태도의 변화가 없이 평소 그대로 동요하지 않고 천연스러운 것.

[유] 언소자약(言笑自若) 담소자약(談笑自若)

[예] 불합격 소식에도 그녀는 전혀 놀라지 않고 태연자약하였다.

波瀾萬丈

물결 파	물결 란	일만 만	길이 장
水 8	水 20	艹 13	一 2

파도의 물결치는 것이 만장의 길이나 된다는 뜻으로, 인생을 살아가는데 있어서 기복과 변화가 심함. 일의 진행에 변화가 심함을 비유.

[유] 파란중첩(波瀾重疊)

[예] 그는 향년 78세를 일기로 파란만장한 삶을 마쳤다.

太平聖代

클 태	화평할 평	성인 성	시대 대
大 4	干 5	耳 13	人 5

어질고 착한 임금이 다스리는 태평한 세상.

[유] 요순지절(堯舜之節) 도불습유(道不拾遺) 고복격양(鼓腹擊壤) 강구연월(康衢煙月)

[예] 요순시대에는 백성들이 태평성대를 구가하였다.

破廉恥漢

破廉耻汉[pò lián chǐ hàn]

破竹之勢

破竹之势[pò zhú zhī shì]

破邪顯正

破邪显正[pò xié xiǎn zhèng]

八方美人

八方美人[bā fāng měi rén]

破顏大笑

破颜大笑[pò yán dà xiào]

八字所關

八字所关[bā zì suǒ guān]

破竹之勢

깨뜨릴 파	대나무 죽	갈 지	형세 세
石 10	竹 6	丿 4	力 13

대나무를 쪼개는 기세 곧 세력이 강대하여 대적을 거침없이 물리치고 쳐들어가는 기세나 나아가는 모양.

[유] 세여파죽(勢如破竹) 영인이해(迎刃而解)

[예] 우리나라 축구 대표팀은 파죽지세로 결승전까지 진출했다.

[출전] 진서(晉書)·두예전(杜預傳)

破廉恥漢

깨뜨릴 파	청렴할 렴	부끄러울 치	놈 한
石 10	广 13	心 10	水 14

수치를 수치로 알지 아니하는 사람. 염치를 모르는 뻔뻔스러운 사람, 부끄러움을 모르는 사람.

[유] 철면피(鐵面皮)

[예] 사회를 오염시키고 인간성을 무시하는 인신매매범은 도덕심이라곤 찾을 수 없는 파렴치한이다.

八方美人

여덟 팔	모 방	아름다울 미	사람 인
八 2	方 4	羊 9	人 2

여덟 방향이 어느 모로 보나 아름다운 미인, 여러 방면의 일에 능통한 사람 혹은 누구에게나 두루 곱게 보이는 방법으로 처세하는 사람.

[예] 그녀는 정말 모든 면에 뛰어나 못하는 게 없는 팔방미인이다.

破邪顯正

깨뜨릴 파	간사할 사	나타날 현	바를 정
石 10	邑 7	頁 23	止 5

불교에서, 부처의 가르침에 어긋나는 사악(邪惡)한 도리(道理)를 깨뜨리고 바른 도리를 드러낸다는 뜻으로, 그릇된 생각을 버리고 올바른 도리를 행함.

[유] 위정척사(衛正斥邪)

[예] 파사현정의 자세로 잘못된 정치행태에 대해 단호하게 철퇴를 내려 주시길 간곡히 부탁드린다.

[출전] 삼론현의(三論玄義)

八字所關

여덟 팔	글자 자	바 소	관계할 관
八 2	子 6	戶 8	門 19

팔자에 의해 운명적으로 겪는 바, 인생은 인위적인 노력에 의해 개척되는 것이 아니라 타고난 숙명이 관장하는 것이라는 뜻.

[예] 아무리 어렵고 고생스럽더라도 팔자소관이려니 하고 살아라.

破顔大笑

깨뜨릴 파	얼굴 안	큰 대	웃음 소
石 10	頁 18	大 3	竹 10

얼굴이 찢어지도록 크게 웃는다는 뜻으로, 즐거운 표정으로 한바탕 크게 웃음을 이르는 말.

[유] 파안일소(破顔一笑) 가가대소(呵呵大笑) 홍연대소(哄然大笑)

[예] 내가 던진 실없는 농담에도 파안대소를 터뜨리는 그녀의 모습이 참 예뻐 보였다.

敗家亡身	弊袍破笠
败家亡身[bài jiā wáng shēn]	弊袍破笠[bì páo pò lì]
偏母膝下	抱腹絶倒
偏母膝下[piān mǔ xī xià]	抱腹绝倒[bào fù jué dào]
閉月羞花	暴惡無道
闭月羞花[bì yuè xiū huā]	暴恶无道[bào è wú dào]

弊袍破笠

해질 폐	두루마기 포	깨뜨릴 파	삿갓 립
廾 15	衣 10	石 10	竹 11

해진 옷과 부러진 갓이란 뜻으로 너절하고 구차한 차림새를 비유, 매우 초라한 모습.

[유] 폐의파립(敝衣破笠) 폐의파관(弊衣破冠)

[예] 몇 년만에 나타난 그는 그야말로 폐포파립의 행색으로 꼴이 말이 아니었다.

敗家亡身

깨뜨릴 패	집 가	망할 망	몸 신
攴 11	宀 10	亠 3	身 7

가산을 탕진하고 몸을 망침.

[유] 인망가폐(人亡家廢) 인망택폐(人亡宅廢)

[예] 노름으로 패가망신을 하다니, 지하에 계신 너의 할아버지가 통곡을 하겠다!

抱腹絶倒

안을 포	배 복	끊을 절	넘어질 도
手 8	肉 13	糸 12	人 10

배를 안고 넘어진다는 뜻. 몹시 우스워서 배를 안고 몸을 가누지 못할 정도로 몹시 웃음.

[유] 절도(絶倒) 봉복절도(捧腹絶倒)

[예] 개그맨들이 우스꽝스러운 이야기에 관객들이 포복절도했다.

偏母膝下

치우칠 편	어미 모	무릎 슬	아래 하
人 11	母 5	肉 15	一 3

홀어머니의 품 아래를 말한다.

[유] 편모시하(偏母侍下)

[예] 어려서 아버지를 여의고 편모슬하에서 자랐다.

暴惡無道

사나울 포	악할 악	없을 무	길 도
日 15	心 12	火 12	辵 13

매우 사납고 악함을 가리킴.

[예] 이 건물의 주인은 일 년에 서너 번 이상 상가 건물의 월세를 올리는데 정말 포악무도한 것 같다.

閉月羞花

닫을 폐	달 월	부끄러울 수	꽃 화
門 11	月 4	羊 11	艸 8

진나라 헌공(獻公)의 애인인 여희(麗姬)는 절세의 미인으로, 그녀를 본 달도 구름 속에 모습을 숨기고, 꽃도 부끄러워했다는 뜻으로, 절세의 미인을 비유.

[유] 수화폐월(羞花閉月) 경국지색(傾國之色)

[예] 미인을 얻는 일이 어찌 쉬울 수가 있겠습니까. 더욱이 폐월수화의 미인을 얻는 바에야!

[출전] 조식(曹植)·낙신부(洛神賦)

表裏不同

表里不同[biǎo lǐ bù tóng]

風餐露宿

风餐露宿[fēng cān lù sù]

風樹之嘆

风树之叹[fēng shù zhī tàn]

皮肉之見

皮肉之见[pí ròu zhī jiàn]

風前燈火

风前灯火[fēng qián dēng huǒ]

彼此一般

彼此一般[bǐ cǐ yī bān]

<table>
<tr><td colspan="4" align="center"><h2>風餐露宿</h2></td></tr>
<tr><td>바람 풍
風 9</td><td>먹을 찬
食 16</td><td>이슬 노
雨 20</td><td>묵을 숙
宀 11</td></tr>
</table>

바람에 불리면서 먹고, 이슬을 맞으면서 잔다는 뜻, 떠돌아다니며 모질게 고생함을 비유.

㊌ 즐풍목우(櫛風沐雨), 문전걸식門前乞食), 남부여대(男負女戴)

㊌ 고국을 떠나 낯선 이국땅에서의 풍찬노숙에 가까운 생활을 벌써 27년째 했습니다.

[출전] 육유(陸遊)·숙야인가시(宿野人家詩)

<table>
<tr><td colspan="4" align="center"><h2>表裏不同</h2></td></tr>
<tr><td>겉 표
衣 8</td><td>속 리
衣 13</td><td>아닐 부
一 4</td><td>같을 동
口 6</td></tr>
</table>

마음이 음흉스러워 겉과 속이 다름. 속 다르고 겉 다름.

㊌ 동상이몽(同床異夢) 구밀복검(口蜜腹劍) 양질호피(羊質虎皮) 소중유검(笑中有劍)

㊌ 몇 년을 알고 지낸 친구라고 생각했는데 배신을 하다니, 그 사람도 참으로 표리부동한 사람이었다.

<table>
<tr><td colspan="4" align="center"><h2>皮肉之見</h2></td></tr>
<tr><td>가죽 피
皮 5</td><td>고기 육
肉 6</td><td>갈 지
丿 4</td><td>볼 견
見 7</td></tr>
</table>

거죽과 살만 보고 뼈를 보지 못한 것처럼 사물의 실체를 깨닫지 못한 천박한 견해를 말함.

㊌ 진실을 보지 못하고 거짓만 쫓는 피육지견같은 상황은 되지 않아야 한다.

[출전] 전등록(傳燈錄)

<table>
<tr><td colspan="4" align="center"><h2>風樹之嘆</h2></td></tr>
<tr><td>바람 풍
風 9</td><td>나무 수
木 16</td><td>어조사 지
丿 4</td><td>탄식할 탄
口 14</td></tr>
</table>

수욕정이풍부지(樹欲靜而風不止) 자욕양이친부대(子欲養而親不待). 나무가 고요하고자 하나 바람이 그치지 않고, 자식이 봉양하려 하나 어버이가 기다려 주지 않는다.

㊌ 풍수지비(風樹之悲) 풍수지감(風樹之感)

㊌ 부모님이 돌아가시고 나니 풍수지탄의 심정을 알겠다. [출전] 공자가어(孔子家語)

<table>
<tr><td colspan="4" align="center"><h2>彼此一般</h2></td></tr>
<tr><td>저 피
彳 8</td><td>이 차
止 6</td><td>한 일
一 1</td><td>일반 반
舟 10</td></tr>
</table>

저것이나 이것이나 마찬가지임. 두 편이 서로 같다는 뜻임.

㊌ 돈도 없고 집도 없어 떠돌이 생활을 하는 것은 자네나 나나 피차일반이 아닌가?

<table>
<tr><td colspan="4" align="center"><h2>風前燈火</h2></td></tr>
<tr><td>바람 풍
風 9</td><td>앞 전
刀 9</td><td>등불 등
火 16</td><td>불 화
火 4</td></tr>
</table>

바람 앞의 등불이란 뜻으로, 매우 위태로운 처지나 오래 견디지 못할 상태를 비유.

㊌ 초미지급(焦眉之急) 일촉즉발(一觸卽發) 위여누란(危如累卵) 명재경각(命在頃刻) 백척간두(百尺竿頭) 풍전등촉(風前燈燭)

㊌ 나라의 운명이 풍전등화와도 같던 상황에서 선각자들이 그 어려움을 헤쳐 나가기 위해 나섰다.

被害妄想

被害妄想[bèi hài wàng xiǎng]

何待歲月

何待岁月[hé dài suì yuè]

匹夫之勇

匹夫之勇[pǐ fū zhī yǒng]

下石上臺

下石上台[xià shí shàng tái]

匹夫匹婦

匹夫匹妇[pǐ fū pǐ fù]

鶴首苦待

鹤首苦待[hè shǒu kǔ dài]

何待歲月

어찌 하	기다릴 대	해 세	달 월
人 7	彳 9	止 13	月 4

세월을 어찌 기다리나. 세월을 기다리기가 지루함.

㊤ 하대명년(何待明年)

㊲ 농촌의 현사태를 그대로 방치한다는 것은 너무나 위급한데 정부의 지원을 기대하자니 하대세월이니 안타깝다.

被害妄想

입을 피	해칠 해	망령될 망	생각할 상
衣 10	宀 10	女 6	心 13

남이 자기에게 해를 입힌다고 생각하는 일.

㊤ 피해망상증(被害妄想症)

㊲ 피해망상은 다른 사람이 자신에게 피해를 준 적이 없음에도 피해를 준다고 생각하는 정신질환 중의 하나이다.

下石上臺

아래 하	돌 석	위 상	대 대
一 3	石 5	一 3	至 14

아랫돌 빼서 윗돌 괴고, 윗돌 빼서 아랫돌 괴기라는 뜻으로, 임시변통으로 이리저리 둘러맞춤.

㊤ 고식지계(姑息之計) 미봉책(彌縫策) 동족방뇨(凍足放尿)

㊲ 출산장려 정책은 하석상대식 미봉책으로는 해결할 수 없다.

匹夫之勇

혼자 필	지아비 부	갈 지	날쌜 용
匸 4	大 4	丿 4	力 9

하찮은 남자의 용기라는 뜻으로, 보잘것없는 사람이 깊이 생각하지 않고 함부로 내세우는 용기를 말함.

㊤ 소인지용(小人之勇)

㊲ 사려 깊지 못하고 혈기만 믿고 내지르는 필부지용인 사람이 주변에 있으면 골치 아프다.

㊀ 맹자(孟子) 양혜왕(梁惠王)

鶴首苦待

학 학	머리 수	괴로울 고	기다릴 대
鳥 21	首 9	艸 9	彳 9

학처럼 목을 길게 빼고 기다린다는 뜻으로, 간절하게 기다리는 모양을 비유한 말.

㊤ 일일여삼추(一日如三秋) 일각여삼추(一刻如三秋)

㊲ 어머니는 아들이 고향으로 내려오기만 학수고대 바라고 있었다.

匹夫匹婦

혼자 필	지아비 부	혼자 필	아내 부
匸 4	大 4	匸 4	女 11

평범한 남자와 평범한 여자.

㊤ 초동급부(樵童汲婦) 장삼이사(張三李四) 우부우부(愚夫愚婦) 선남선녀(善男善女) 갑남을녀(甲男乙女)

㊲ 한국사회를 격랑으로 몰고 갈 이슈에 대한 필부필부들의 생각을 듣기 위해 설문은 유동인구가 많은 곳에서 진행했다.

學如不及

学如不及[xué rú bù jí]

邯鄲之步

邯郸之步[hán dān zhī bù]

漢江投石

汉江投石[hàn jiāng tóu shí]

汗牛充棟

汗牛充栋[hàn niú chōng dòng]

邯鄲之夢

邯郸之梦[hán dān zhī mèng]

緘口無言

缄口无言[jiān kǒu wú yán]

邯鄲之步

고을이름 한	조나라 서울 단	갈 지	걸음 보
邑 8	邑 15	丿 4	止 7

연나라의 청년이 한단 사람의 걸음걸이를 배우려다가 원래의 걸음걸이도 잊고 기어서 돌아왔다는 일에서 유래. 본분을 잊고 무턱대고 남을 흉내내다가 본래 가졌던 것까지 이것저것 다 잃음을 비유.

[유] 한단학보(邯鄲學步)

[예] 대가의 작품을 무조건 따라 하면 한단지보가 될 거야. [출전] 장자(莊子) · 추수편(秋水篇)

學如不及

배울 학	같을 여	아닐 불	미칠 급
子 16	女 6	一 4	又 4

학문은 미치지 못함과 같으니 쉬지 말고 노력해야 함을 이르는 말. 배움에는 끝이 없다는 말.

[예] 학여불급 유공실지(學如不及 猶恐失之) 배움이란 도달할 수 없는 것 같이 하고, 배운 것은 잃어버릴까 두려운 듯이 해야 한다.

[출전] 논어(論語)

汗牛充棟

땀 한	소 우	찰 충	용마루 동
水 6	牛 4	儿 5	木 12

수레에 실어 운반하면 소가 땀을 흘리게 되고, 쌓아올리면 들보에 닿을 정도의 양이라는 뜻으로, 책이 매우 많음을 이름.

[유] 오거지서(五車之書)

[예] 책이 겹겹이 쌓인 방안에 들어가면 한우충동이라는 말이 절로 나온다.

[출전] 유종원(柳宗元) 육문통(陸文通)

漢江投石

한수 한	강 강	던질 투	돌 석
水 14	水 6	手 7	石 5

한강에 아무리 돌을 많이 집어넣어도 메울 수 없다는 뜻으로, 아무리 투자를 하거나 애를 써도 아무런 효과나 좋은 결과를 내지 못함.

[유] 홍로점설(紅爐點雪) 이란투석(以卵投石) 배수여신(杯水輿薪) 배수구거(杯水救車)

[예] 네가 아무리 노력해 봤자 한강투석일 뿐이니 그만 단념해.

緘口無言

봉할 함	입 구	없을 무	말씀 언
糸 15	口 3	火 12	言 7

입을 다물고 아무런 말이 없음.

[유] 함구불언(緘口不言)

[예] 그는 벙어리가 된 것처럼 함구무언이다. 연유를 물어보아도 머리만 내두른다.

邯鄲之夢

땅이름 한	조나라 서울 단	갈 지	꿈 몽
邑 8	邑 15	丿 4	夕 14

한단에서 꾼 꿈이라는 뜻으로, 인생과 영화의 덧없음을 비유.

[유] 남가지몽(南柯之夢) 황량지몽(黃粱之夢)

[예] 성현들의 한결같은 가르침은 인생의 부귀영화는 한단지몽이라는 말씀이다.

[출전] 심기제(沈旣濟) · 침중기(枕中記)

含憤蓄怨

含愤蓄怨[hán fèn xù yuàn]

駭怪罔測

骇怪罔测[hài guài wǎng cè]

咸興差使

咸兴差使[xián xīng chāi shǐ]

偕老同穴

偕老同穴[xié lǎo tóng xué]

合從連衡

合从连衡[hé cóng lián héng]

虛禮虛飾

虚礼虚饰[xū lǐ xū shì]

駭怪罔測			
놀랄 해	괴이할 괴	없을 망	헤아릴 측
馬 16	心 8	网 8	水 12

헤아릴 수도 없을 만큼 몹시 괴이함.
㉫ 경제일간지 경제논단에 대형마트가 오히려 지역 소매업 고용을 늘렸다는 해괴망측한 논리의 글이 실렸다.

含憤蓄怨			
머금을 함	성낼 분	쌓을 축	원망할 원
口 7	心 15	艸 14	心 9

분한 마음을 품고 원한을 쌓음.
㉫ 정치적 편의로 일시적으로 봉합되어 왔던 함분축원의 원한을 풀기 위해 한일 양국민은 깊이 성찰하면서 대화해야 한다.

偕老同穴			
함께 해	늙을 로	같을 동	구멍 혈
人 11	老 6	口 6	穴 5

부부가 한평생을 같이 지내며 같이 늙고, 죽어서는 같이 무덤에 묻힌다는 뜻, 부부 사랑의 굳은 맹세를 뜻함. 부부의 금실이 좋아서 함께 늙고 함께 묻힘.
㉤ 백년해로(百年偕老)
㉫ '함께 늙고, 한 무덤에 묻힌다'는 뜻의 해로동혈은 결혼 주례사에 단골로 등장한다.
[출전] 시경(詩經)

咸興差使			
다 함	흥할 흥	부릴 차	하여금 사
口 9	臼 16	工 10	人 8

태조 이성계가 왕위에서 물러나 함흥에 있을 때, 태종(太宗)이 보낸 사신을 잡아 가두어 돌려보내지 않아 소식이 없었다는 데에서 비롯된 말. 심부름꾼이 가서 소식이 없거나, 또는 회답이 더딜 때의 비유.
㉤ 종무소식(終無消息) 일무소식(一無消息)
㉫ 그가 올 때가 지났는데 아직도 함흥차사이다
[출전] 축수편(逐睡篇)

虛禮虛飾			
빌 허	예도 례	빌 허	꾸밀 식
虍 12	示 18	虍 12	食 14

예절, 법식 등을 겉으로만 꾸며 실속이나 정성이 없이 번드레하게 하는 일.
㉫ 가정의례에서 허례허식을 없애고 건전한 사회 기풍을 조성해야 한다.

合從連衡			
합할 합	좇을 종	잇닿을 연	가로 횡
口 6	彳 11	辵 11	行 16

전국시대에 행해졌던 합종책(合從策)과 연횡책(連衡策)의 외교방식을 말함. 약자끼리 세로로 연합하여 강자에게 대항하거나, 약자들이 가로로 나란히 서서 강자와 화해함.
㉫ 국가를 지키기 위해 이웃나라들과 동맹해서 대처하는 합종연횡이 대세다.
[출전] 사기(史記)

虛無孟浪

虚无孟浪[xū wú mèng làng]

虛虛實實

虚虚实实[xū xū shí shí]

虛心坦懷

虚心坦怀[xū xīn tǎn huái]

懸頭刺股

悬头刺股[xuán tóu cì gǔ]

虛張聲勢

虚张声势[xū zhāng shēng shì]

賢母良妻

贤母良妻[xián mǔ liáng qī]

虛虛實實

빌 허	빌 허	찰 실	찰 실
虍 12	虍 12	宀 14	宀 14

힘이 없는 척하면서 실속을 차려 싸운다. 허를 찌르고 실을 꾀하는 계책으로 계략이나 수단을 써서 서로 상대방의 약점을 비난하며 싸움. 허실을 살펴서 상대방의 동정을 알아냄.

예 어려운 문제를 만났을 때, 사장님은 때로는 정면 돌파하고 때로는 허허실실로 내버려둠으로써 타개해 나갔다.

虛無孟浪

빌 허	없을 무	맹랑할 맹	물결 랑
虍 12	火 12	子 8	水 10

말하기 어려울 만큼 비고 거짓되어 터무니없이 허황되고 실상이 없음.

예 나는 얘기가 너무 허무맹랑하다 싶어서 자리를 털고 일어났다.

懸頭刺股

매달 현	머리 두	찌를 자	넓적다리 고
心 20	頁 16	刀 8	肉 8

상투를 천장에 달아매고, 송곳으로 허벅다리를 찔러서 잠을 깨운다는 뜻으로, 학업에 매우 힘씀을 이르는 말.

예 현두자고하는 마음으로 열심히 공부하는 학생들 파이팅!

출전 초국선현전(楚國先賢傳)

虛心坦懷

빌 허	마음 심	평평할 탄	품을 회
虍 12	心 4	土 8	心 19

마음을 비우고 생각을 터놓음. 명랑하고 거리낌이나 숨김이 없이 솔직함.

예 이 자리는 노사가 허심탄회하게 안건을 토론하는 자리이다.

賢母良妻

어질 현	어미 모	어질 양	아내 처
貝 15	毋 5	艮 7	女 8

어진 어머니이면서 또한 착한 아내.

예 신사임당(申師任堂)은 율곡 이이(李珥)의 어머니로, 자수와 서화에 능하였으며, 현모양처의 귀감으로 숭앙받았다.

虛張聲勢

빌 허	베풀 장	소리 성	기세 세
虍 12	弓 11	耳 17	力 13

헛되이 목소리의 기세만 높인다는 뜻으로, 실력이 없으면서도 허세만 떠벌림.

유 호왈백만(號曰百萬)

예 이 분야에 대해서는 모르는 게 없다던 그의 말은 허장성세였다.

懸河之辯

悬河之辩[xuán hé zhī biàn]

狐假虎威

狐假虎威[hú jiǎ hǔ wēi]

予予單身

孑孑单身[jié jié dān shēn]

糊口之策

糊口之策[hú kǒu zhī cè]

螢雪之功

萤雪之功[yíng xuě zhī gōng]

互角之勢

互角之势[hù jiǎo zhī shì]

<table>
<tr><td colspan="4" align="center"><h2>狐假虎威</h2></td></tr>
<tr><td>여우 호
犬 8</td><td>거짓 가
人 11</td><td>범 호
虍 8</td><td>위엄 위
女 9</td></tr>
</table>

여우가 호랑이의 위세를 빌려 호기를 부린다는 뜻으로, 남의 세력을 빌어 위세를 부림.

㊌ 차호위호(借虎威狐) 가호위호(假虎威狐)

㊞ 권력에 붙어서 호가호위하며 자신의 안위만 추구하는 정치가 아니라 오직 국민의 뜻만 받들면서 원칙을 지키는 깨끗한 정치를 실현해야 한다.

출전 전국책(戰國策)·초책(楚策)

<table>
<tr><td colspan="4" align="center"><h2>懸河之辯</h2></td></tr>
<tr><td>매달 현
心 20</td><td>강이름 하
水 8</td><td>갈 지
丿 4</td><td>말잘할 변
辛 21</td></tr>
</table>

거침없이 도도히 흐르는 물과 같이 막힘없이 잘하는 말.

㊌ 현하웅변(懸河雄辯) 현하구변(懸河口辯)

㊞ 정치인들의 현하지변은 마치 물이 막힘없이 흐르는 듯 대단한 사람처럼 보이나 옛말에 말이 좋은 사람은 신뢰하기 힘드니 조심하라 했다.

출전 수서(隋書)

<table>
<tr><td colspan="4" align="center"><h2>糊口之策</h2></td></tr>
<tr><td>풀 호
米 15</td><td>입 구
口 3</td><td>갈 지
丿 4</td><td>꾀 책
竹 12</td></tr>
</table>

입에 풀칠하다라는 뜻으로, 겨우 먹고 살아가는 방책.

㊌ 호구책(糊口策) 호구지방(糊口之方) 호구지계(糊口之計) 구식지계(口食之計)

㊞ 호구지책으로 공무원 시험에 전력을 다 하고 있는 풍경이 오늘날 우리나라 대학교의 모습입니다.

출전 열자(列子)·설부편說符篇)

<table>
<tr><td colspan="4" align="center"><h2>孑孑單身</h2></td></tr>
<tr><td>외로울 혈
孑 3</td><td>외로울 혈
孑 3</td><td>홀 단
口 12</td><td>몸 신
身 7</td></tr>
</table>

의지할 곳 없는 외로운 홀몸.

㊌ 단독일신(單獨一身) 고독단신(孤獨單身)

㊞ 그는 20대 초반에 혈혈단신 미국으로 건너갔다.

<table>
<tr><td colspan="4" align="center"><h2>互角之勢</h2></td></tr>
<tr><td>서로 호
二 4</td><td>뿔 각
角 7</td><td>갈 지
丿 4</td><td>기세 세
力 13</td></tr>
</table>

서로 조금도 낫고 못함이 없는 엇비슷한 세력.

㊞ 결승 경기는 2대2의 호각지세를 보이고 있어서 어느 팀이 이길지 단정하기 힘들다.

<table>
<tr><td colspan="4" align="center"><h2>螢雪之功</h2></td></tr>
<tr><td>반딧불 형
虫 16</td><td>눈 설
雨 11</td><td>갈 지
丿 4</td><td>공 공
力 5</td></tr>
</table>

차윤은 반딧불로, 손강은 눈빛으로 글을 읽었다는 고사로, 고생 속에서도 열심히 공부하는 자세를 비유.

㊌ 주경야독(晝耕夜讀) 형창설안(螢窓雪案) 차형손설(車螢孫雪) 차윤취형(車胤聚螢)

㊞ 그는 어려운 집안 형편 때문에 직장에 다니면서도 형설지공으로 공부하여 대학까지 마쳤다고 한다.

출전 진서(晉書)

虎父犬子

虎父犬子[hǔ fù quǎn zǐ]

虎死留皮

虎死留皮[hǔ sǐ liú pí]

呼父呼兄

呼父呼兄[hū fù hū xiōng]

虎視眈眈

虎视眈眈[hǔ shì dān dān]

好事多魔

好事多魔[hǎo shì duō mó]

豪言壯談

豪言壮谈[háo yán zhuàng tán]

虎死留皮

범 호	죽을 사	머무를 유	가죽 피
虍 8	歹 6	田 10	皮 5

범이 죽으면 가죽을 남기는 것과 같이, 사람도 죽은
뒤에 이름을 남겨야 한다는 말.
예 호사유피 인사유명(虎死留皮 人死留名) 고사처럼 사
람이 한세상을 살면서 후세에 길이 남길 사상이나 작
품 등을 남길 수 있다는 것은 얼마나 큰 축복일까.
출전 오대사(五代史)·왕언장전(王彦章傳)

虎父犬子

범 호	아비 부	개 견	아들 자
虍 8	父 4	犬 4	子 3

호랑이 아비에 개의 새끼라는 뜻으로, 훌륭한 아버지
에 못난 자식을 이르는 말.
예 사회 지도층 인사들의 아들이 호부견자의 말썽을
일으켜 아버지를 눈물짓게 하는 것을 보면서 부모 뜻
대로 되지 않는 것이 자식농사라는 말이 실감난다.

虎視眈眈

범 호	볼 시	노려볼 탐	노려볼 탐
虍 8	見 12	目 9	目 9

범이 먹이를 노린다는 뜻으로, 기회를 노리며 형세를
살핌을 비유. 날카로운 눈으로 가만히 기회를 노려보
고 있는 모양.
예 호시탐탐 전쟁 도발을 획책하는 적국을 견제하기
위해서라도 우리는 임전 태세에 만전을 기해야 할 것
이다.
출전 역경(易經)

呼父呼兄

부를 호	아비 부	부를 호	맏 형
口 8	父 4	口 8	儿 5

아버지를 아버지라 부르고, 형을 형이라고 부름.
예 홍길동은 서자라는 이유로 호부호형하지 못했다.
출전 홍길동전(洪吉童傳)

豪言壯談

호걸 호	말씀 언	씩씩할 장	말씀 담
豕 14	言 7	士 7	言 15

분수에 맞지 않는 말을 실제 이상으로 보태어 큰소리
로 자신있게 말함.
유 대언장담(大言壯談)
예 내년 총선에서 현재 의석만큼은 못 돼도 과반수를
넘나드는 수준은 될 것이라고 호언장담했다.

好事多魔

좋을 호	일 사	많을 다	마귀 마
女 6	亅 8	夕 6	鬼 21

좋은 일에는 마귀가 많음. 좋은 일에는 흔히 시샘하는
듯이 안 좋은 일들이 많이 따름.
유 시어다골(鰣魚多骨)
예 호사다마라더니 멀쩡하던 양반이 자식 장가보내는
날에 갑자기 몸져누울 일이 뭐야 그래.

浩然之氣

浩然之气[hào rán zhī qì]

惑世誣民

惑世诬民[huò shì wū mín]

好衣好食

好衣好食 [hǎo yī hǎo shí]

魂飛魄散

魂飞魄散[hún fēi pò sàn]

昊天罔極

昊天罔极[hào tiān wǎng jí]

渾然一致

浑然一致[hún rán yī zhì]

惑世誣民

미혹할 혹	세상 세	속일 무	백성 민
心 12	一 5	言 14	氏 5

세상 사람들을 속여 정신을 홀리고 세상을 어지럽힘.
예 그녀는 그의 말이 혹시 혹세무민하는 게 아닌가 하는 생각에 정신을 바짝 차리고 들어 보았다.

浩然之氣

클 호	그럴 연	갈 지	기운 기
水 10	火 12	丿 4	气 10

사람의 마음에 차 있는 너르고 크고 올바른 기운. 하늘과 땅 사이를 가득 채울 만큼 넓고 커서 어떠한 일에도 굴하지 않고 맞설 수 있는 당당한 기상.
유 호기(浩氣) 정기(正氣) 정대지기(正大之氣)
예 신라 시대의 화랑들은 산과 들을 누비며 호연지기를 키웠다.
출전 맹자(孟子)·공손추편(公孫丑篇)

魂飛魄散

넋 혼	날 비	넋 백	흩을 산
鬼 14	飛 9	鬼 15	攴 12

넋이 날아가고 넋이 흩어지다라는 뜻으로, 몹시 놀라 어찌할 바를 모름.
유 혼불부체(魂不附體) 혼불부신(魂不附身) 백산(魄散)
예 낮잠을 즐기던 사원들이 사장의 순시가 있다는 말에 혼비백산해 사무실을 정리했다

好衣好食

좋을 호	옷 의	좋을 호	밥 식
女 6	衣 6	女 6	食 9

좋은 옷과 좋은 음식. 잘 입고 잘 먹음.
유 금의옥식(錦衣玉食)
반 악의악식(惡衣惡食)
예 경찰이 억대의 뇌물을 받고 호의호식하다 구속될 처지에 놓였다.

渾然一致

모두 혼	그럴 연	한 일	보낼 치
水 12	火 12	一 1	至 10

사상이나 의지, 행동 등이 조금도 어긋남이 없이 서로 한 덩어리가 되어 합치함.
유 혼연일체(渾然一體)
예 바이올리니스트의 신들린 듯한 연주에 관객들도 혼연일체가 되었다.

昊天罔極

하늘 호	하늘 천	없을 망	다할 극
日 8	大 4	网 8	木 13

하늘이 넓고 끝이 없다는 뜻으로, 부모의 은혜가 매우 크고 끝이 없음을 이르는 말. 욕보심은호천망극(欲報深恩昊天罔極); 깊은 은혜를 갚고자 하나 하늘처럼 넓고 커서 다함이 없음.
유 망극지은(罔極之恩)
예 부모님 제사때 호천망극이고 축문(祝文)을 썼다.
출전 소학(小學)

哄然大笑

哄然大笑[hōng rán dà xiào]

畫龍點睛

画龙点睛[huà lóng diǎn jīng]

昏定晨省

昏定晨省[hūn dìng chén xǐng]

禍福無門

祸福无门[huò fú wú mén]

紅爐點雪

红炉点雪[hóng lú diǎn xuě]

畫蛇添足

画蛇添足[huà shé tiān zú]

畫龍點睛			
그림 화	용 룡	점 점	눈동자 정
田 13	龍 16	黑 17	目 13

장승요(張僧繇)가 벽에 그린 용에 눈동자를 그려 넣은 즉시 용이 하늘로 올라갔다라는 뜻으로, 무슨 일을 하는 데 가장 중요한 부분을 완성시키는 것.
유 점정(點睛) 입안(入眼)
예 화룡점정이라고 문장의 가장 중요한 대목에서 단어 하나가 실로 큰 작용을 한다.
출전 수형기(水衡記)

哄然大笑			
떠들썩할 홍	그럴 연	큰 대	웃음 소
口 9	火 12	大 3	竹 10

큰 소리로 껄껄 웃음.
유 앙천대소(仰天大笑) 박장대소(拍掌大笑) 가가대소(呵呵大笑) 파안일소(破顔一笑)
예 중소기업이 우리 경제의 굳건한 버림목이 되고 양질의 일자리 창출로 홍연대소하는 그날이 하루빨리 오기를 기대한다.

禍福無門			
재앙 화	복 복	없을 무	문 문
示 14	示 14	火 12	門 8

화나 복이 오는 문은 정하여 있지 않다는 뜻으로, 화복은 운명적인 것이 아니라 사람이 선한 일을 하거나 악한 일을 함에 따라서 각기 받는다는 말.
예 오직 우리 마음가짐이 불행과 행복을 불러들인다는 화복무문 유인소소(禍福無門 唯人所召)라는 말이 있다.
출전 춘추좌씨전(春秋左氏傳)

昏定晨省			
어두울 혼	정할 정	새벽 신	살필 성
日 8	宀 8	日 11	目 9

저녁에는 잠자리를 보아 드리고, 아침에는 문안을 드린다는 뜻, 부모를 잘 섬기고 효성을 다함을 말함.
유 정성(定省) 조석정성(朝夕定省) 반포지효(反哺之孝) 반포보은(反哺報恩)
예 경찰은 시민에게 혼정신성의 자세로 최고의 치안 서비스를 펼쳐 나갈 것이라고 밝혔다.
출전 예기(禮記)

畫蛇添足			
그림 화	뱀 사	더할 첨	발 족
田 13	虫 11	水 11	足 7

뱀을 그리고 발을 더한다는 뜻으로, 하지 않아도 될 일을 하거나 필요 이상으로 쓸데없는 일을 하여 도리어 실패함.
유 상상안상(牀上安牀) 사족(蛇足)
예 쓸데없는 화사첨족으로 일을 망치게 되었으니 어쩜 좋으냐.
출전 전국책(戰國策) · 사기(史記)

紅爐點雪			
붉을 홍	화로 로	점 점	눈 설
糸 9	火 20	黑 17	雨 11

빨갛게 달아오른 화로 위에 눈을 조금 뿌린 것과 같다는 뜻으로, 큰일을 하는 데 있어 작은 힘으로는 아무 도움이 되지 않음을 말함.
유 한강투석(漢江投石) 이란투석(以卵投石) 배수거신(杯水車薪) 홍로상일점설(紅爐上一點雪)
예 일이 워낙 커져서 우리의 노력은 홍로점설에 불과할 뿐이다.

華胥之夢

华胥之梦[huá xū zhī mèng]

換骨奪胎

换骨夺胎[huàn gǔ duó tāi]

畫中之餅

画中之饼[huà zhōng zhī bǐng]

鰥寡孤獨

鳏寡孤独[guān guǎ gū dú]

花容月態

花容月态[huā róng yuè tài]

荒唐無稽

荒唐无稽[huāng táng wú jī]

換骨奪胎			
바꿀 환	뼈 골	빼앗을 탈	아이밸 태
手 12	骨 10	大 14	肉 9

뼈대를 바꾸고 태를 바꾸어 쓴다는 말로 사람이나 타인의 글에서 그 형식이나 내용을 모방하여 자기의 작품으로 재창조하여 바꾸어 놓는 것. 용모가 이전에 비해 환하고 아름다워 딴 사람처럼 됨.
[예] 환골탈태라고 하지만 사람이 달라져도 이렇게 달라질 수 있는 것인지 놀라울 뿐이었다.
[출전] 혜홍(惠洪)·냉재야화(冷齋夜話)

華胥之夢			
빛날 화	서로 서	갈 지	꿈 몽
艸 12	肉 9	丿 4	夕 14

낮잠 또는 좋은 꿈. 고대 중국의 황제가 낮잠을 자다가 꿈을 꾸었는데 화서(華胥)라는 나라에 가서 그 나라의 어진 정치를 보고 깨어나서 깊이 깨달았다는 고사에서 유래.
[예] 그는 어젯밤 꿈이 화서지몽이라며 복권을 사라고 권했다.
[출전] 열자(列子)

鰥寡孤獨			
홀아비 환	과부 과	외로울 고	홀로 독
魚 21	宀 14	子 8	犬 16

홀아비, 과부, 고아, 늙어서 자식 없는 사람을 이르는 말.
[유] 사고무친(四顧無親)
[예] 정부는 장애인은 물론 환과고독 등 취약계층을 위한 대책을 마련하고 있다.
[출전] 맹자(孟子)

畫中之餠			
그림 화	가운데 중	갈 지	떡 병
田 13	ㅣ 4	丿 4	食 17

그림 속의 떡이란 뜻으로, 아무리 마음에 들어도 이용할 수 없거나 차지할 수 없음을 비유적으로 이르는 말.
[유] 화병(畫餠)
[예] 내 처지로서는 십억 짜리 아파트는 그저 화중지병에 불과했다.

荒唐無稽			
거칠 황	허풍 당	없을 무	생각할 계
艸 10	口 10	火 12	禾 15

말이나 행동이 터무니없고 근거가 없어 믿을 수가 없음.
[예] 예전에는 황당무계하였을 일들이 요즘에는 아주 흔하게 벌어지곤 한다.

花容月態			
꽃 화	얼굴 용	달 월	모양 태
艸 8	宀 10	月 4	心 14

꽃다운 얼굴과 달 같은 자태라는 뜻으로, 아름다운 여인의 얼굴과 맵시를 이르는 말.
[유] 주순호치(朱脣皓齒) 절세미인(絕世美人) 일고경성(一顧傾城) 단순호치(丹脣皓齒) 경성지색(傾城之色)
[예] 자넨 빼어난 미색의 화용월태가 아닌가.
[출전] 화안월모(花顔月貌)

膾炙人口

脍炙人口[kuài zhì rén kǒu]

孝悌忠信

孝悌忠信[xiào tì zhōng xìn]

會者定離

会者定离[huì zhě dìng lí]

後生可畏

后生可畏[hòu shēng kě wèi]

橫說竪說

横说竖说[héng shuō shù shuō]

厚顔無恥

厚颜无耻[hòu yán wú chǐ]

<table>
<tr><td colspan="4" align="center">孝悌忠信</td></tr>
<tr><td>효도 효</td><td>공경할 제</td><td>충성 충</td><td>믿을 신</td></tr>
<tr><td>子 7</td><td>心 10</td><td>心 8</td><td>人 9</td></tr>
</table>

어버이에 대한 효도, 형제끼리의 우애, 임금에 대한 충성과 벗 사이의 믿음을 통틀어 이르는 말.

예 그는 돌아가신 스승의 뜻을 받아 단순히 책만 읽는 데에서 벗어나 생활 속에서 효제충신으로 선조의 가르침을 실천하려고 노력했다.

<table>
<tr><td colspan="4" align="center">膾炙人口</td></tr>
<tr><td>회 회</td><td>구울고기 자</td><td>사람 인</td><td>입 구</td></tr>
<tr><td>肉 17</td><td>火 8</td><td>人 2</td><td>口 3</td></tr>
</table>

회(膾)는 날고기, 자(炙)는 구운 고기이니, 곧 맛있는 음식처럼 시문(詩文) 등이 사람들의 입에 많이 오르내리고 찬양을 받는 것.

예 좋은 일로 회자인구된다면 좋지만 나쁜 구설수로 사람들 입에 오르내리는 것은 달갑지 않다.

출전 맹자(孟子)

<table>
<tr><td colspan="4" align="center">後生可畏</td></tr>
<tr><td>뒤 후</td><td>날 생</td><td>가히 가</td><td>두려워할 외</td></tr>
<tr><td>彳 9</td><td>生 5</td><td>口 5</td><td>田 9</td></tr>
</table>

뒤에 난 젊은 후학들을 두려워할 만하다는 뜻으로, 부지런히 갈고닦은 후배는 선배를 능가할 수 있음을 말함.

유 후생각고(後生角高) 청출어람(青出於藍)

예 날이 갈수록 뛰어난 후배들이 점점 많아져 후생가외라는 말을 실감하게 된다.

출전 논어(論語)·자한편(子罕篇)

<table>
<tr><td colspan="4" align="center">會者定離</td></tr>
<tr><td>모일 회</td><td>놈 자</td><td>정할 정</td><td>헤어질 리</td></tr>
<tr><td>曰 13</td><td>老 9</td><td>宀 8</td><td>隹 19</td></tr>
</table>

만난 사람은 반드시 헤어지게 되어 있다는 뜻으로, 어찌할 수 없는 이별의 아쉬움을 말함.

유 생자필멸(生者必滅) 무상전변(無常轉變)

반 거자필반(去者必返)

예 회자정리를 모르는 바 아닌데 그는 가고 혼자 남은 외로움이 다시금 사무쳐 온다.

출전 유교경(遺教經)

<table>
<tr><td colspan="4" align="center">厚顔無恥</td></tr>
<tr><td>두터울 후</td><td>얼굴 안</td><td>없을 무</td><td>부끄러울 치</td></tr>
<tr><td>厂 9</td><td>頁 18</td><td>火 12</td><td>心 10</td></tr>
</table>

얼굴이 두껍고 부끄러움이 없다라는 뜻으로, 뻔뻔스러워 부끄러워할 줄 모름.

유 철면피(鐵面皮) 면장우피(面張牛皮) 과렴선치(寡廉鮮恥)

예 영희는 돈을 떼먹고도 당당한 친구의 후안무치에 기가 막힐 따름이었다.

출전 논어(論語)·위정편(爲政篇)

<table>
<tr><td colspan="4" align="center">橫說竪說</td></tr>
<tr><td>가로 횡</td><td>말씀 설</td><td>세울 수</td><td>말씀 설</td></tr>
<tr><td>木 16</td><td>言 14</td><td>立 13</td><td>言 14</td></tr>
</table>

말을 이렇게 했다가 저렇게 했다가 하다, 두서가 없이 아무렇게나 함부로 떠드는 것. 선소리.

유 횡수설화(橫竪說話) 횡수설거(橫竪說去)

예 경찰은 수사에 혼란을 주는 범인에게 '횡설수설하지 말고 똑바로 말해'라고 소리쳤다.

<table>
<tr><td>

後悔莫及

后悔莫及[hòu huǐ mò jí]

</td><td>

喜怒哀樂

喜怒哀乐[xǐ nù āi lè]

</td></tr>
<tr><td>

興亡盛衰

兴亡盛衰[xīng wáng shèng shuāi]

</td><td>

黑色宣傳

黑色宣传[hēi sè xuān chuán]

</td></tr>
<tr><td>

興盡悲來

兴尽悲来[xìng jìn bēi lái]

</td><td>

興訛做訕

兴讹做讪[xīng é zuò shàn]

</td></tr>
</table>

喜怒哀樂

기쁠 희	성낼 로	슬플 애	즐거울 락
口 12	心 9	口 9	木 15

기쁨과 노여움, 슬픔과 즐거움이라는 뜻으로, 곧 사람의 여러 가지 감정을 말함.

예 싫든 좋든 그들은 한 지붕 아래 살기 때문에 희로애락을 함께 해야 한다.

출전 중용(中庸)

後悔莫及

뒤 후	뉘우칠 회	없을 막	미칠 급
彳 9	心 10	艸 11	又 4

아무리 후회하여도 다시 어찌할 수가 없음. 일이 잘못된 뒤라 아무리 뉘우쳐도 어찌할 수 없음.

유 회지무급(悔之無及) 회지막급(悔之莫及) 추회막급(追悔莫及) 서제막급(噬臍莫及)

예 어제 그에게 화를 낸 것이 후회막급하지만 어쩔 수 없는 일이다.

黑色宣傳

검을 흑	빛 색	베풀 선	전할 전
黑 12	色 6	宀 9	人 13

터무니없이 또는 출처를 밝히지 않고 비밀리에 하는 선전.

유 백색선전(白色宣傳)

예 유권자들은 중상모략과 흑색선전이 난무하는 선거를 원하지 않는다.

興亡盛衰

일 흥	망할 망	성할 성	쇠할 쇠
臼 16	亠 3	皿 12	衣 10

흥하고 망하고 성하고 쇠약함.

유 영고성쇠(榮枯盛衰)

예 한 국가의 흥망성쇠는 인재 활용과 직결되어 있다.

興訛做訕

일 흥	그릇될 와	지을 주	헐뜯을 산
臼 16	言 11	人 11	言 10

있는 말, 없는 말을 보태어 함부로 남을 비방함.

유 흥와조산(興訛造訕)

예 이 일은 흥와주산한 놈이 분명 있는데, 내 짐작엔 그 사람일 것이다.

興盡悲來

일 흥	다할 진	슬플 비	올 래
臼 16	皿 14	心 12	人 8

즐거운 일이 지나가면 슬픈 일이 닥쳐온다는 뜻으로, 세상 일은 좋고 나쁜 일이 돌고 돈다는 것을 이르는 말. 세상의 온갖 일에 너무 자만하거나 낙담하지 말라는 뜻.

반 고진감래(苦盡甘來)

예 달이 차면 기울 듯 세상사 흥진비래인 것을 어찌 피할 가망이 있을 것인가.

喜色滿面

喜色满面[xǐ sè mǎn miàn]

羲皇上人

羲皇上人[xī huáng shàng rén]

喜喜樂樂

喜喜乐乐[xǐ xǐ lè lè]

喜色滿面			
기쁠 희 口 12	빛 색 色 6	찰 만 水 14	얼굴 면 面 9

기쁜 빛이 얼굴에 가득함.
예 봉급 인상 소식에 모든 직원들이 희색만면했다.

羲皇上人			
복희 희 羊 16	임금 황 白 9	위 상 一 3	사람 인 人 2

복희씨(伏羲氏) 이전의, 오랜 옛적 사람이라는 뜻으로,
세상을 잊고 숨어 사는 사람을 이르는 말.
예 정계를 은퇴한 그 정치인은 고향에서 희황상인의
삶을 살았다.

喜喜樂樂			
기쁠 희 口 12	기쁠 희 口 12	즐길 낙 木 15	즐길 락 木 15

매우 기뻐하고 즐거워함.
예 그의 어린 두 아이들은 재잘거리며 희희낙락 들떠
장난을 치고 있었다.

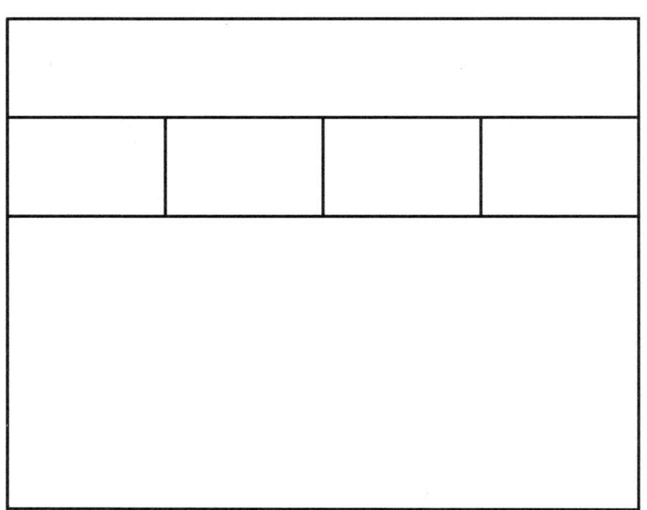

명초明初 선금례宣今禮

한국방송통신대학교 중어중문학과를 졸업하였다.
아이들을 키우면서 한자공부의 중요성을 절감하고, 보다 쉽게
접근할 수 있는 〈사자성어〉집 출간을 계획하였다.
한문과의 인연은 서예로 이어져 대한민국미술대전 한문서예 입
선, 공무원미술대전 한문서예 입선, 모란전통미술대전 입선이
라는 칭찬을 받았다.
현재, 한국전각협회 회원이고 25년째 공직에 몸담고 있다.

사자성어, 중국어를 만나다

초판 1쇄 인쇄 2017년 4월 27일 | 초판 1쇄 발행 2017년 5월 4일
지은이 선금례 | 펴낸이 김시열
펴낸곳 도서출판 자유문고
　　　　(02832) 서울시 성북구 동소문로 67-1 성심빌딩 3층
　　　　전화 (02) 2637-8988 | 팩스 (02) 2676-9759
ISBN 978-89-7030-110-5 03720　값 20,000원
http://cafe.daum.net/jayumungo (도서출판 자유문고)